読みなおす日本史

出雲尼子一族

米原正義

吉川弘文館

尼子義久花押

尼子経久花押

尼子勝久花押

尼子晴久花押

目　次

出雲の守護

明徳の乱

明徳二年の大晦日のことである。京桂川のあたりを、梅津めざして足ばやに行く武士たちの一団があった。山名播磨守満幸主従の敗残の姿である。

満幸らは桂川のあたりで、有力な敵の追撃にあって、すでに討死かとみえたところ、部下の松田将監がとって返し、深田の細道で激戦のすえ腹を切っている間に、桂川を渡って丹波路をさして落ちていった。われ先にと急ぐ落武者の姿は、あわれというよりむしろ見苦しくみえた。

落武者たちは大江山の麓をすぎ、丹波国にはいり、ついで丹後国に下り、木津細懸城にたてこもって追撃軍を迎え撃とうとしたが、国人《こくじん》たちは一人として味方につく者がなく、かえって変心し、満幸討伐の風聞がたった。そこで満幸らはやむなく、分国であった伯耆へ向かった。京へ進撃のときは、出雲・隠岐・伯耆・丹後四ヵ国の勢千二百余騎であったのに、いまとなっては、つき従う者とてわずか十二、三騎である。満幸は伯耆に築城してたてこもることにし、出雲へは塩冶《えんや》駿河守（『出雲私史』

に師高とある）を下向させ、月山《がっさん》富田《とだ》城（島根県安来市広瀬町）に籠城するように命じた。

山名満幸らの起こした戦いは明徳の乱といわれる。康応元年（一三八九）五月、山名の嫡統時義《ときよし》が没すると、その遺児時煕《ときひろ》・氏幸（之）は、室町幕府の命を受けた同族氏清《うじきよ》・満幸らによって追討された。いうまでもなく、足利

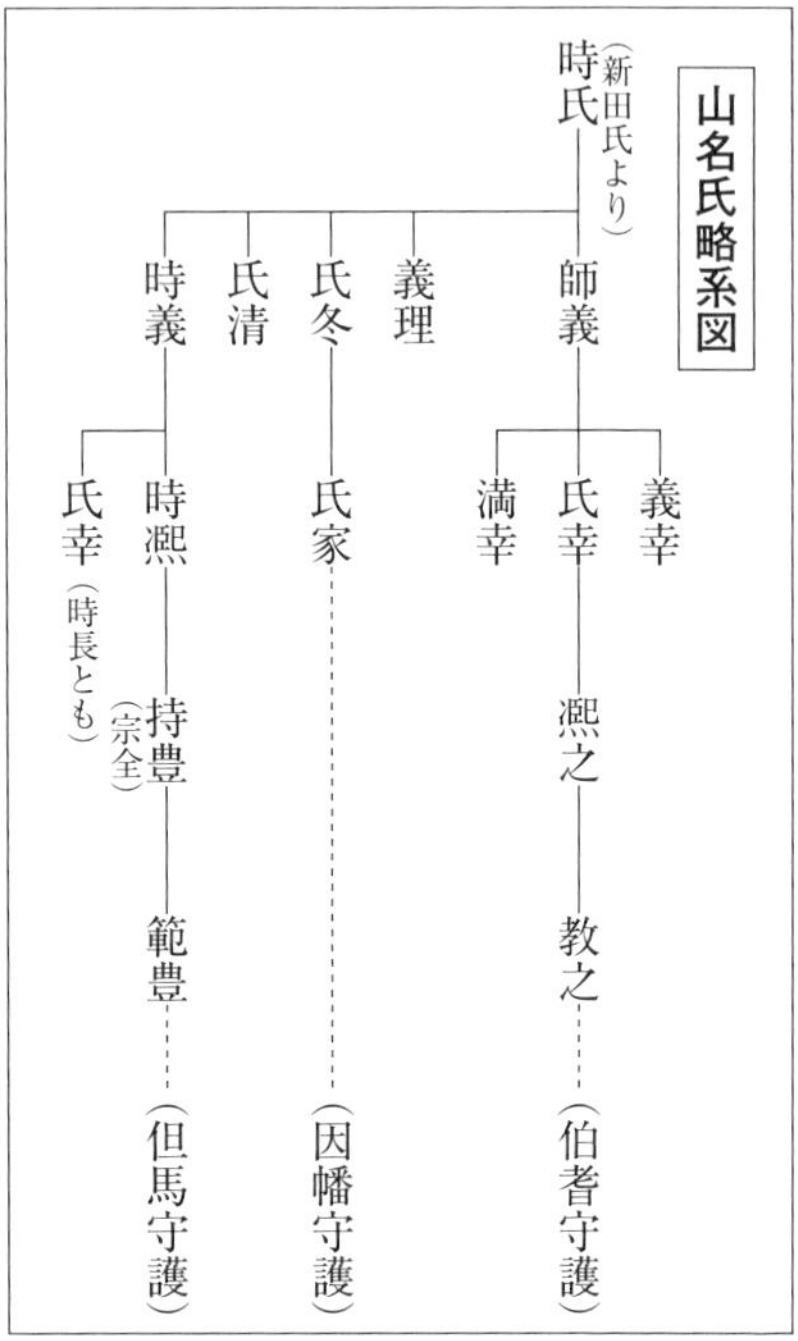

義満の山名氏分裂策にのせられたのである。この結果、氏清は丹波・和泉に加えて新たに但馬の守護となり、満幸は丹後・出雲に伯耆・隠岐を加えて四ヵ国の守護となって、その権勢は一族に秀でた。そこで満幸も心おごり、仙洞《せんとう》（上皇）御領の出雲国横田庄（仁多《にた》郡奥出雲町）を横領し、幕府の指令をきかず、御領の代官日野資教の家人を追い出すしまつであった。明徳二年（一三九一）三月、管領が交代し、細川頼之が幕政の権力を握ると、義満は前に追討した時煕兄弟の罪を許して、逆に満幸の守護職をうばって丹後に追放し、満幸やその舅氏清を挑発する態度に出た。六分《ろくぶ》一殿《いちどの》といわれ、全国六十六ヵ国の六分の一にあたる十一ヵ国を領していた山陰の名門山名一族の権勢は、権力の拡大をめざ

す将軍義満にとって目の上の瘤であったのである。彼ら山名一族は、義満の謀略にまんまとひっかかった。明徳二年十二月満幸・氏清の山名軍は京に迫り、その晦日京都北西郊の内野《うちの》で激戦がくりひろげられ、氏清は戦死し、はじめに述べたように満幸の逃避行となったのである。この合戦の模様については『明徳記』にくわしく、私の記述もこれによっている。

明けて明徳三年正月四日、論功行賞が行われ、山名一族の分国は、戦功諸将にそれぞれ与えられた。すなわち、畠山基国は山城、細川頼元は丹波、一色満範《いっしきみつのり》は丹後、赤松義則《よしのり》は美作、大内義弘は和泉・紀伊、山名時凞は但馬、山名氏幸は伯耆、山名氏家は因幡、そして飛驒・近江半国の守護であった佐々木京極高詮《たかあきら》は出雲・隠岐の二ヵ国を加えた。

佐々木京極高詮は雲・隠二州の守護に任ぜられたので、一族の隠岐五郎左衛門尉を出雲の守護代（『明徳記』に「代官」とある）として派遣し、領国の統治にあたらせることにした。

隠岐五郎左衛門尉は秀重といわれるが、俗書の『後太平記』によるようである。『佐々木系図』によれば、高久の弟に江沼七郎左衛門秀重があり、『相国寺供養記』には、明徳三年に京極氏の重臣若宮新左衛門尉秀重がある。若宮氏は建武のころ頼重がみえ、重の字を代々用いているらしい。また宝徳四年（一四五二）隠岐守護代と思われる人に秀重があるが（『村上文書』）、時代があわない。『隠岐国々代略記』に高詮のときの守護代として「左衛門尉清泰、応永の比《ころ》」とあり、事実応永二年に守護代であった証拠があるから、むしろ五郎左衛門尉・左衛門尉をにらみあわせて、この清泰と考え、出雲・隠岐の守護代と考えてはどうだろうか。しかしなお氏経としたものもあり、いまのところ不明というほかはない。それはともあれ、隠岐氏は三千余騎をひきつれて、出雲へ下向したという。明徳三年春のことである。

出雲にあっては塩冶駿河守が、山名満幸の指令を守って月山富田城に拠り、追討軍の来襲をいまやおそしと待ち受けていた。ところが隠岐氏が来襲すると、国人たちはみなこれに従ってしまった。いまとなっては、富田城中にこもるものとて塩冶一族三十余人だけである。一族が「いかがあるべき」と相談しているところに、隠岐氏の許から塩冶の父上郷《かんのごう》入道（通清・法名道円）の許へ使者がきて、「出雲が再び佐々木京極家の分国となって、年来の本望を達し申した。貴下は京極氏に属しておられたから、旧好よもや忘れてはおられまい。早く城を開いて当方にこられたい」といった。上郷入道が子の駿河守に相談すると、駿河守は、

「父上は久しく京極氏の被官であったから、降人となられても人のそしりはありますまい。身は山名に奉公し、長く出雲の国務を執っていたので、いましばらく満幸公の行末をみ、後日必ず参りましょう」

と、仁義の道を説くのであった。一族これに賛成したので、上郷入道は、わびしく家来二十七騎をひきつれて降人となった。駿河守は、父を富田城下まで送り出してから、麓の浄《じょう》（城）安《あん》寺をおとずれ、寺僧に「先日京都の合戦に討死すべきところ、心ならずも生きながらえ申したが、父入道が降人とな

られたいま、京極氏に弓を引けば、父を敵とすることになり、また父子一緒になって山名氏を討てば、主従無順の名を取ることになろう。身を報じて泉下に忠を尽くそう」と語りかけて腹を切った。七十歳に及ぶ老の身の入道は、やがてこのことを聞いて、もだえこがれて泣き悲しみ、切腹しようとしたが、人びとになぐさめられてことなきをえた。見る人、聞く人、みな入道の嘆きに袖をぬらさぬものとてなかった。

塩冶駿河守とともに富田城にいた者どもは伯耆へ走り、委細を山名満幸に報告した。満幸は、「当家の運は是までなり、今は当国の城もたのみなし、中〳〵おしかけられて犬死せんよりは、因幡国へ越えて、中書《ちゆうしよ》（中務大輔氏家）と合戦の内談あるべし」というわけで、伯耆をあとに主従二十三騎、因幡国青屋庄（城とも）へ落ちて行った。ところが、そうは問屋がおろさなかった。氏家は七百余騎をひきいて、満幸と一合戦し、幕府に帰順しようとしていたのである。すべての計画が水泡に帰し、満幸は打つ手を失い、明徳三年二月（正月ともいう）十八日、青屋庄において剃髪《ていはつ》墨染の衣の人となり、筑紫（九州）の方へ落ちて行き、行方不明となった。つき従うものわずかに五名であったという（『明徳記』）。

塩冶上郷入道の悲しみや、山名満幸の墨染の衣をよそに、一戦もせず、出雲・隠岐を領国に収めた京極高詮は、この年、つまり明徳三年の五月四日、はじめて出雲に下り（『尼子城並系譜』）富田城にはいった。出雲の守護は、かつて佐々木京極氏が補任されていたことがあった。それを理不尽にも山名氏に奪われ、ここにまた京極氏が再任された。高詮の感慨は想像に絶するものがあったろう。だが、京極氏は山名・一色・赤松氏とともに侍所の長官をつとめる家柄で、いわゆる室町幕府の重鎮である。それに、その根拠地は近江である。いつまでも出雲に留まっておれるわけがない。やがて江北に帰り、その甥尼子《あまご》持久《もちひさ》を出雲守護代として、出雲へ派遣することになったという。この尼子持久こそ尼子経久の祖父にあたる人で、出雲尼子氏の初代である。なお隠岐守護代は、左衛門尉清泰であったことは既述のとおりである。

本書の記述は順序として、出雲尼子氏へ進むべきであろうが、その前になんとしても知っておかなくてはならないことがある。それは出雲守護職の移り変わりである。

佐々木から塩冶へ

出雲国の初代の守護は佐々木義清である。これは『出雲国守護之次第』（以下『次第』という）のいうところである。その補任の年代はどうもはっきりしないが、佐藤進一氏の研究によると、鎌倉時代のはじめ、建保三年（一二一五）のころ、すでに任ぜられていたものとみなされる。義清が安貞元年（一二二七）に隠岐の守護であったことは、藤原定家の日記『明月記』によって確かめられるから、出雲・隠岐両国の守護を兼ねていたことになる。

第二代の守護は、義清の嫡男政義である（『次第』は雅義）。政義は天福元年（一二三三）に出雲の守護に任ぜられていたことを伝える史料は『吾妻鏡』である。また『明月記』によると、この年に隠岐の守護であったことがわかる。佐々木氏は、やはり出雲・隠岐両国の守護を兼帯していたのである。この政義は、三浦泰村と座次のことで争って腹を立て、にわかに出家し、所領を弟の泰清に譲ってしまった。これが第三代にあたる。いつのことかはっきりしないが、延応元年（一二三九）二月、泰清はすでに隠岐の守護であるから、このころ出雲の守護でもあったろう。泰清の出雲守護を証明する史料は、比較的たくさん残されていて、佐々木氏の雲・隠両国の守護を不動のものとしたことがわかる。鎌倉幕府の近習、また御家人として重く認められていたのである。晩年出雲に下り、弘安五年（一二八二）六月二十八日（曽根研三氏『鰐淵寺文書の研究』）、島根郡本庄村（松江市邑生町）において頓死したという。

『次第』は第四代を泰清の嫡男時清（実は二男）とし、第五代を泰清の二男（実は三男）頼泰とする。時清の出雲守護補任については、はっきりしない。彼は嘉元三年（一三〇五）五月、鎌倉において討死したが、子孫は隠岐守護に任ぜられた模様である。頼泰は『大社文書』によると、塩冶郷のうち大津村において、一町の田地を、永代神田として杵築《きづき》大社（出雲大社）へ寄進しているが、これは弘安元年（一二七八）のことであるから、このころ出雲守護職を継いだのであろうか。この文書にみえる塩冶郷は、現在の出雲市塩冶にあたる。彼はこの地の上塩冶に居城を築いた。これが大廻《おおさこ》城である。

そして下塩冶に居館を構え、塩冶氏を称した。ここに至って、出雲守護は佐々木氏から、その流れをくむ塩冶氏へ移行したのである。

第六代の守護として、『次第』は頼泰の長子貞清をあげる。貞清は乾元二年（嘉元元、一三〇三）四月、鰐淵寺《がくえんじ》北院に祖父泰清・父頼泰らの菩提のために三重塔修理料田を寄進した。してみると、このころ守護職にあったのではなかろうか。彼は嘉暦元年（一三二六）三月二十八日に没し、第七代の守護として、名をあらわしたのが、その長子塩冶判官高貞である。高貞の時代は、鎌倉幕府の滅亡から建武の新政、ついで南北朝の動乱期へと、あわただしく歴史の舞台が回転したころであった。

ところで、建保三年以後、佐々木義清が出雲守護になっていたことが確かめられるが、それより以前の文治元年（一一八五）に、源頼朝は守護地頭設置の勅許を得ているから、早く何人《なんぴと》かが出雲守護に補任されていたとしても不思議ではあるまい。そこで思い起こされるのは、室町初期の諸家の系図を集大成した『尊卑分脈』で、その宇多源氏佐々木の条に、

備前・安芸・周防・因幡・伯耆・日向・出雲等拝領

高綱佐々木四郎

野木左衛門尉

とある。また『忌部総社神宮寺根元録』に、

佐々木四郎高綱殿……将軍頼朝公に従ひ、雲州外六国を賜はり、左衛門尉に任ず。

と、みえている。したがって高綱を初代出雲守護としてもよかろうと思われるが、史料の性質からいってやはり無理であるから、『島根県史』の著書が、「高綱の守護たりし事蹟は朦朧の中に認めらるゝ心地すれども確かならず」といった見解に従っておこう。源頼朝挙兵のときからこれを助け、例の宇治川の先陣争いで名をあげ数ヵ国の守護となった高綱は、やがて剃髪し高野山に入り、墨染の衣で諸国を遍歴し、出雲を訪ね、建保二年（一二一四）十一月六日（建保四年二月十五日ともいう）、乃木の地（松江市）でその生涯を閉じたと伝えている。高綱の二男光綱が、佐々木義清に養われ野木氏を称したのも、そのいわれは、父の死所に起因しているように思われる。なお『江濃記』によると、高綱は出雲富田へ下着して、光明寺において没したということである。

それはともあれ、『次第』のいう第七代の守護塩冶高貞について語らねばならない。

元弘三年（一三三三）閏二月、後醍醐天皇が隠岐を脱出して、伯耆の船上山に挙兵すると、その召しに応じて、まず第一番に富士奈《ふじな》判官義綱とともに、千余騎をひきつれて馳せ参じた人こそ、塩冶判官高貞であった。建武新政が成ると、高貞は龍馬なりとて、千里の駿馬を献じて物議をかもしたことは、『太平記』の伝えるところである。建武二年（一三三五）十一月、足利尊氏が鎌倉に拠って、新政権に謀叛を起こすと、新田義貞に従って箱根竹ノ下に戦ったが、敗れて尊氏に降り、征討軍の敗因となったことも、世人周知のところである。

高貞の妻は後醍醐天皇から賜わった宮女で、容色ことのほかすぐれていたので、尊氏の執事で月卿雲客の娘など手あたり次第に妾とし、無頼の王者として知られる高師直《こうのもろなお》は、これを奪おうとして、尊氏に高貞謀叛のことを讒言した。そこで高貞は暦応四年（一三四一）三月、京都を出奔したが、山名時氏・師義（はじめ師氏）父子らに追撃され、ついに力つき出雲国意宇《おう》郡宍道《しんじ》郷（松江市宍道町）において、妻子の死を聞き、馬上で腹を切り、さかさまに落ちて死んだという。四月三日のことである。ここに鎌倉初期佐々木義清が雲・隠両国の守護となり、政義・泰清と継がれ、泰清の子頼泰が塩冶氏を称し、出雲守護を受け、その子貞清・高貞と伝えた名族もついに滅亡したわけである。塩冶高貞の自害したところを『雲陽志』によると、いまの松江市宍道町白石《はくいし》と伝え、土俗は白石浜を生害灘と呼んでいるという。往年まで祠があったが、今は沼池が残っているだけである。現在の宍道町佐々布の宮原が高貞の首を埋めた所と伝えている。また出雲市の神門寺に高貞の墓（頼泰・貞清ともいう）といわれる五輪塔がある。

では、出雲の守護には高貞滅亡ののち、何人が補任されたのであろうか。そしてそののち、どのように移行していったのであろうか。項目を改めて考えてみることにしよう。

京極と山名

暦応四年四月、塩冶高貞が美人の妻をもったことから切腹して果て、出雲守護がなくなった。そこで足利尊氏は、佐々木京極高氏を出雲守護職に補任した。高貞滅亡二年後の康永二年（一三四三）八月二十日のことである。高氏は義清の兄、佐々木の嫡流定綱の系譜につらなる庶流氏信（京極氏の祖）の曽孫である。そして高氏の曽孫が尼子持久で、出雲尼子の始祖であるから、高氏と尼子氏との関係はたいへん深い。

佐々木京極高氏は、はじめ鎌倉幕府治下の鎌倉にあって、北条高時に属していた。高時が出家した嘉暦元年（一三二六）三月、三十一歳のときに剃髪して導誉《どうよ》と号した（以下導誉という）。足利尊氏もはじめ高氏といい、導誉より九年後輩であって、両人は同じ動乱期を生きた人物である。後醍醐天皇の挙兵が失敗して、隠岐に流されたとき、『太平記』によれば、導誉が警固の任にあたったという（西源院本『太平記』は佐々木明信とする）。建武の新政成って、裁判機関である雑訴決断所の所衆の地位をえた。本家の時信が鎌倉幕府に味方して、六波羅探題を助けたのに対し、導誉は鋭敏にも尊氏と結んだのであろう。やがて佐々木氏の代表的存在に成り上がり、尊氏の権臣となる。

建武三年（延元元、一三三六）十二月、若狭守護となり、暦応元年（延元三）四月、近江守護に補任された。近江守護は鎌倉時代を通じて、佐々木氏の知行するところで、嫡流定綱・広綱・信綱・泰綱・頼綱・時信と伝えたが、いま導誉の獲得するところとなったのだ。そして塩冶氏滅亡ののち、出雲守護に任ぜられたことは前述した。のち延文四年（一三五九）八月、飛驒国の守護職をえた。

この佐々木京極導誉は、茶・香・花・田楽・猿楽などの芸道に一見識をもち、歌道を好み、連歌にいたっては「道誉など好みし」時代をつくり、連歌集の『菟玖波集《つくばしゅう》』が、勅撰に准ぜられるための最大の功労者であった。一方でまた「婆娑羅《ばさら》」の傑物で、その傍若無人の振舞いは、『太平記』にみえて、あまりにも有名で、たしかに変革期の一中心人物といえた。

足利尊氏・義詮《よしあきら》父子は、導誉の軍功を賞して諸所を治めさせたが、特に注目しておきたいのは、康永四年（一三四五）四月、近江甲良庄の地頭職を与えたことと、文和三年（一三五四）出雲富田庄の下司職（庄園管理の実務者）に任じたことである。甲良庄はこの中に尼子郷があり、尼子氏発祥の地となったところであり、富田庄は、後年尼子氏の根拠地となったところである。

ところでここに一つの不思議なことがある。それは二代将軍義詮が、貞治五年（一三六六）八月十日、導誉を出雲守護に復任させたことだ。すると、出雲はいつのころからか、他氏によって事実上押領されていたのであろう。だから「元の如く補任」し、導誉の出雲守護を再確認したのである。そして、他氏というのは、足利（斯波）高経であったことが、小川信氏の研究（『足利一門守護発展史の研究』四三四頁）によって明らかにされている。

はじめ導誉が出雲守護に任ぜられたとき、吉田厳覚を出雲の守護代として国政を司らせた。厳覚は導誉の「専一の家人」で、佐々木義清の弟吉田厳秀の子孫と思われる。名を秀仲と呼び、『太平記』にみえる吉田源左衛門尉秀長と同一人とすれば、厳秀の孫で泰秀の二男にあたるが、年代にややむりがあるから、泰秀の嫡男秀信の子とすべきであろうか。この厳覚が守護代として活躍した様子は、数通の古文書が残されていて確実である。ところが塩冶高貞を討滅したのは山名時氏・師義父子であったため、出雲の国人は山名氏の実力を認めざるをえなかった。文和元年（一三五二）所領の問題から、導誉と時氏父子の仲が悪化し、師義は伯耆に帰り、父時氏とともに、尊氏に叛旗をひるがえし、吉田厳覚を追放して南朝に降った。そして塩冶頼泰の弟義泰の系譜につらなる富田秀貞を誘って、出雲の目代（代官・守護代）とした。したがって、時氏は南朝から出雲守護に補せられたのであろう。例の『次第』が塩冶高貞の次に山名時氏をかかげ、「観応の比、雲州を押領し、南帝より守護職に補せらる」と註記しているところから、そのように思うのである。観応のころというのは、時氏が尊氏に謀叛を起こした文和二年から二、三年前にあたっている。

こうして出雲守護は、南朝から山名氏へ、北朝から佐々木京極氏へと補任され、ここに出雲守護の南北朝時代を現出した。地方は中央によって左右されることが多いのである。ところが山名氏の勢力は強く、事実上佐々木京極氏の出雲支配は行われていなかった。だから導誉の出雲守護が復活したのであった。『次第』が山名氏の次に高氏（導誉）をかかげているのは、こうした事実を背景にしてのうえであったろう。

さて、南朝に帰順した山名時氏父子は、文和二年と、同四年の二回にわたって京都に乱入し、北朝尊氏方の一大強敵となった。やがて貞治二年（一三六三）九月以前に、北朝の誘いにのって、これまで切り取った因幡・伯耆・丹波・丹後・美作五ヵ国の守護職を宛行《あておこな》われるという条件で、将軍義詮に帰順した(『太平記』)。実は和睦といえるものである。この五ヵ国の中には出雲ははいっていない。やはり山名氏は、北朝系の出雲守護には任ぜられていなかったのである。ただし、『但馬村岡山名家譜』には、「但馬・因幡・伯耆・丹波・美作の五ヵ国を賜わり、出雲・丹後の守護となる」とみえている。

『出雲国守護之次第』は、導誉の次に高秀をかかげる。高秀が出雲守護職にあったのは、『大社文書』や『北島文書』によって、応安元年(一三六八)のころであったことが確かめられる。高秀は明徳二年(一三九一)十月十一日に六十四歳を一期として、近江堅田で戦死し、出雲守護の課題は、後継者の嫡男高詮に残されたのであった。

これより十二年前の康暦元年(一三七九)閏四月、これまで将軍義満を補佐して、決断をもって幕政の改革につとめた管領細川頼之が、諸大名の反感から管領の座を追放され、斯波義将《よしまさ》がこれに代わった事件、つまり康暦の政変が起こった。この政変後、山名師義は出雲の守護を獲得したらしい。父時氏は応安四年(一三七一)に没し、その長子師義が継ぎ、師義もまた永和二年(一三七六)に死に、その子義幸が出雲守護となり、ついで師義の弟時義が承け、時義もまた康応元年(一三八九)に不帰の客となって、出雲守護職は、師義の四男満幸に相伝された。このころの山名一族は十一ヵ国の守護職をもっていたので、将軍義満からにらまれ、満幸は明徳二年十一月、出雲守護を追放され、その結果、明徳の乱に発展したことは、はじめに書いたとおりである。

かくて出雲守護職は、鎌倉時代のはじめ佐々木義清が補任されてから、佐々木氏・佐々木塩冶氏・佐々木京極氏と相承け、一時京極氏・山名氏と南北に両立したこともあったが、山名氏に切り取られ、ついでまた佐々木京極氏へ移行したのであった。

尼子氏の出現

尼子氏以前

明徳三年、出雲・隠岐両国の守護となった佐々木京極高詮は、尼子持久を守護代として出雲におくったという。この尼子氏は近江源氏の流れをくむ。近江源氏とは何か。しばらく尼子氏出現の前歴をくりひろげてみよう。

遠く近江国には佐々貴山《ささきやま》氏と称する豪族があった。佐々貴山氏の発祥地は、十世紀に成立の『倭名鈔』にみえる近江国蒲生郡の篠笥《ささき》郷（滋賀県近江八幡市安土町）で、そこには一族尊崇の沙々貴《ささき》神社があった。七世紀中葉大化の改新ののち、佐々貴山氏の嫡流は蒲生・神崎の両郡を中心として、所領の拡大を図っていった。やがて時代が進むとともに篠笥郷も庄園化の道をたどり、佐々木庄が成立し、佐々貴山氏が治めていた。ところが平安中期から宇多源氏の勢力がこの佐々木庄にはいり、これまでの佐々貴山氏にとってかわって、佐々木氏と称するようになったため、佐々貴山氏は本佐々木氏といわれ、庄内の一部の田畑を保持する程度になってしまった。

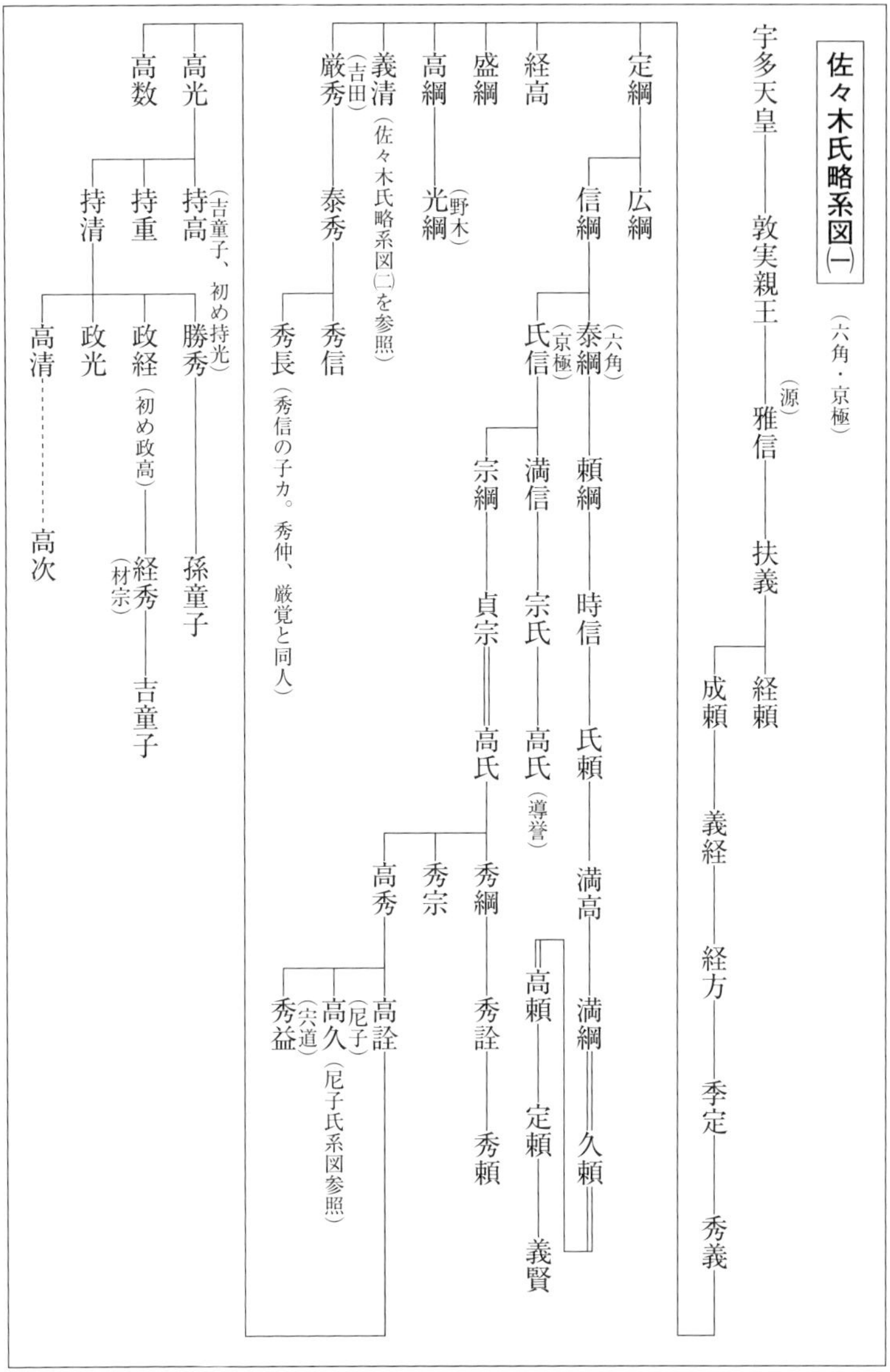
佐々木氏略系図(一)
(六角・京極)
宇多天皇
敦実親王
(源)雅信
扶義
経頼
成頼
義経
経方
季定
秀義
定綱
広綱
信綱
(六角)泰綱
頼綱
時信
氏頼
満高
満綱
久頼
(京極)氏信
満信
宗氏
高氏(導誉)
高頼
定頼
義賢
宗綱
貞宗
高氏
秀綱
秀詮
秀頼
秀宗
高秀
高詮
(尼子)高久(尼子氏系図参照)
(宍道)秀益
経高
盛綱
高綱
(野木)光綱
義清(佐々木氏略系図(二)を参照)
(吉田)厳秀
泰秀
秀信
秀長(秀信の子カ。秀仲、厳覚と同人)
高光
(吉童子、初め持光)持高
勝秀
孫童子
持重
持清
政経(初め政高)
(材宗)経秀
吉童子
政光
高清
高次
高数

この宇多源氏というのは、宇多天皇の皇子敦実親王に出て、その皇子雅信が源姓を賜わり、その子扶義に伝えた系統をいうのである。扶義の子経頼が近江権守に任ぜられ、その弟で弓馬を嗜んだ成頼が、はじめて佐々木庄に居住することになったらしい。平安時代の中ごろ、十一世紀のはじめごろのことである。成頼はよほどの人物であったらしく、佐々木氏台頭に一時代を画するものとみなされる。成頼の子義経（はじめ章経）を経て、その子経方のとき、本佐々木氏のもっていた佐々木宮神主と、佐々木庄下司とになって、佐々木氏を名のったらしい。こうして、佐々木庄に確固たる根拠をすえることになった。佐々木氏発展の第二期である。こののち経方の独占していた権力は、神主職の系統と、下司職の系統の二つにわかれた。つまり、経方の佐々木庄下司職が、その子季定に伝えられ、その弟の行定が佐々木宮神主職を継いだものと思われる。季定の子と推定される秀義の時代に、清和源氏の嫡流と主従関係が成立し、秀義は源為義の猶子（養子に準ずる）となり、佐々木庄の実権を握ったようである。

佐々木秀義は平治の乱に為義の子義朝に従い、兵略を尽くして戦功があった。平治の乱ののち、清和源氏は義朝が斬られ、子の頼朝が伊豆国に流されるという悲運のなかにも、秀義は源氏の旧恩を忘れなかったので、相伝の佐々木庄は没収されてしまった。そして庄は平氏の手にはいったが、平氏はその領家・預所の得分などを、清盛の菩提を弔うために延暦寺の千僧供料に寄進し、千僧供領となったのである。ここに延暦寺と佐々木氏との不仲の原因が形成された。

佐々木庄を失った秀義は、子の定綱・経高・盛綱・高綱らをひきつれて、姨母《おば》（母の姉妹）の夫、平泉の藤原秀衡をたのんで奥州に赴こうとし、相模国で渋谷重国に認められ、秀義父子は相模国に居住することになった。およそ二十年ののち、治承四年（一一八〇）、源頼朝の挙兵にあたり、秀義は佐々木庄に帰り、元暦元年（寿永三、一一八四）七月十九日、近江国甲賀郡大原庄において、伊賀・伊勢両国の平氏らと激戦を交じえて討死した。七十三歳の老武者であった。秀義の諸子は木曽義仲や平氏の追討に大功をたて、その恩賞で西国十数ヵ国の守護職を獲得し、子孫が栄えることになった。嫡流の定綱は佐々木庄の地頭職をえ、やがて近江守護となり、その子孫代々、近江国を守護することになった。そこでこの宇多源氏を近江源氏とも称するのである。佐々木の出自についてはいろいろいわれるが、西岡虎之助氏の書かれた『佐々木荘と宇多源氏との関係』がもっとも信頼されるように思う。

さて秀義には五男義清があった。渋谷重国の女がその母である。妻は平氏方の大庭景親の妹であったから、頼朝の挙兵のときは従軍しなかったが、のち降って七たび先登して戦い、その軍功によって、出雲・隠岐の守護に任ぜられたのである。そののち出雲・隠岐は佐々木氏累代の勢力範囲となり、鎌倉時代を通してこの枝葉が繁茂した。系図を見ればわかるように、塩冶・富田・湯・古志等々、数えきれないほどである。

嫡流の方を眺めると、定綱の嫡男広綱が、承久の乱に京方に味方したため、近江守護職は弟の信綱

佐々木氏略系図(二)

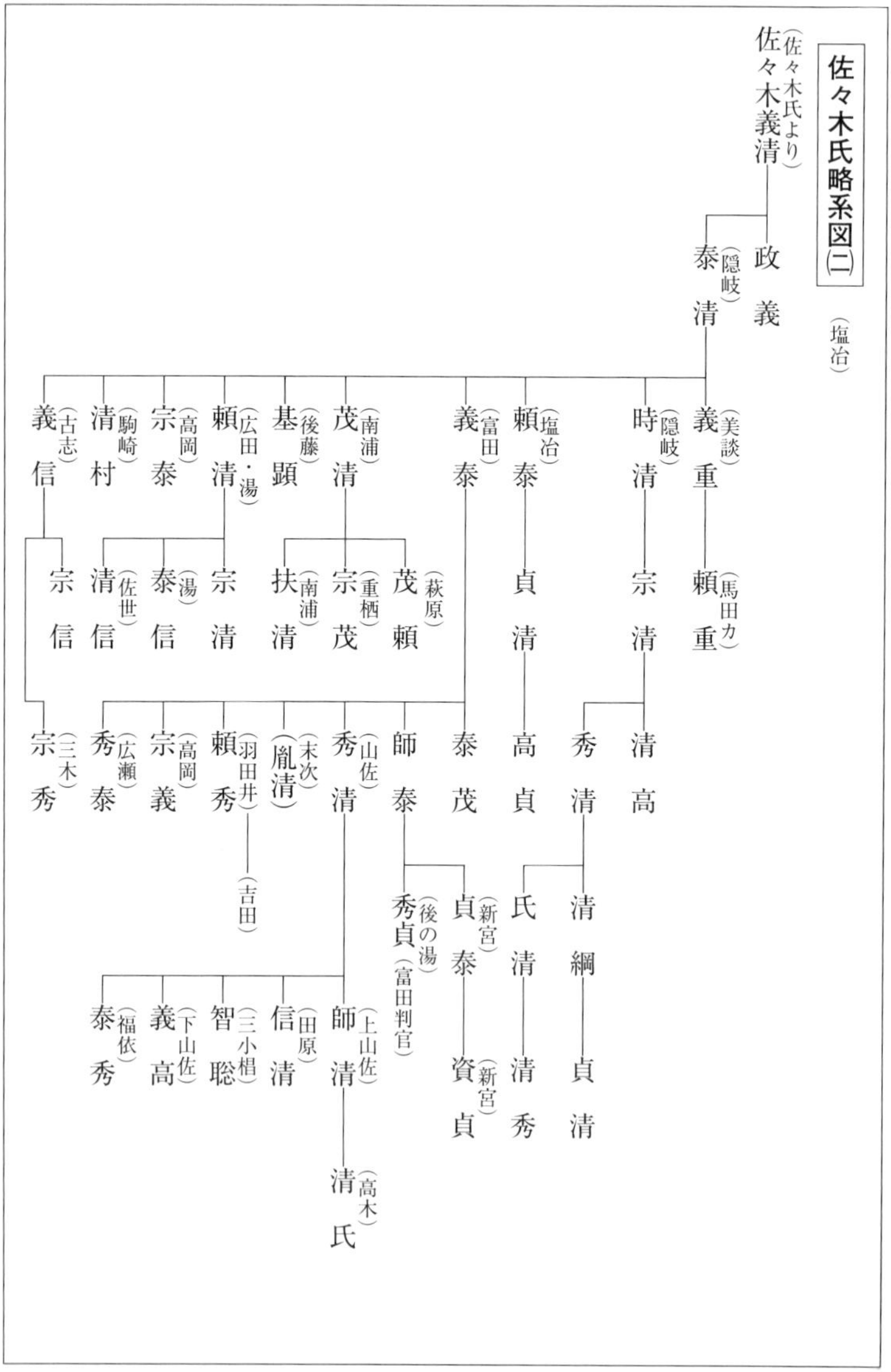
(佐々木氏より)佐々木義清
政義
(塩冶)
(隠岐)泰清
(美談)義重
(馬田カ)頼重
(隠岐)時清
宗清
清高
秀清
清綱
貞清
氏清
清秀
(塩冶)頼泰
貞清
高貞
(富田)義泰
泰茂
師泰
(新宮)貞泰
(新宮)資貞
(後の湯)秀貞(富田判官)
(山佐)秀清
(上山佐)師清
(高木)清氏
(田原)信清
(三小梠)智聡
(下山佐)義高
(福依)泰秀
(末次)(胤清)
(羽田井)頼秀
(吉田)
(高岡)宗義
(広瀬)秀泰
(三木)宗秀
(南浦)茂清
(萩原)茂頼
(重栖)宗茂
(南浦)扶清
(後藤)基顕
(広田・湯)頼清
宗清
(湯)泰信
(佐世)清信
(高岡)宗泰
(駒崎)清村
(古志)義信
宗信

へ移行し、その三男泰綱系から後年六角氏が生まれ、四男氏信は坂田郡にあって京極氏の祖となり、江北六郡を領した。この京極の系統から南北朝時代の代表的人物導誉が出現した。そしてその孫高久が犬上郡甲良《こうら》庄のうち尼子郷（甲良町）に住んで尼子氏を称した。

このような系譜をたどって、近江尼子氏が生まれたが、その根拠地の尼子郷について記述の要があろう。出雲の尼子氏もまた、この尼子郷の地名からスタートしたのであるから。

甲良庄尼子郷

尼子郷は近江国犬上郡甲良庄のなかにあった。甲良庄は康永四年（一三四五）四月二日佐々木京極導誉が、戦功の賞として、足利尊氏から与えられたもので、導誉にとっては思い出の地である。したがって導誉は、多くの所領のうちで甲良庄が一番気にいっていたし、そのうちでも、尼子郷は最良の在所と考えていた。

『伊予佐佐木文書』のなかに、導誉の残した置文が収められている。いまそれを意訳すると、次のようになろう。

「先日お話した所領のうちで、甲良の尼子郷が最も心やすいからというので〝みま〟に譲り与えることにした。それにつけても、末長く知行することができるかどうか案じられてならない。召し使っている下女や下男も〝みま〟にとっては、だれ一人として安心できるものではない。隠岐入道らも安心できる人とは思われない。したがって御扶持よりほかは好んではならない。私の追善孝養といって、多くの堂塔を建立してくれるより、尼子郷を一所《いっしょ》懸命の土地として、守ってやってくれることが一番嬉しい。〝みま〟はまだ若いのだから、百二十年の後まで生き残ることがあるであろうから、よくよく考えて未来のことを思い、扶持してやってほしい。このほかには今生後生、一切思い残すことはありません。次第に弱々しくなってきて、いつ死ぬかもわからない。この置文を読まれてから、譲状といっしょに〝みま〟に渡してほしい」

日付は応安六年二月二十七日、宛名は「治部少輔殿」とある。導誉は応安六年八月二十五日、七十八歳を一期として、甲良庄の居館でなくなっているから、没するおよそ六ヵ月前の置文である。宛名の治部少輔は導誉の孫高詮であろうか。しかし導誉の三男高秀が治部少輔から大膳大夫に任ぜられたのは、この年の十二月であるから、治部少輔は高秀とみるべきであろう。また文中「隠岐入道」とは何人かはっきりしないが、「みま」の後見人であろう。

この導誉の置文を読んだ高秀は、正（五カ）月二十六日の日付で、佐々木隠岐入道にあてて返事をおくり、「私も尼子郷が最良の土地と考えていますので、百二十年の後まで尼子郷については何も心配はいりませんから、御安心なさるように御披露下さい」といっている。

今（応安六年）から十年前のことであった。導誉がようやく老境に達した貞治二年（一三六三）七月十八日、導誉の腹心吉田秀仲（厳覚）が四条京極道場で、導誉と何事か相談しての帰り道、侍所所司代の若宮左衛門尉に殺害される事件が起きた。厳覚が導誉の孫秀詮の幼児をとり立てて、高秀を廃しようとしたからである。しかし、あれは厳覚の考えではなく、必ずや父上のおもわくであったに相違ない、と高秀は思ったろう。それから十年、導誉の置文の何と痛々しいことか。「しだいによは〳〵しうものなども候」と、自己の死をみつめているのだ。すでに嫡男秀綱、その子秀詮・氏詮兄弟、二男秀宗は戦場に倒れ、導誉の望みをかけた秀詮の幼童も早世し、残るものとて高秀を中心とする一族だけといってよい。「婆娑羅」の王者導誉の悲しみといえよう。

　応安六年から六年後の永和五年（一三七九）三月、将軍義満は尼子郷を、導誉の譲状によって、後家「留阿《るあ》」（北）の領掌することを許可した。それから十二年後の明徳二年（一三九一）十二月、義満は高秀の嫡男高詮に、尼子郷の公事その他みな、惣領の計らいとしてよろしい、との御教書を与えた（『佐々木文書』）。それから七年後の応永五年（一三九八）六月、導誉の後家「きた」は導誉の譲状証文にまかせて、尼子郷を佐々木六郎左衛門に永代譲与し、一期の後は「いや六」へ伝えるように譲状を発した。このの ち応永二十九年五月、将軍義持から尼子郷当知行分を相伝にまかせて、佐々木刑部少輔秀久に与えている。さらに文明二年（一四七〇）四月、道善（持清）は「佐々木弥六」にあて、

　尼子郷を一円不輸の郷として譲与する。
出雲国大原郡近松庄千巻村を譲与する。

これまでの譲状証文など一切を譲与する。

という譲状をおくった。こうして尼子郷は、佐々木弥六に相伝されたのであった。

これまで尼子郷の相伝の次第をみたが、「みま」が成人して六郎左衛門となったのであろう。この六郎左衛門が、やがて刑部少輔秀久となったものと思われる。『佐々木系図』一本に、高詮の弟高久がみえ、「尼子」とあり、「六郎左衛門・刑部少輔」と注記してあるが、高久と秀久とは同じ人物ではあるまいか。そして、六郎左衛門の死後は「いや六」に伝えるようにという、この「いや六」は、『佐々木系図』他の一本に、高久の子詮久に注記して「尼子孫六・出羽守」とみえる人と同一人であろう。恐らく「弥六《いや》」「孫六」いずれかの誤りかと思う。また『佐々木系図』一本に、詮久に注して「江州尼子」とあり、その弟持久に「雲州尼子」とある。それならば、兄詮久は江州尼子郷を伝領し、弟持久は雲州尼子の祖となったことになろう。そして文明二年の弥六は詮久系の人物であろう。

かくて康永四年、足利尊氏から導誉に与えられた近江甲良庄のうちにある尼子郷は、導誉の置文の意志のとおりに伝領したのである。いま導誉の菩提寺である慶雲山勝楽寺（甲良町）に、彼が七十一歳の貞治五年（一三六六）六月、三男高秀の計らいでできた法体の寿像が所蔵されている。右手に扇子、左手に数珠を持ち、どっしりと太って曲座し、目から鼻、そして口もとにかけてなかなか不敵なつらがまえであるが、白足袋をはいた姿は、どことなく上品で、不敵な心と奥深い心との二つの面をうかがうことができる。そして導誉にはこの両面があったからこそ、激動期をすべり抜けることができたものと思われる。

私は導誉のことを余りにも多く書き過ぎたかもしれない。しかしそれは、導誉の子孫が出雲尼子氏となったのであり、尼子氏の真の姿を知るためには、数代前の過去を究める必要を認めたからであった。

京極高詮

京極高詮が山名満幸にかわって出雲・隠岐の守護に任ぜられたのは、明徳三年の春、四十一歳のときであった。ところが山名氏によって培われた出雲は、意外に不安定であった。僧体になって九州に落ち、京・田舎を往復していた山名満幸が、翌明徳四年出雲・伯耆に挙兵し、塩冶遠江守入道父子も京極氏に叛旗をひるがえしたのだ。

この年の二月五日、満幸らは出雲国の奪還をめざして、大勢で三刀屋《みとや》城（雲南市三刀屋町）を襲ったが、城主諏訪部（のち三刀屋）菊松丸はよく支え、散々に戦って山名軍を破り、ついで三月十七日の古志高陣に激戦を展開し、三刀屋氏は一軍負傷するに至った。二月五日の合戦の模様を、備中屋部宿で知った高詮は、三刀屋氏の勇戦を賞し、近日出雲に下向して申し談じたい旨を、三刀屋右京亮入道に報じた。そして六月には確かに下向した（『御評定着座次第』）。山名氏の動乱は、満幸が応永二年

（一三九五）三月、侍所の長官京極高詮に、京都五条坊門高倉の宿で誅伐されることによって終止符がうたれた。「花は見つゆき（満）（幸）はなごりの木かげだにつひにむなしき春風ぞふく」とは、満幸の首を納めた四条鳥部野の道場の、桜の枝にむすんであった一首という（『明徳記』）。

山名満幸が誅されてから十日後の応永二年三月二十日、高詮は将軍義満から、雲・隠両国の守護職と失っていた領地を、満幸誅伐の賞として与えられた（明徳三年は内定であろうか）。そのうえ、翌四月には出雲国内の満幸およびその被官人らの跡をもらった。

かくて、明徳三年高詮の出雲・隠岐両国守護職補任から、後に述べるように、文明十八年（一四八六）、尼子経久が月山富田城を切り取るまで、九十五年間、両国は近江の名門佐々木京極氏によって支配されることになったのである。

高詮が分国を治めるために、第一に眼を向けたのは、国人領主をどのようにして把握するかということであった。ことの次第によっては、守護の座を追放されかねないからだ。高詮はその方法を用意していた。別に変わったことではない。利をもって誘うことである。はたして、明徳三年、三刀屋菊松丸に三刀屋郷の地頭職を安堵し、翌四年将軍義満が、菊松丸に三刀屋郷惣領分および庶子らの知行分を安堵したので、高詮もこれを許可し、もし宗家の命に従わない支族があれば、注進されたい旨を伝えた。また、菊松丸が山名氏を撃退したときには、飯石《いいし》郡下熊谷のうちの土地を、新恩として給している。とにかく、承久三年（一二二一）以来の出雲の旧族三刀屋氏が、京極氏の手から離れることは、出雲を放棄するに等しいのである。

出雲の国を支配する場合、第二に大切なことは、社寺に対する政策を誤らないことであろう。その一はなんといっても杵築大社（出雲大社）の歓心を買うことでなくてはならない。高詮はこの点についてもぬかりがなく、杵築大社に千家・北島村を寄進し、杵築国造《こくぞう》に社領を安堵し、代官隠岐守に命じて杵築大社の三月会を遂行させた。また南北朝合体の明徳三年閏十月にも、杵築社社家に対して社領佐木浦《さぎうら》を安堵し、ついで黒田浦などを大社に寄進している。その二は天台宗の古刹鰐淵寺（出雲市別所町）対策である。これも最良の方法はその寺領を安堵し、課役を免除することであった。

このように京極高詮は、領国に眼をそそぎ、有力な社寺・国人に安心感を与え、その統治を押し進めていったのであって、その政策に発展はないにしても、一応の成功をみたものと思われる。

応永六年の冬、周防山口を中心とし、七州の守護職をもっていた大大名大内義弘が、幕府に対して謀叛の色が濃くなったとき、高詮は義弘のもっていた石見守護に補せられた。もとより義満の便宜に出たものであろうが、京極氏の勢力が山陰の西方へ拡大する様子が察せられる。この十二月、義弘が泉州堺城に拠って謀叛をおこし、唐菱の紋もあざやかに、妙見大菩薩・住吉大明神の軍旗を高くかかげ、いわゆる応永の乱を引き起こすと、高詮は四つ目結《ゆ》いの佐々木の旗を押したて、幕軍の有力な一隊となり、東郭を攻め、麾下の佐波《さわ》常連は一族をつれて出陣した。常連は石見国邑智《おおち》郡佐波郷内と出雲の西境飯石郡赤穴《あかな》庄を領し、赤穴氏の祖となった人物であるから、京極高詮の指令は、もちろん背後に幕府の権威があったとはいえ、出雲国内にゆきとどいていたことがわかる。

応永の乱の起きた翌々応永八年八月二十五日、出雲・隠岐・飛驒三ヵ国の守護職と、所領・所職を嫡男高光に譲って隠退し、ついで九月七日、人生五十年で死んだ。高詮は一時的にもせよ、五ヵ国を守護し、評定衆・引付頭・侍所所司をつとめていたのであって、室町幕府の一つの支えとなっていたのである。

ところで高詮が、雲・隠両国を支配するためにおくった守護代は、隠岐は左衛門尉清泰（隠岐氏カ）であり、出雲では、はじめ隠岐五郎左衛門尉で、のち尼子持久であったという。この持久が出雲守護代であったことを否定するものではないが、その事績について、現存の史料が乏しく明らかにされないのは遺憾である。ただ、上野介に任じ、正《（祥）》雲寺と号し（『佐々木系図』）、富田城にはいって七百貫を領し、自ら一切経を写してこれを地に埋め、経塚と名づけ、子孫の永福を祈った（『陰徳太平記』など）ということと、永享五年（一四三三）四月、伯耆国東伯郡光徳寺の空円に帰依して、本堂などを新築した（『島根県史』八）ことを伝えているに過ぎない。なお経塚は、今日、島根県安来市広瀬町の経塚山がそれであろうと推測されている。

尼子持久が出雲守護代になった年代もわからない。高詮が出雲守護になった明徳三年の出雲守護代は玄紹であり、持久はまだ十歳前後であったと思われるから、高詮時代に守護代となったとしても、それは高詮の晩年であったろうと考えられる。もちろんこれは確かでない。

そこで思い出されるのは『多胡外記手記』という文献である。これによると、高詮が出雲・隠岐を加増されたときは侍所の長官であって在国できなかったから、「高詮の弟高久、江州尼子に居り候を目代として富田へ遣はし、出雲・隠岐の仕置しなされ候」とある。年代から考えると持久よりむしろ高久を守護代とする方がいいし、高詮が侍所の長官であったことも事実だし、高久が大原郡に領地を持っていたことも確かであるので、あるいはそのようなこともあったとも考えられるが、どうであろう。なお、勝田勝年氏によれば、高詮は明徳三年から応永八年までの九年間のうち、出雲に在国しなかったのは四年間である（「尼子経久の出雲富田城攻略説に就いて」『国学院雑誌』七十九巻十二号）。

高詮以後

京極高詮没して、出雲・隠岐・飛騨三ヵ国はその嫡男高光の統治する時代となった。高詮は没する十数日前に、前将軍義満の袖判《そではん》をえて家督を嫡子高光に譲り、弟高数をはじめ一族・家人らに対し、これまでの領地を安堵するから、浄高（高詮）にかわらず高光に忠節を尽くすように、との指令を発した。弟の高数はこのとき二十六歳、兄の高光より一つ下であり、そのうえ相当のやりてであったらしいから、父高詮は京極家の将来を案じていた模様である。

高光治下の出雲では、相変わらず杵築大社が大きい力をもっていた。応永十二年、高光が将軍義持の命によって、大社の造営を完成するようにと、松田掃部入道に伝えているのは、そのあらわれといえよう。この造営は七年後の応永十九年四月に仮殿の遷宮が行われたので、松田氏は指令を守ったことがわかる。松田一族の権力は非常に強く、松田常鎮は石清水八幡宮領の能義郡内南安田を押領したことがある。このことは、出雲に覇をとなえるためには、松田氏を懐柔あるいは討滅しなければならないことを暗示するもので、後年の尼子氏の興起にもかかわりあいのあることであった。

出雲を治めるといってもなみたいていではない。高光は臨済宗の古刹雲樹寺（安来市宇賀荘）に寺領を安堵したり、佐波常連の跡を継いだ弘行に赤穴地頭職を、三刀屋菊松丸に三刀屋郷惣領分を安堵したりしている。ところが応永十八年、京極氏の分国である飛驒国で、国司姉小路尹綱の乱があり、高数が幕命を奉じてこれを討伐するという事件が起きた。乱は平定されたが、この飛驒陣で尹綱を討ち取って功名をあげた赤穴弘行は、恩賞のないのを憤り、宗家の佐波幸連とともに本国に帰ってしまった。それからのち「京極家へ出る事もなくして、ただ主なしのやうに」なったと、後年赤穴郡連（久清）はその置文に書いている。出雲の守護より国人にとっては宗家の方がはるかに権力が強くみえるのだ。直接と間接の差は大きく、守護の国人把握は至難である。

それほどの業績を残さないままに、応永二十年八月十九日、京極高光は三十九歳で没した。そして出雲・隠岐・飛驒三ヵ国の守護職を継いだのが、嫡男の吉童子丸であった。

高光は死没三日前に譲状を発し、自分のもっていた一切の権限を吉童子に与えることとした。将軍義持もこれを認め、応永二十年十月二十二日、吉童子の三ヵ国の守護が実現した。しかし何分幼少であったので（三歳）、叔父の高数が後見人となった。高数は義持から信頼され、伊勢の北畠満雅の叛乱をしずめ、また侍所の長官としてその手腕をふるった。やがて吉童子は成人して治部少輔に任ぜられ、持光と名のった。将軍義持の「持」の字をもらったのである。永享二年（一四三〇）七月二十五日新将軍義教拝賀の儀があり、持光は弟の持清とともに将軍に従った。

京極持光は永享三年のころから持高と名のったらしい。持高ははじめ父高光の下の字をつけていたが、こんどは上の字をつけたものと思われる。そして永享十一年正月十三日に「内損」のために死んだ。二十九歳であった。持高は永享十年ころ治部大輔に任ぜられていたが、父の高光も治部大輔であったから、さもあろうと考えられるのである。

持高には子供がなかったので、弟の持清が家督を受けるべきであったろうに、将軍義教は、京極氏の家を持高の叔父高数に継がせた（『薩戒記』『建内記』）。『江北記』にも「満頼（願）寺殿（高数）と申すは勝願寺殿（高光）の御舎弟なり。宝性寺殿六郎殿（持清）にて、御若年の時、少しの間御名代を持せられ候なり」とみえる。義教の側近としての高数の権威は強大であったが、それだけでなく、人物もまたすぐれていた。当時詩文の名声の高かった希世霊彦は、高数の画像に題して、彼が文武の雄であったことを述べている。高数は義教の処置に感激したらしく、嘉吉元年（一四四一）六月、義教が赤松満祐に殺された事件、いわゆる嘉吉の乱のとき、将軍に従った諸大名は逃げたのに、高数は防戦して義教と運命をともにした。

六十六歳であった。

嘉吉の乱で京極高数が闘死して、名実ともに出雲・隠岐・飛驒三ヵ国の守護となったのは持高の弟の中務少輔の持清である。時に嘉吉元年十二月二十日のことで、文明二年六十四歳没とすれば（持清は持高の兄となる）三十五歳であるが誤りで、二十九歳ころか。守護に任ぜられると同時に、兄持高の遺跡、本所・新所の領地をすべて領知した。持清は早く侍所の長官に任ぜられているから、幕府の重鎮といえよう。のち文明元年（一四六九）五月には、近江守護にも補任した。

出雲守護としての持清は、例のように分国支配の原則を忘れない。杵築大社・日御碕《ひのみさき》神社・鰐淵寺・雲樹寺などの所領を安堵したり、諸役を免除したりしている。特に雲樹寺に対して、将軍の指令を受け、寺領の段銭・臨時課役以下諸公事などを免除し、守護使の入部することを止めていることは注目にあたいする。守護使はこの当時段銭などの徴収にあたっているから、守護使不入というからには、段銭は徴収できないことになる。いいかえると、諸役免除・守護使不入ということは、守護が完全に分国を支配していない証拠となろう。また幕府が守護の庄園侵略を禁止しているところから考えると、幕府は守護と庄園下の庄民が直接つながるのを警戒しているとみられる。もし守護と農民が直接結びつくことになり、農民が守護から直接支配される事態ともなれば、守護大名の権力が強大となり、それは戦国大名といえるものだ。しかし持清時代の出雲の支配はまだまだそこまで強固ではなかった。これは当然国人の対策にもあらわれ、三刀屋・牛尾・赤穴など諸豪の本領を安堵することに汲々としている。とはいっても全く力がなかったわけではなく、中原康富《やすとみ》の日記『康富記』宝徳元年（一四四九）八月十二日および二十三日の条をみると、佐波宗家《そうけ》の元連が石清水八幡宮寺領を侵略したので、幕命を奉じて元連を攻め、その弟を誅し、首を京都東寺にさらしたことで知られる。そののち持清は元連が出雲国にもっていた知行分を所領としたが、のちこれを元連に返した。

次に隠岐守護としての持清は、隠岐五郎左衛門尉清秀を守護代として統治させた。守護代下に重《おも》栖《す》・隼人《はやと》の両小守護代がいたことは、『惣社（玉若酢社）古棟札銘』『国府尾八幡宮古棟札』および『隠岐国々代略記』に明らかにされる。清秀は塩冶頼泰の兄時清の五世の孫にあたる。前代の隠岐守護代として左衛門尉清泰がいたが、清秀と何らかの関係があり、同じ系譜と思われるが、これを証明する史料がない。清秀の次に叔父の清綱が守護代になった。

このように持清は隠岐の守護代として隠岐氏を起用したが、出雲の守護代は尼子持久が前代から任ぜられていたと伝えるだけで、歴史の舞台へいまだに姿をみせない。いや正長元年（一四二八）、永享十一年（一四三九）に尼子四郎左衛門尉の名が『日御碕神社文書』にみえて、その活躍の様子が知られるが、このことは次の項で述べよう。それはともあれ、京極氏治下の出雲では持清の解決しなくてはならない大事件が勃発した。杵築大社と日御碕神社との対決である。

大社と御碕

京極持清が中央京都にあって、将軍義政の右大将拝賀に列して得意がり、江南の守護久頼が没して、六角氏が失意の底にあった康正二年（一四五六）のことである。京極氏治下の出雲では、杵築大社と日御碕社との領界についての相論が極点に達し、大社側は直接行動をとり、いまにも御碕領内へ侵入しようとしていた。そこで持清の奉行人は、尼子殿御代官・三沢対馬守（為在）、神西三河守、牛尾（中沢）神五郎および牛尾一族にあてて、武力に訴えても大社側の侵入を阻止せよ、もし万一、大社側に味方をするものがあれば、その人名を注進せよ、同様にその罪を問うであろう、と連署の奉書を発した。ことの起こりはこうである。

この事件からおよそ三百七十年前の応徳元年（一〇八四）、日御碕社司日置重光は、杵築大社の社司明方が大社領と称して、重光自作の地である宇料《うりよう》（宇竜）浦、菊松作佐岐《さぎ》浦、光枝作伊奈佐《いなさ》谷、あわせて御碕神田一町七段に苅田《かった》狼藉したので、明方は神敵であるから、重罪に問われたい、と朝廷に訴えた。この結果、白河天皇の裁決が下り重光のいい分が通って、所領を確保できたらしいが、境界の争いは依然として続いていた。それも建長元年（一二四九）になって、両者ようやく和解し、日置政家と出雲政孝は連署の和与状を、出雲守護所でもって交換し、守護佐々木泰清がこれに証判を加えたことによって、御碕領は認められた。これは鎌倉幕府からも承認され、建長五年北条時頼から三ヵ浦所々の神田などが日置政家のものとなった。ついで北条時宗も、文永二年（一二六五）、日置政吉の御碕検校職と、神領の三ヵ浦地頭職を許可した。こののちおよそ百六十年の間、小康を保ったが、応永二十八年（一四二一）になって再発するに至った。ことは大社側が御碕へ参詣する通路を閉鎖したことからはじまる。そこで御碕側はことの次第を幕府に訴えた。それから七年後の正長元年（一四二八）十月十七日および永享十一年（一四三九）正月六日、大社国造家は大勢をひきつれて御碕に発向し、種々の狼藉を働いた。そこで尼子四郎左衛門尉が裁許したが、さらにきき入れず、重ねて十一月に乱入し、舟別・棟別《むねべつ》銭を取るなど言語道断の悪行におよんだ。ここにみえる尼子四郎左衛門尉は守護代として活動している。尼子氏が檜舞台に登場したのである。持久か、その子清定か。いずれとも考えられるが、持久かもしれない。いずれにしても、守護代尼子氏より大社国造家の勢力の強いことは注目すべきであろう。

ともあれ康正二年に至って、両者の関係はまたまた悪化し、将軍の沙汰によって立て置かれた制札が、大社側によって取り除かれてしまった。そこで御碕の小野政継は守護持清に訴えたが、余りかんばしくなかったから、今度は賄賂戦術に出て、銭千疋をおくり、境界論争を有利に展開させようとした。その効あってか、この年五月二十七日の返事では「然るべき時節候はば、追つて申さるべく候」とあった。ついで持清は七月二日の日付で又四郎（御碕側）に書状をおくり、御札をもとのように建てよ、もしなお大社側よりとやかく申したならば成敗する所存である、といっている。と同時に同じ日付で、持清の命を受けた奉行人四名は、尼子殿御代官・三沢対馬守為在にあてて、大社側の行動を停止させるようにせよ、といい、また今月中に大社側では代理人を参詣させ申しひらきをせよ、と命じた。この『小野文書』にみえる尼子殿御代官の尼子殿こそ、清定と推定される。ついで七月四日の日付で、持清の腹心多賀高忠は、

「屋形様（持清）や少輔殿様（勝秀）に巻数《かんず》一箱、二百疋ずつ進上されたので披露しておきました。ところで尼子殿（清定）の御書状によると、大社側に制札をもとのように立てるように命じたということでまことに目出たい。やがて大社側から代官が上洛されるであろう。はたまた御巻数・三百疋いただいてありがたい。京都でのことは御代官が申すであろう」

と、御碕の小野政継に通達した。さらに七月二十日の日付で、持清の側近と思われる清貞からも、三沢為在にあてて、御碕の主張が正しいから、大社側は上洛して申証《もうしあか》しをたてよとの御奉書が下された、と書きおくっている。

ところが、大社側は守護持清の命に承服しない。持清はついに腹を立てて九月六日、今月中に上洛しなかったならば、御碕の勝訴にする、との厳命を下した。しかし幕府の命を受けたとはいえ、守護の力では大社の権力を威圧することができず、大社側はついに直接行動に出ようとしたことは既述のところである。

大社と御碕の対決は、持清の時代から次の持清の嫡男勝秀の子の孫童子、持清の二男政高（のち政経）の代になってもなお結んで解けなかった。文明三年（一四七一）御碕はまたまたことの子細を幕府に訴えたので、幕府では御碕の小野政継にあてて、境界はもとよりその社領をも安堵する、と奉行人の奉書をおくった。文明三年七月八日の日付である。同じ日付で、佐々木孫童子・佐々木尼子（清定）にもおくっている。明けて文明四年三月二十日の日付で、またも奉行人の奉書を出し、北島高孝・千家直信にあてて、押領の地を小野政継に渡すように命じ、別に同日付でもって、当国中面々・佐々木刑部少輔（清定）・佐々木塩冶五郎右衛門尉・多賀次郎左衛門尉・村井信濃入道・松田三河守・佐世面々・牛尾・熊野・湯・馬来・広田にあて、御碕の小野政継に合力して、武力をもって大社側の動きを封ずるように指令した。

このように大社と御碕の境界と、御碕の所領の問題解決こそ、出雲守護代尼子清定および出雲の国人の一大試金石であったが、大社の権力は強く、ただ一片の書状でおさまるわけがない。この解決は次代の尼子経久に残されることになった。それはそれとして、文明四年といえば、応仁・文明の大乱が勃発してから六年を経過している。この大乱に、雲・隠の守護京極持清は一体どのように動いているのであろうか。

経久の登場

応仁の乱

文正元年（一四六六）の十二月は、出雲・隠岐・飛驒三ヵ国の守護京極持清にとって散々な厄月であった。洛中京極にあった持清の第《てい》を山門の衆徒にねらわれ、侍所所司代の地位にあった腹心の多賀高忠は逃亡してしまったし、近江坂本の馬借（交通労働者）は、同地の持清第を襲撃した。また洛中にあった、多賀高忠の深山を思わせ、林泉美しく、華麗きわまりない私第が災上した。このような年は早く暮れてしまった方がよろしい、と恐らく持清は思っていたに相違ない。

明けて文正二年、応仁元年と呼ばれる年である。京都では名代の謀略家細川勝元と赤入道山名宗全（持豊）との対立は決定的で、諸守護大名は両派に分かれてにらみあっていた。応仁元年（一四六七）五月十五日は、朝のうち曇っていたが、夕方から小雨が降り、夜になって雷雨風強く、世上もまたもってのほか物騒で、京市民は終日物を運び、町から逃げ出すしまつで、下京では悪党が徘徊し、公家の近衛政家でなくとも、大乱に及ぶことは間違いないと思われた。そのとおり、五月二十六日、細川勝元の東軍は、先手をとって山名宗全の西軍の陣を攻め、両軍入り乱れて市街戦が展開された。いよいよ応仁・文明の一天大乱の開幕である。

応仁の大乱に近江の名族佐々木氏も、江北の京極持清が東軍に、江南の六角高頼が西軍にそれぞれ属して、江州の完全制覇をねらって激闘した。早くも応仁元年五月、京極氏は江南に出兵し、六角氏の拠点観音寺城（滋賀県近江八幡市安土町）を攻撃した。ついで七月、京極氏らの東軍は洛中中御門東洞院の斯波義廉《よしかど》の第を攻めた。かなりの激戦で、京極麾下の出雲の国人赤穴幸清や牛尾五郎左衛門忠清らがよく戦い、幸清をはじめ、親類・被官人の数多くが負傷し、勝屋右京亮が討死した。この月二十五日に、また斯波第攻防戦が行われ、出雲から参陣した三刀屋助五郎や、その被官人ら多くが傷を受けた。八月にも同所で合戦があって、牛尾は打太刀の粉骨を尽くした。このころになると、周防の大守護大内政弘の大軍が上洛し、形勢は東軍に不利で、京極持清も自らその第に火をかけなければならなかった。翌九月十三日、京極勢の陣取っていた浄華院《じょうげいん》が西軍の猛攻にあって、部下の多くが逃げ出した。このとき雲・隠の兵七騎、ともに相励まして奮戦したため、二十余騎が続き、ようやく陣形をととのえて退くことができたという。桃節山はその著『出雲私史』のなかで、七人の名を高谷・桐谷・蜂須賀・青木・今浜・長江・亀井と伝えている。

応仁元年も十月になって、京極は江南作戦を展開した。まず近江馬淵に戦い、ついで持清自ら嫡男勝秀をともなって江南に出陣し、六角の支城の高瀬城を攻略した。翌応仁二年三月、勝秀は観音寺城に迫り、果敢な攻防戦がはじまった。ところが六月十七日、芸武兼備の将中務少輔京極勝秀は、病いのため三十六歳で軍中に没した。生前親交のあった建仁寺の雲泉大極《うんせんたいぎよく》は、その死を悼んで、「浮世一夢、花の落ちるを惜しむ」と、その日記『碧山日録』に書いている。

京極勝秀の突然の死は、父持清にとって耐えられないものであったろうが、戦さは悲しむ余裕を与えない。この年の十一月、京極勢は六角氏の属城守山を落とし、ついで観音寺城を陥落させた。あきらかに勝秀の弔合戦といえるものであった。

越えて文明元年五月、京極持清は近江守護に任ぜられ、江南の制覇をほぼ達成した。ところが腹心の多賀高忠が上洛して、細川勝元を助けているうちに、六角高頼が観音寺城を奪還した。これを聞いた高忠が下国して、再び陥れ、観音寺城の争奪戦はめまぐるしく繰り返された。

年改まって文明二年の八月四日、京極の当主持清が病いのため死んだ。相国・南禅に住した横川景三《おうせんけいさん》は、持清を評して、「三朝の元老、一代の異人」といい、また持清が和歌・音楽にすぐれ、将棋に通じていたことを『補庵東遊続集』の中で述べている。

さて、持清を継いで嫡孫の孫童子が京極の主になった。孫童子は祖父持清の死没の翌九月、京極家領を相伝し、出雲・隠岐・飛驒・近江四ヵ国の守護職に補任した。なにぶん幼童であったので、叔父の政高（のち政経）が後見人となった。『佐々木系図』一本によると、孫童子はわずか六歳で早世したというが、『大乗院寺社雑事記』によると、文明四年九歳で在世である。しかし病弱であったらしく、政高が文明三年閏八月、雲・隠・飛三ヵ国の守護になり、文明五年九月には、近江守護をも加え、京極の実権を握った。

ところがこのころになると、京極氏は家臣団の統率に悩んでいた。持清が没したとき、これまで京極氏を助けて唯一無二の重臣として一応歩調を合わせていた多賀氏が、豊後守高忠と、出雲守との二系統に分かれ、出雲守は六角氏に走った。京極家臣団の分裂である。多賀高忠は一時のがれたが、やがて勢いを盛りかえして各地に転戦し、幕府からも重く用いられた。また高忠は朝鮮との交易を行ったし、武家故実にくわしく幾多の著作を残しており、文武兼備の良将といってよかろう。文明十七年（一四八五）四月所司代に再任されたが、十八年八月、六十一歳で近江の陣中に没した。高忠亡きのちの京極氏は、政経（はじめ政高）・高清兄弟が互いに争って次第に衰え、下剋上の波は荒く、ついに被官人浅井氏に圧倒されることになる。中央がこのようにあわただしく、京極氏の当主が乱中に没し、本領の近江が動乱の渦中にあるからには、分国の様子が危ぶまれてならない。そこで眼を山陰に向け、大乱中の出雲の動静を探ってみることにしよう。

尼子清定

応仁の大乱に京極持清は、分国の兵をひきつれ、洛中から江南にかけて転戦した。一見何でもないようにみえても、内心は分国の様子が心配で心配でたまらない。国の雑説はいろいろ聞こえてくる。宍道九郎が出雲を制圧したという風聞もあった。しかし風説はあくまでも雑説であって、事実ではなかった。事実は動乱の中から出雲守護代尼子清定が、その英姿を月山富田城にくっきりと浮かばせていた。清定は持久に継ぐ、出雲尼子氏二代の主《ぬし》である。

細川勝元と山名宗全、いわゆる応仁の両雄は、大乱がはじまると中央で戦っただけでなく、地方へも鋭い謀略の眼を光らせていた。東軍・西軍ともに各分国の兵が上洛しているから、後方を攪乱し、背後をおびやかす、いわゆる攪乱戦法である。つまり、各分国に残っている有力武将に働きかけて、叛乱を起こさせることだ。それは同時に国人領主の勢力拡張戦と一致する。逆にいうと、国人とその背後にある反対党の勢力を打ち破らなければ、領国を形成することができないことになる。したがって尼子清定にとって、反対党の国人を征服することが当面の目標となってきた。

その時期は意外に早くおとずれ、清定は国人から先手を打たれ、受けて立たざるをえなくなった。いや、それを待っていたのかも知れない。先に兵を動かすと、大義名分がたたず、土民から恨まれないとも限らないからである。

応仁二年六月二十日、安来庄（安来市）の十神《とかみ》山城を根拠とする松田備前守（公順カ）が猛勢を統率して、富田城をめざして富田内庄堺村に進撃してきた。松田氏は日御碕小野氏の支族で、承久の乱に北条氏に味方した功によって、安来庄地頭職に補せられてから、一時的には京極氏の所領になったこともあるが、おおよそこの庄を支配しており、はえぬきの領主といえる。その枝葉よく繁り、相当の勢力であったことは既述したところであり、出雲東部きっての名族であった。この出雲の旧族松田氏の富田城攻撃は、西軍伯耆守護山名教之上洛中の留守を守っていた山名六郎の後押しがあったらしいが、松田氏自身からいうと、明らかに領土の拡張戦であった。これに対して清定は、守護代としての権威があり、分国を保つ責任もある。攻撃は当然迎え撃たねばならない。

かくて広瀬月山と安来十神山の合戦がはじまった。尼子勢はよく戦った。被官人清水弾正そのほか数名が負傷したが、松田勢を撃退することができた。

松田氏が先制攻撃をしたことによって、尼子氏としては兵を動かす名目ができた。いつまでも手をこまねいている清定ではない。今度は強力な反撃に転じた。いよいよ尼子清定の領国形成のための征服戦の開始である。その手はじめとして十神山城の攻略にかかる。松田氏が富田城を攻撃してからおよそ十日後の応仁二年七月一日のことである。戦果は大いに上がり、出雲の田中・白紙・湯・綿貫・坂田・布引弟、その他伯耆・隠岐の国人ら百余人を討ち取ったが、本城を陥れることはできなかった。

七月二十八日には、岩坂・外波（松江市八雲村）にたてこもった敵を切り散らし、三沢氏の代官福《ふく》頼《より》十郎左衛門を討ったが、下河原宗左衛門尉の守る出雲郷《あだかえ》（松江市東出雲町）の春日城攻撃は失敗し、神保与三衛門尉・西木彦左衛門尉を失った。ついで八月一日、鋒先を転じて再び十神山城とその支城を攻め、安来（利弘とも）の八幡・富尾の両城を陥れた。九月にはいってその十八（十七とも）日、

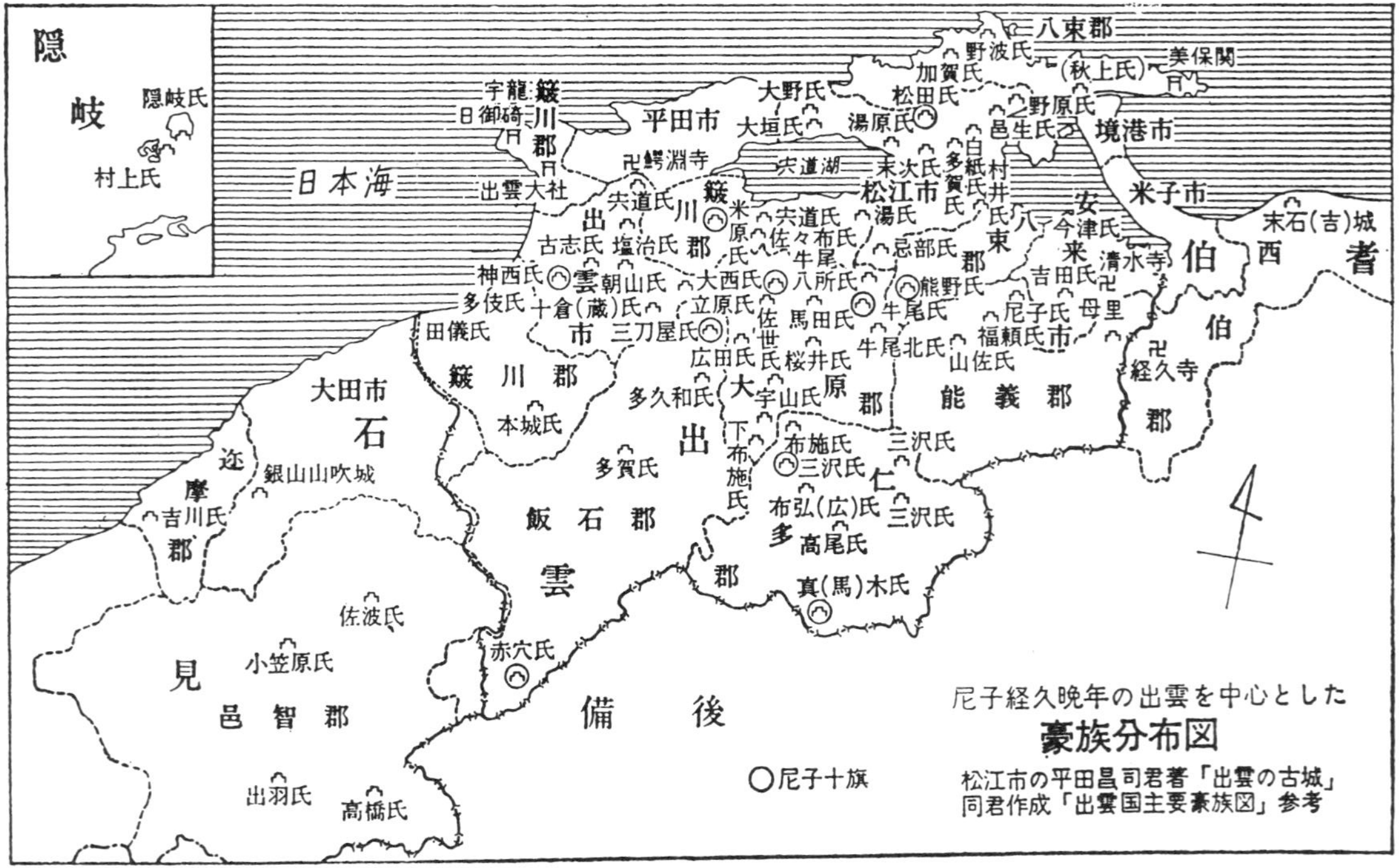

尼子経久晩年の出雲を中心とした
豪族分布図
松江市の平田昌司君著「出雲の古城」
同君作成「出雲国主要豪族図」参考

一隊を大原郡に派遣し、今日の雲南市大東町にあった馬田城（岩熊山城とも。城主馬田豊前守カ）を攻略し、自らは出雲郷に駒をすすめて春日城を落とした。翌十九日には、湯《ゆ》郷（松江市玉湯町）岩屋城の粮道を断って孤立無援とし（十九日落城ともいう）、三たび十神山城を攻めた。十神山城は山名六郎や城主松田備前守がたてこもっていたが、清定は二十一日に自ら出陣して、追い散らしてしまった。十神山は民謡安来節に、「安来千軒名のでたところ、社日桜に十神山」とうたわれ、その風光は天下に知られている。ついで二十五日には美保関に出兵して、敵山名党をことごとく切り散らした。まさに東奔西走、神出鬼没の大奮戦ではないか。

これらは前頁の地図をみればよくわかるように、安来市・旧八東郡・旧大原郡にわたっており、富田城の前面（北・東・西）一帯の地である。富田城の背後（南）ははるか中国山地が走り、ここには有力な国人は生まれてはいない。やはり前面（北）の中海から日本海にかけての地帯、特に十神山城は富田城への直接の関門であり、美保関は後に述べるように、東出雲の最大の要衝である。

尼子清定の健闘に対して守護京極持清は、兵粮を貯えて富田城の守備を厳重にせよ、と指令し、また感状を与えて、その労を謝することを忘れない。さらに恩賞として、清定に飯石郡多久和庄知行分・島根郡生馬《いくま》郷（松江市）・能義郡利弘庄・同中次（中須・中津カ）闕所分（領主の追放された所領）・同郡舎人保内松田備前守買得田畠屋敷・松田備前守買得分などを与え、のち出雲郷のうち青木・落馬そのほか庶子らの跡を領知させた。清定はまた、応仁二年の九月に能義郡奉行職を獲得し、この年の暮には美保関および安来領家分代官職をえているが、これらこそ尼子氏発展の基礎といえよう。このころであろうか、十一月七日付で東軍の総帥細川勝元は、清定にあてて、「今度忩劇《そうげき》につき、雲州において忠節の由、尤も以て神妙に候」と感状をおくっている。

応仁二年は暮れて、文明元年の空は明けそめる。尼子清定は今年もまた国内征服戦を展開していく。いまの大東町潮に根拠をおく牛尾一族を主力とした尼子軍は、七月一日に大東の草尾に進軍したが失敗に終わった、その被害は甚大で、牛尾一族をはじめ被官人の負傷者が続出した。これに対して京極持清は感状を下しているが、これは清定の要望によるものであった。この合戦を伝える『佐々木文書』には年号が書いてないけれども、文明元年と認められるものである。

ついでまた大東に蜂起した伯耆山名党の応援する敵を攻め、七月二十九日、大東野田原に戦い、八月四日の中城進山での合戦では、清定自ら軍配をふるい敵陣を追い崩し、久野次郎左衛門尉・下河原宗右衛門尉、そのほか雲・伯の敵数十人を討ち取った。この報告を受けた持清は、清定に感状を与え、「弥《いよいよ》国中の儀、然るべき様に計略を廻らさるべく候」といい、清定を頼んでいる様子がよくわかる。

かくて文明二年になった。清定の国内統一戦は今年もまた続けられる。そして清定は富田城から南西をぐっとにらむ。そこには今日の仁多郡奥出雲町を中心に、尼子氏と匹敵する実力をもつ三沢氏が、要害山三沢城を本城とし、仁多郡地方惣地頭を勤めて強勢を張っていた。やがて横田庄藤ヵ瀬に築城するほどの勢力となるのであって、国人中の最右翼に位する氏族といえる。この三沢氏は十四世紀のはじめ、旭将軍木曾義仲の孫為仲が信濃から出雲に下国し、三沢庄にいたため、庄名を名字としたという。すでに大社と御碕の境界相論のとき、尼子殿代官三沢為在がいたことは前述した。尼子氏が勢力拡大をめざせば、三沢氏もその発展を企図する。尼子と三沢の対決は当然のことであろう。応仁二年三沢氏の代官福頼氏は岩坂・外波の合戦で討ち取られている。また京極持清も応仁二年と推される十月二十三日付の清定あて感状のなかで、「三沢城の事肝要に候。早々落居候《はやばや》はば、祝着せしむべく候」と書きおくっているほどである。文明二年三沢対馬守は与党を糾合して国一揆を起した。そこで清定は、三沢党の知行差押えを持清に要望した。その結果、一度知行を押えられた人々に、多胡《たご》宗右衛門尉（俊英カ）・山佐五郎左衛門尉・佐方民部丞（三刀屋一族）・飯沼四郎右衛門尉（大原郡住）・下笠豊前守・野波次郎右衛門尉（八束郡住）・小境四郎左衛門尉（平田市住）があげられる。文明二年六月二日のことであった。

京極氏の被官多胡氏についてはのちに述べるが、今日の松江市島根町野波にある多胡に所領があったらしい（八束郡出雲郷の地頭とも）。山佐氏は佐々木義清の孫義泰の第五子秀清がその祖で、今日の安来市広瀬町山佐を中心とした土豪であった。下笠氏についてはのちにふれる。これらを考えても三沢党の有力であったことは明白である。

思うに応仁二年のころの持清は、出雲の安定のために、三沢氏の討伐を必要としていたが、文明二年の時点では、尼子氏の勢力の拡大するのを好まなかったようである。そのあらわれが、三沢党の知行分を押える指令を出したとき、「此くの如き所行、一段子細候」という表現になったものと思われる。つまり、国人たちが叛旗をひるがえしたのは、何かいわれがあるからであろう、と暗に清定の行動を非難しているのである。

文明二年六月、三沢氏の叛乱を守護の権威でうまく切り抜けた清定は、出雲制覇へ一路邁進する。今度は出雲西部の関門神西《じんざい》湊で火の手が上がった。石見は西軍山名党であるから、この方面の敵方が乱入したのであろうか。清定自ら出陣したが、被官人三十六人が討死してしまった。そこで京極政高や幕府は、文明二年十二月に清定へ感状をおくり、その戦功を謝している。と同時に東軍主将細川勝元は、山名九郎を出雲におくり、西軍の山名党と対決させようとしたらしい。

明けて文明三年、中央の戦局はもうほとんど膠着状態で、戦火は地方へ飛ぶ。八月二十一日、尼子軍は進んで伯耆に攻め込み、境松の合戦となり、敵数十人を討ち取り、味方も二十余人負傷した。と今度は伯耆の山名党が美保関へ進出してきた。閏八月十六日に合戦があり、尼子軍は堀江三郎を失いながらもよく支えることができた。こうしたときに、勝元の命を受けた山名九郎が下国したようであるが、詳細はわからない。美保関攻略に失敗した伯州の山名党は、九月になって出雲へ乱入し、井尻（安来市伯太町）の難波城（細田正男氏によれば、雛波《ひなみ》城、現在日次と記す）にたてこもる。尼子軍はその二十一日にこれを攻め落とし、村上・一条以下数名を討ち取った。

このころになると、尼子清定が出雲に覇をとなえることは決定的になっていた。中央では前年持清が没し、孫童子が守護になったが、幼少のため、また病弱であってか、後見人の叔父政高にかわったことは前記のとおりである。だが、統一戦が終わったわけではなく、国人たちはそれぞれの所領を守っていたし、幕府でも尼子氏の力だけを頼りにしてはいない。それは大社と御碕の相論のところで述べたように、文明四年三月、幕府が御碕に協力せよ、と指令を出したときのあて名は、清定一人でなく、当国中面々・佐世面々・塩冶・多賀・松田・村井・牛尾・熊野・広田・湯・馬木などであったことからも明らかである。

文明五年（一四七三）中央では東西の両雄が相ついでこの世を去り、舞台は文明六年に回転する。この年、尼子清定は嫡男又四郎を上洛させ、これまでの所領を守護京極政高から確認してもらった。と同時に、主家の実力を打診させたものと思われる。

この又四郎は、のちの経久である。いよいよ尼子経久が歴史の表面に姿をみせた。時に又四郎はわずか十七歳であった。父清定が国人の上洛中を好機として、出雲国内統一戦を順調にすすめ、それもようやく一段落を告げたときである。だが何事もスムーズに進行するとは限らない。国人たちはまだ完全に尼子の治下に組み入れられたわけではないのである。

能義郡土一揆

出雲守護代尼子清定は、応仁の乱の火蓋が切られても、満を持して動かず、相手の攻撃を待った。そして受けて立って名分を正した。しかしそれ以後は疾風迅雷といおうか、快刀乱麻を断つといおうか、まことに小気味よい積極作戦を展開し、雲・伯の山野をかけめぐり、反対党の属城をつぎつぎと攻略した。この勢いにさしもの国人層も圧倒され、文明六年の段階では、沈黙を守らざるを得なかった。ところが文明八年になると、意外にも富田城の膝下で叛乱が勃発し、能義郡の土一揆が月山めざして進撃してきた。

文明六年の時点で、清定の出雲国内統一戦が一段落し、風雲に乗じて切り取った所領を、どのように統治するかということが、今後の課題となっていた。富田城下を流れる富田川（飯梨川）の流域や、中海に注ぐ下流の三角洲の地、またその東方、恩賞として与えられた安来庄および利弘庄は、富田城の穀倉といえた。清定は安来庄の代官職や広く能義郡奉行職をフルに使用して、余分に段銭その他諸役を申し付けた。ところが、能義郡内の土民たちは、必ずしも清定の方針に全面的に協力しようとは考えなかった。それどころか、かえって以前松田備前守の支配していた時代の方がはるかに暮しも楽であった、と松田時代を懐かしむようになった。したがって何人か首謀者が出現して采配をふれば、一揆に発展することは明らかであった。こうした動静が、能義郡土一揆の富田城急襲となったのではあるまいか。

能義郡土一揆は四月十四日、富田庄堺に打って出、十六日には上田（植田）・古川に進出し、十九日に桜崎方面でも合戦が行われ、翌五月二日には三日市に突入した。三日市は現在のどこにあたるかわからないが、月のうちの三のつく日（三・十三・二十三日）に市がたったと思われるから、そのようなところは、富田の城下町であったに相違ない。そのとおり、五月十三日には富田庄で激戦があったのである。この合戦の推移をみると、一揆は富田下流方面からだんだん上流へ進み、ついに富田城下に乱入したようである。一揆は一揆を呼び、火だるまになって拡大し、月山に肉薄したものと思われる。してみると、単に富田城の不意を突いただけではなく、相当強大な勢力であったろうし、『新修島根県史』通史篇1のいうように、国一揆とみてよい。

不意を突かれた清定は、部兵が集まらないので、手兵だけをひきつれて自ら奮戦し、ようやく撃退することができた。しかし被官人の福頼・立原《たちはら》・室田・女塚《めづか》・多久などが傷つき、配下の野伏（武装農民）のなかには戦死者も出た。この知らせを受けた守護京極政高は、文明八年五月十七日の日付で感状をおくり、

今度能義郡土一揆等蜂起につき、国中被官人等馳せ来らざるところ、一身忠功を励まれ、富田要害相かかえ候。戦功比類なく候、……戦功至誠感悦極りなく候。

と、激賞している。特に五月十三日の富田庄の戦いは、清定自身出馬して一揆をやっつけ、十五の首を討ち取った。このときの感状も『佐々木文書』に収めてある。

昨日十三日、敵攻二入《り》当庄一《に》、覃《およぶ》二合戦一処《に》、自身被《れ》二打出一抽《でぬきんじ》二戦功一《を》、敵悉《ことごとく》切崩《し》、頸十五被《れ》二討捕一候。被官数輩打太刀《の》条、旁以《かたがたもって》忠功無《く》二比類一候。偏《ひとえに》依《り》二御粉骨一《に》、当城無為《に》相拘《かかえ》候。感悦無《く》レ極《り》候。追而《て》可《く》レ有《る》二重賞一候。弥《いよいよ》可《く》レ被《る》レ励《ま》二戦功一《を》候也。恐々謹言。

文明八

五月十四日　　　　　　　　政高（花押）

尼子刑部少輔殿（清定）

五月十四日の日付けで「昨日十三日」といい、「当庄」「当城」という。政高はこのとき出雲にあったとすべきであり、それは前年十月末、江北の一戦に敗北したための出雲入国と思われる。

それにしても、尼子氏被官人の留守をねらって一揆を起こし、富田城の不意を襲わせた黒幕は一体誰か。恐らく松田三河守であろう。それは第一に、能義郡土一揆鎮圧の賞として清定が、松田三河守跡、安来地頭分を自由にしてよいから、被官人に分配されたい、との感状をもらっていること、第二に、文明八年に松田三河守が、清定の所領の能義郡舎人保半分を押領していたこと、第三に、一揆蜂起のとき、富田城大手口の守将下笠豊前守が逃亡していること。以上の三点によって、一揆の首謀者は松田三河守と断定してよいだろう。特に下笠氏は三沢氏の叛乱のとき、所領を押えられた一人で、のち許されて清定に従っていたらしい。しかし必ずしも清定に心服していたのでなく、暗々のうちに松田と密約して、一揆蜂起へと発展させた。ところが、清定の奮戦ものすごく、一揆の形勢が悪くなったため、尼子氏に叛旗をひるがえす機を失ったので、五月のはじめごろ逃亡したものと考えられる。松田三河守は、清定に討滅された松田備前守と同族であろうか。備前守に代わって清定が安来庄を支配し、能義郡奉行職、美保関代官職をえたことは、三河守にとって面白くないものであったろう。そのとおり、尼子と松田は美保郷の領有問題について、以前から争っていたのである。

美保関は、今日の松江市美保関町の福浦・諸喰《もろくい》を結ぶ線から東の島根半島全体を含み、出雲北東部の要衝地点を占めている。松田三河守はこの美保郷の範囲について異議をとなえ、郷内に侵入した。この報告に接した京極持清は、美保郷内百姓の起請文によって、福浦・諸喰は、美保郷に含まれる旨の裁許を下して、尼子清定の知行を確認した。だが松田は持清の裁許に異論を唱えたので、政高の代になって二回にわたり、その範囲を清定の領有と確認した。しかし松田はこれを認めない。文明六年十一月、政高の奉行人は松田にあてて、福浦・諸喰両所が「御料所」（幕府直轄領）であり、清定を代官として領有させることは数ヵ度仰せ付けたのに、今においても両所を美保関の内としないで、渡さないのはよろしくない、早く御代官尼子清定に渡されたい、と申しおくった。

かくて文明八年四月、政高は清定にあてて故持清の申し付けた美保関代官職は、今度いよいよ忠節を抽んでられたからには、公用銭（公事銭）さえ納入してもらえば、他の競望《けいもう》は許さないで、貴下の領有を認める、といっている。このころであろうか、五月七日付で政高は松田に対して、福浦・諸久江（諸喰）浦・舎人保は清定に治めさせるから、早く侵略をとどめられたい、もし子細があればそのいい分を聞こう、と報じ、同日付で清定に対し、松田にかの在所の侵略をとどめるように伝えた、と連絡している。

このようにみてくると、文明八年は尼子清定の領国形成過程の第二期で、出雲東部がその権力下に組み入れられたものと察せられる。そして美保郷の代官職をもつからには、美保関が納めなければならない公用銭は、当然清定の手を経ることになる。ことは守護と守護代の間のやりとりに発展していくのである。

美保関公用銭

伯耆国の大神山を目標として、針路を定むる出船千艘・入船千艘の盛況は、港内の帆檣《ほばしら》林立し、雲と水との外友なき遠洋航海に休息せる海の勇者は、柳眉細腰の関美人に迎ひられ、絃歌の声は碧海の上を滑りて、昼夜を別たず情緒纏綿《てんめん》、縞《しま》の財布の空となるを知らざりき。されば「関の五本松一本切りや四本後は伐《き》られぬ夫婦松《みようと》」の民謡美保関節は、日本海沿岸の各港に宣伝せられたるにても、其一斑を知る可し。殊に況んや、此港に鎮り座《ま》す美保神社……の主祭神、事代主神《ことしろぬし》は、所謂恵比須様にて、航海の守護神なるおや。

『島根県史』の著者が美保関を叙した流れるような美文の一節である。松田三河守が押領していた福浦・諸喰《もろくい》を範囲にもつ美保郷の先端に美保関は位置する。もともと出雲の重要な港として、美保関と宇竜《うりよう》浦（出雲市大社町）の二港は、東西の両横綱であった。李朝鮮成宗二年（文明三、一四七一）に編纂の『海東諸国紀』をみると、美保関郷左衛門大夫藤原盛政・見尾関《みおのせき》処松田備前太守藤原公順・留関（美保関カ）海賊大将藤原義忠らの名がみえ、美保関を中心として日・朝交易の行われていたことがわかる。国内通商をみても、美保港は関の字があるから、ここで舟役税を徴収していたことは明らかである。

美保関の公用銭は、文明六年に年額五万疋を負担させられていた。そして公用銭の主なものは舟役運上金である。この舟役（勘過料・駄別諸役・帆別料）を徴収するものは、美保関代官職の重要な任務だ。尼子清定はこの代官職を応仁二年十二月、戦功によって認められた。京極持清が清定に代官職を与えるにあたって、出雲の国人からいろいろ中傷があったが、腹心の多賀高忠の意見で、清定の美保関代官職を認めたのである。もっとも清定が翌年の美保関公用三千疋を前納したので、しかたがなかったのかも知れない。いいかえると清定の実力を認めざるを得なかったのだ。

すでに文明二年四月、持清は、隠岐の所々廻船（積み荷船）が美保関で舟役を支払わず、以前と同様に若狭小浜で支払っているが、それはよろしくないから、もし美保関で関役を納めなかった場合には、一段と成敗する、と厳命を下し、持清時代に舟役免除の特典はなくなっていた。そこで政高も松田三河守被官某船・隠岐舟・加茂舟・重栖舟が舟役公用銭未納分五十三貫余あるのはけしからんことだから、去年《さるとし》分を皆済するように、と代官清定に命を伝えた。また政高が小浜で舟公事をかけたのに、支払わなかったことがあったとき、清定は二千疋をおくり、これらの舟公事を許させている。その代わり美保関で舟公事をとろうというのであろうが、清定はなかなかすみにおけない。守護がいくら指令しても、公用銭を納めない舟はあいかわらずあったらしい。そこで文明六年と思われる十月十七日付で、政高は清定にあて、

「美保関における、雲州・隠州舟役の事は、故入道（持清）の時、少々免除していたが、これはよろしくない。免除の船は一艘もあってはならないから、公用銭を前と同じように納めるようにしていただきたい。くわしくは又四郎（経久）から申されるであろう」

と、命じている。ついで、

美保関公用の事、五万疋執り沙汰あるべきうち、今度御上洛につき、万疋の事、明年乙未（七年）より五ヵ年、これを進じ候。四万疋においては、厳密に執り沙汰あるべく候。庚子歳（十二年）よりは、五万疋もとの如く京納あるべく候。今度万疋これを進じ候事、已後の引懸《ひっかけ》と成すべからず候。次に然るべき闕所候はば、承るべく候。然らば申し付くべく候。尚以て彼の公用の事、請文の旨に任せ、御沙汰あるべからず候也。恐々謹言。

文明六
十一月十七日　　　　政高（花押）
尼子又四郎《（経久）》殿

と、指令した。この文書を『島根県史』の著者が解釈して、「文明六年尼子経久上洛の時、一万疋を進納し、文明七年より文明十一年迄五ヵ年間は、毎年此額を納め、年額不足四万疋は厳密に沙汰して納付せしめ、文明十二年よりは年額五万疋を上納すべく、此年額一万疋納付は一時の扱にして、後日の例と為らざる旨を出雲守護政高より厳命せり」といい、「未納年額四万疋を五ヵ年間猶予せし総計二十万疋は元経久の請によれるものなるを知る、然れども此請文の旨は御沙汰ある可らざるを言明せり」としている。何のことか意味のわからないところがあるが、これは次のように解釈すべきであろう。

「美保関の公用銭は年額五万疋（五百貫、約五百石）上納すべきであるが、今度貴下（又四郎）が上洛され一万疋を納めなくともよいようにしていただきたいと要望されたので、その要求を容れ、明年（文明七年）から文明十一年までの五ヵ年間は、毎年一万疋さしあげる。しかし年額四万疋については、必ず上納されたい。文明十二年からは定めのとおり、五万疋をもとのように、京都で直接納入されたい。今度一万疋をさしあげたことは、一時の扱いであって、これからのちの先例になるものではない。次に適当な闕所があったなら知らせてほしい。そうすれば与えることにしよう。なお、美保関の公用銭のことは、貴下が請文を提出されたからには納めないようなことがあってはなりませんぞ」

ついで文明八年四月、政高はまた美保関代官職を清定に安堵するから、公用銭は必ず納めよ、と命じた。どうやら清定は、年額四万疋の公用銭を緩怠しはじめたらしい。この年と思われる五月二日の政高の書状に、美保関公用銭のうち一万疋は、去る文明七年から五ヵ年の間これを与えるが、それ以後は、多久和郷替地としての闕所を進ずることにする。万一、適当な闕所がなければ、一万疋は前と同様にさしあげよう、といっている。文明六年のころであろうか、清定はこの多久和郷の替地として、しきりに京極家領の大原郡立原の地を望んだが、政高は「この地は自他に異なり目をかけ、不断召し使っている多賀与次に与えたものであり、今度三沢信濃守が、しきりに望んだけれども許さなかったから、適当な闕所があったなら承りたい」とうまく逃げている。守護京極政高と守護代尼子清定の虚々実々のやりとりであった。

ともあれ、文明八年五月清定は、当年分の公用銭として、百五十貫文分を割符《わっぷ》十五（一符十貫文）でもって納めている。しかし完納したかどうかを確かめる史料がない。

これまでみてきたように、尼子清定は応仁の風雲に乗じて、実力をもって東出雲を切り取り、月山富田城を中心として、着々領国を形成しつつあった。しかしそのためにはなんとしても経済の土台がなくてはならない。美保関の代官職に任ぜられたことは、清定の経済政策を一段と飛躍させるものであったが、年額五万疋を指令のとおり上納すれば、元も子もなくなるというものだ。それでも文明七年からようやく四万疋に減らすことが認められて、ある程度の成功をみた。いいかえると、守護は守護代に敗れたのであり、清定は年額一万疋を、実力をもってかち取ったのである。そして文明八年、東出雲を膝下に入れたころから、一万疋はおろか、より多くの公用銭を懈怠《けたい》しはじめたとみてよかろう。

かくて美保関公用銭納入の問題は、守護代尼子氏の勝利に終わった。清定が美保関公用銭だけでなく、他の諸役をも緩怠することは目に見えている。守護京極氏は、それを見のがしてくれるであろうか。

経久の追放

文明八年以降しばらく尼子氏の動静を確かめる史料がない。文明六年に又四郎と呼ばれていた経久が、いつごろから経久と名のったかもわからない。そこで守護京極政高をみると、文明八年九月二十一日付の文書では、政高であるが、同十一年八月二十六日付では、政経となっており、花押も改められている。すると政高は、およそ文明九、十の両年ごろ、政経と改名したように思われる。そして経久の「経」の字は、政経の下の字をもらったろうから、又四郎が経久と称したのも、およそこのころと推定される。また文書の上で尼子民部少輔経久とあるのは、文明十一年三月の山城『清水寺再興奉加帳』（『成就院文書』）が初見である。したがって、又四郎が民部少輔に任ぜられ、経久と名のったことは、恐らく誤りあるまい。仮に文明九年とすれば、経久が二十歳になったときである。

次に、文書のうえで清定関係のものがみえるのは、文明八年九月二十一日付までである。すると、又四郎が経久と名のったと思われる文明九年ごろに、経久は尼子家を継承したのではあるまいか。とすれば、このころ父清定が隠退あるいは死没したことになる。『雲陽軍実記』によれば「清定は牢人の身と成り、漂泊流浪の内に病死す」とする。ともあれ清定は、望みをわが子経久に託して、出雲制覇の中道にして倒れたのであった。清定は刑部少輔を称し、入道して無塵全賀庵主といい、洞光寺殿《とうこうじ》と謚《おくりな》された。

さて、尼子経久は、京極政経から文明十一年（一四七九）八月二十六日付で、能義郡利弘跡・同郡下今津・意宇《おう》郡（八束郡・松江市）出雲郷《あだかえ》跡半分・竹内分を給恩として安堵された。そうすると、経久の家督相続は文明十年か十一年とみるのが妥当であろうか。どうやら清定の死によって、守護の権威が復活したように思われる。この時点の尼子氏の勢力をうかがうことのできる史料は『清水寺再興奉加帳』である。これによると、文明十一年三月、京の清水寺再興の資として経久は、出雲国人の青戸宗重・勝田秀忠・阿陁加江《あだかえ》（出雲郷）妻女・湯経長・村尾藤重・同妻女・隠岐清正・名子元忠・佐世為頼・湯為通・土屋貞信と同じく二十貫奉加している。他に三刀屋忠扶《ただすけ》は六十貫の奉加をしており、その強勢を察することができる。

かくて文明十四年になった。その十二月、幕府は政経および経久にあてて重大な指令を発した。これこそ経久の追放と関連する文書（『佐々木文書』）であるから、その奉行人奉書を次にかかげよう。

出雲・隠岐両国段銭の事、故佐々木大膳大夫入道生観（持清）被官人等これを申すにつき、近年免し置くにより、公役已下闕怠《けたい》の条、はなはだ然るべからず。所詮悉く弃破《きは》せしめ、去る永享年中の例に任せ沙汰し懸けられ、諸役を懃仕《きんじ》せらるべきの旨、治部少輔政経に仰せ付けられをはんぬ。更に難渋あるべからず。若し異議に及ぶの族《やから》あらば、罪科に処せらるべき由、仰せ出だされ候也。仍て執達件の如し。

文明十四年

十二月十九日

（布施）英基（花押）

（飯尾）元連（花押）

佐々木尼子民部少輔（経久）殿

政経に下したものもほとんど同文である。右の奉行人奉書は「雲・隠両国の段銭（段別何文という）は京極持清の被官人の要求によって、近年免除したのをよいこととして、段銭だけでなく、公役以下勤めなくなったのは、はなはだよろしくないから、これらすべてを破棄して、永享年中の例のとおりに段銭をかけ、また諸役を勤めるように、と京極政経に指令された。したがって怠けることのないように、もし異論をとなえるものがおれば、罪科に問う由を将軍から仰せられたので連絡する」というのである。
この文書によって、守護代尼子経久は、文明十四年のころ、段銭だけでなく、公役をもおこたっていた事実がわかる。こうした厳重な幕命にもかかわらず、経久は段銭その他公役を勤めなかった。二十五歳という若き血潮は、叛骨の心に満ちていた。父上が切り取られた出雲に、何を幕府が、そしてまた守護が、嘴《くちばし》を容れるのか、それは理不尽というものだ。恐らく経久はこのように考えたのであろう。だが、経久のこの考えは甘かった。幕府はついに経久討伐の指令を下した。文明十六年三月のことである。これは次に載せる『吉川家文書』が証明してくれる。

佐々木尼子民部少輔の事、御成敗に背き、寺社本所領を押へ置き、剰《あまつさ》へ、今度御所御修理料段銭の事、宮《みや》両人に仰せ付けらるるのところ、難渋せしめ、その外条々緩怠、一に非ざるの上は、退治なさるるの御下知をはんぬ。然して風聞の如くんば、佐波兵部少輔（秀連）彼の尼子に合力し出張《ではる》と云々、言語道断の次第也。河州進発の事、仰せ付けらるるのところ、遅怠せしめ、結句、此の如きの所行、はなはだ然るべからず。自然申す子細ありといへども、日ならずその綺《いろい》を止め、河州へ発向せらるべき由、仰せ下さるる所なり。仍て執達件の如し

文明十六年三月十七日

（布施英基）下野守（花押）

（飯尾宗勝）大和前司（花押）

吉川次郎三郎（国経）殿

状中「退治なさるるの御下知をはんぬ」とあるから、文明十六年三月十七日、雲・隠両国の国人領主に対して、経久討伐の幕命が下ったとみてよかろう。何故か。第一に経久が寺社本所領を押領したこと、第二に禁裏（朝廷）修理のための段銭を進納しなかったこと、第三にそのほかいろいろの公役など緩怠したこと、第四に幕府から河内進発の命が下っていたのに出兵しなかったこと。以上の四点が数えられる。そして第三の理由のなかに、美保関公用銭の未納も含まれよう。

父清定によって培われた自立の精神は、子の心に伝えられ、経久は主家に叛旗をかかげた。その背後には、石見邑智郡の佐波秀連のような有力国人豪族がいたのである。文明十一年八月、出雲に数年在国していた京極政経のために、佐波某が降伏したという知らせが京都に達しているから（『雅久宿禰記』）、尼子と佐波の両氏は、反京極氏の点で一致していたのであった。

ところで幕府が尼子経久を討伐するといっても、誰がその任にあたるであろうか。また、経久追放の理由は他に求めることができないのであろうか。この間の事情を説明する文献は『陰徳太平記』である。すなわち巻第二の「尼子経久立身の事」の条をみると、次のようにある。

経久まだ又四郎と云ひし時、江州の下知を用ひず、富田近郷を押領し、当国の士《さむらい》三沢・三刀屋已下の者共を攻め随へんとせられしかば、六角貞頼（京極政経）（『陰徳記』は京極修理太夫とする）大きに怒りて、頓《やが》て三沢・三刀屋・浅山（朝山）・広田・桜井・塩冶・古志《こし》など云ふ国士《くにざむらい》に下知して、経久をば追出し、塩冶掃部助を以て当国の代官（守護代）とぞ定められける。

『陰徳太平記』は『関西陰徳太平記』ともいわれ、岩国吉川家の家老香川正矩の『陰徳記』を、二男宣阿が補筆して江戸時代の元禄八年（一六九五）ころに完成し、正徳二年（一七一二）に板行されたものである。実証的なものでないから、誤りも伝えており、右の記事にもいくらかの間違いもあるが、大体を知るためには便利である。これによると、貢租不納を経久とし、また経久が領土を押領したため、出雲国人によって追放されたとしている。

かくて大乱の風雲の中から、出雲半国の制覇をなしとげた尼子氏ではあったが、先には英主清定を失い、いままたその子経久が、幕命を奉ずる国人によって追放され、月山富田城には塩冶掃部助（連清かと）が入城し、守護代として出雲を支配することになった。

それにしても、文明八年には出雲半国を手中に収めたと思われる尼子氏が、同十六年、二十七歳になっていた経久の時代に、いくら幕府の権威を背景にしているとはいえ、そう簡単に追放されるとは考えられない。やはり急速に権力を拡大してきた尼子に対して、快く思っていなかった国人・土豪たちが、その勢力を結集して反抗したのであろう。尼子氏が出雲東部を勢力範囲に入れれば、やがて西部に進出することは火をみるより明らかであろう。『陰徳太平記』は国人の中で、三沢・三刀屋・浅山（朝山）・広田・桜井・塩冶・古志の名をあげているが、これら国人はすべて出雲中部から西部の豪族である。したがって文明十六年ごろ、尼子氏の勢力は出雲中部から西部に伸び、「三沢・三刀屋已下の者共を攻め随へん」としたのに対する反撃が、経久の追放となったものと思われる。そしてその時期は、三沢為清（?）が隠岐の名門笠置宗右衛門に、文明十六年八月十五日の日付で感状を与え、「今度忠節を致し、神妙の至り申す計りなく候。然る間、八幡前二段田の事、新給として申し付け候。相違なく知行あるべく候。弥懇に奉公あるべき者也」（『笠置文書』）といっているのとにらみあわせて、文明十六年八月ごろと思われる。経久の追放に笠置氏が三沢氏の配下として働いたことに対する恩賞と考えるからだ。しかも「新給として」とはっきり主体的行為を明示しているところをみると、三沢氏の実力のほどが察せられる。文明七年十月、京極・六角が江州で戦ったとき、「出雲国人已沢（三沢）以下数百人打死」していることも（『長興宿禰記』）、裏をかえすと、三沢氏の強大さを物語るものであった（経久が追放されたのは文明十六年十一月のことで、十五日に三沢遠江守為忠は、牛尾五郎左衛門尉忠清らと、経久を追討したことを報じ、当時、出雲にあった守護京極政経はこれを賞している〈『集古文書』。勝田勝年氏前掲論文〉）。

どこへ行くか尼子経久。『陰徳太平記』は、「経久此の事（追放）世に無念に思はれけれども、せん方なく諸国を流牢せられしが、既に飢餓に及ばんとせしかば、さる片山寺《かたやまでら》の沙弥などして光陰を送られけり」とする。『陰徳太平記』よりさらに俗書であるが、尼子の遺臣河本隆政著という『雲陽軍実記』に、経久の「母方は真木上野介が息女なれば、彼方に幽栖し給ひけり」とある。これがよい。清定の妻は真木上野介の娘で経久の母でもあるし、真木の里は中国山地の山奥で、落人の隠れ家としては絶好の土地であり、今日の仁多郡奥出雲町馬木（真木）にあたる（異説あり）。

せっかく実力で切り取った出雲半国を失っただけでなく、出雲守護代の地位も、またあらゆる権力をも失い、敗残の身を草深い真木の里におくる経久の心中、いかばかりであったろうか。経久は雪深い山奥に骨を埋めるのであろうか。蛟竜も池中のものとなるか。

富田入城

富田城奪回

文明十七年神無月（出雲は神在月）の終わりごろである。年のころ三十歳ぐらいの武士が、山中入道（勘兵衛勝重とも）の侘び住居（鰐淵寺の麓とも）をおとずれた。訪ねられた山中は尼子の旧臣、訪ねた武士はいうまでもなく尼子経久である。あられまじりの氷雨《ひさめ》、木の葉をさそう山風は、荒れはてた宿を容赦なくたたき、寒さはことのほか身にしみた。山中の妻はいろりに柴をくべ、壺の中から濁酒を取り出して、夫の旧主を慰めるのであった。

前年十一月出雲守護代を追放された経久は、母の実家の真木家に落人の身を過ごしていたが、なんとしても富田城を奪還して、本懐を達しようと心に誓い、その謀の相談のために山中入道を訪ねたのである。涙ながらに頼む旧主の姿をみて山中は、一族に語らって十七人の味方を得た。だが、これだけの人数で、金城鉄壁の月山が陥れられる筈がない。そこで十二月の末ごろ、月山の麓に住む鉢屋賀《はちやか》麻《ま》党の主だったもの二、三人をひそかに呼び寄せ、恩賞を賭けて富田城奪還の謀略をうちあけた。

鉢屋というのは、古くから芸能人と技術者との二面に関係していた。毎年元旦未明、城内にくり込み、太鼓・笛・鼓を打ち鳴らし、千秋万歳《せんずまんざい》を舞い、鳥追いを行うしきたりになっていた。また一方では兵士としての役もあったし、武器生産にたずさわっていたものもいたらしい。こうした鉢屋に目をつけた経久はさすがである。芸能人であるから怪しまれないし、ときには強大な戦力になり得るからだ。それに彼らは有利な条件で召し抱えられようとしていた。その希望を満たすため、成功の暁には、たくさんの恩賞を与えよう、上の方にとりたてもしよう、ともちかけたのである。

文明十八年正月元旦の寅の上刻（午前三時ごろ）のことだ。賀麻の一党七十余人は、甲冑の上に烏《え》帽子《ぼし》・素袍《すおう》を着け、富田城追手（表門）の外から太鼓を打ちながら、「あら目出度や五十六億七千万歳、弥勒《みろく》の出世、三会《さんね》の暁」と、同音に万歳を寿ぎ、ついで声々に「鳥追いの御祝い」と、言うやいなや、鼓を打ち手拍子で騒ぎたてた。城内では「今年は例より早く万歳の入りたるこそ、善をば急げとの祥《しよう》瑞《ずい》目出度けれ」というわけで、あわてて開門し、「雑煮よ酒よ三宝よ」と、上を下への大騒ぎ。女童《わらんべ》どもは万歳を見物しようとして、二ノ丸・三ノ丸から走り出た。このときである。搦手（裏手）から忍び寄っていた尼子経久をはじめ、亀井・山中・河副・真木ら五十六人は、所々に火をかけ、「焼亡よ火事よ」と叫んだ。これに応じて、賀麻の一党は烏帽子・素袍をぬぎすて武装姿に早がわりし、笛や太鼓は太刀長刀《なぎなた》に、万歳の声は鬨の声にかわり、城内は一瞬にして修羅場と化した。油断大敵とはこんなことをいうのであろう。

富田城将塩冶掃部助はさすがに落ちついていた。「夜打の入りたるぞ。静まり候へ、周章《あわ》て事を仕損ずな。思ふに敵は小勢なるべし」と、長刀ひっさげてしばらく戦い、雑兵二、三人斬り伏せ突き伏せ、大いに防戦したが、いまはこれまでと妻子を刺し殺し、自らも煙とともに消えてしまった。一方奇襲に成功した尼子経久は、四百五十余人（七百余人とも）の首をとって富田河畔にさらし、ここに再び月山富田城の主となった。時に二十九歳の壮年武将であった。

尼子経久が文明十八年正月元日、富田城を奪回したという確かな史料はほとんど残されていない。わずか二、三の傍証があげられるだけである。すなわち『三木文書』の中に「尼子伊予守経久公、文明十八年之《の》御判物《ごはんもつ》」として、二月三日の日付で、経久から三木只四郎（義勝）にあてて、旧交を忘れないで速やかに催しに応じ出陣して働かれたので、恩賞として所領を与える、との感状がある。また後年経久の曽孫尼子義久が、富田籠城に際し、鉢屋の戦功を賞した数遍の古文書があり、この鉢屋が経久時代の鉢屋賀麻党の子孫と考えられる。さらに富田城址には鉢屋ヵ丸址と、鉢屋ヵ平《なり》と称する小平地が残されており、鉢屋が富田城の一部の警固に任じていたことが明らかにされる程度である。そして『三木文書』は具体的でなく、もちろん富田城奪取のことはみえない。右の記述も『陰徳太平記』や『雲陽軍実記』をもとにして書いてみた。だから史実のほどは保証しかねるが、経久の富田城奪取のことだけは事実であったろうと思うのである。

さて、富田城将に返り咲いた尼子経久は、文明十八年正月三日、城下町において大賀宴を催し、山中・亀井（秀綱カ）・真木（上野介カ）・河副（美作守常重カ）を執事とし、誓約に従って鉢屋に莫大の恩賞を宛行ったという（『雲陽軍実記』）。なお、塩冶掃部助の首塚と称するものが、現在も月山北麓に残されており、土地の人はこれを「荒法師」と呼んでいる。不意討ちをくって悲運に倒れた恨みがこもっているのであろうか、ここを荒らすと必ずたたりがあるというので、おそれられてきたのである。

経久の月山富田入城を転機として、出雲いや中国の歴史が、新局面を開くことになるが、反面、守護京極政経が苦境に追いこまれる。その政経はその後どうなったか。

『雅久宿禰記』文明十一年八月二十一日の条をみると、政経は「数年雲州在国なり」とあるから、文明十一年以前から数年出雲に下っていたことは確かであり、前にのべた。

また経久富田入城の年の七月に、政経は子治部少輔（経秀カ）をともなって上洛している。この政経の上洛は事実上の出雲放棄であって、出雲の国は尼子経久の切取り次第ということになり、ここに経久の国内統一戦が開始されるのである。

国内統一戦

尼子経久は富田城にあって、出雲国内をじっとみつめる。一体誰を血祭りにあげるべきであろうか。三沢か三刀屋か、それとも赤穴か。もし彼らが降伏すればそれでよいが、そうでなければ討たなくてはならない。

富田城の最も近距離にいて、国人の最右翼は三沢氏である。三沢氏（八代為忠カ）は月山西南仁多郡の惣地頭をつとめる大領主で、かつて尼子氏と肩をならべていたし、また経久が追放されたとき、追討軍の主力であったらしいから、攻撃の第一目標とすべきである。とはいっても、三沢は大勢力だ。どう討つか。経久の謀略を『陰徳太平記』に聞こう。

経久の家来に重科をおかし、当然死罪になるものがいた。これを山中勘允《かんのじょう》（『雲陽軍実記』は勘兵衛勝重）が斬り殺し、三沢を頼んで逃げた。経久は怒って山中の妻子や老母を牢に入れた。山中は二心なく三沢に奉公して二年ばかり経過したので、時分はよしと、まことしやかに三沢にいった。「某《それがし》いささかの口論によって経久の歩行《かち》の者、沢田と申すを切って候所に、経久、某が老母、妻子らを取ってからめ牢舎させられ候。士《さむらい》の喧嘩口論に相手を討って退き候事は、世以て多き例なるに、その科《とが》を妻子・父母に及ぼす事こそ、未曾有の次第、無念至極に候へ。希くば吾等に選兵三百御付け候へかし。富田の城は案内よく知って候間、一夜討仕つて、わがうつぷんを散ぜばやと存じ候。一門の中に三人まで心を合する者の候へば、経久を討たん事、嚢中の物を探るが如くに覚え候」と。三沢はたいへん喜んで、野沢以下七人を筆頭（七手の組大将）に五百余人を山中につけて、月山へ進発させた。中壟《なかおか》という所までくると、山中は「手引きをするからここでしばらく待たれたい」といって、一町ばかり上るやいなや、富田城中から一千余人鬨をつくって打って出た。三沢党は「さては山中は野心があったか」と、半信半疑であったが、さすが名ある者たちで、一ヵ所に集まってひしひしとひかえた。そのとき、尼子軍は背後から鬨をあわせた。「しまった、さては山中に方便《たばから》れたのか、血路を開いて落ちよ」とて落ちて行ったが、三ヵ所の伏兵にあって、野沢ら二百余人が討たれ、三百ばかりはほうほうの体で亀滝城《かめだき》（亀嵩《かめだけ》の玉峯城）に逃げ帰ったというのである。

三沢氏が主力を失って途方にくれていると、近日中に尼子軍が三沢を取り囲むとの風聞があったので、三沢は亀滝の城を出て、尼子の軍門に下ったという。このころ亀嵩に城があった証拠はない。三沢氏の本城は今日の仁多郡仁多町（現奥出雲市）にある要害山に築かれ三沢城といった。のち明応四年（一四九五）のころ横田庄（横田町、現奥出雲市）高鍔山藤ヵ瀬に築き、さらに後年亀嵩の玉峯城とその羽翼を伸ばしていったらしい。

『陰徳太平記』の語る山中逃亡と似たような例は、『宇喜多戦記』などにもあり、どこまで信用してよいかわからない。これが事実なら、三沢は何とも馬鹿らしい調略にひっかかったことになる。仮に嘘であったとしても、尼子が三沢と戦ったことは事実で、『三木文書』に「尼子伊予守経久公より長享二年之感状」として、

今度三沢が郎等押し寄せ候砌《みぎり》、艮《うしとら》（午前三時ごろ）の時、首七つ討ち取り候段、余類なき働、感心せしめ候。仍て感状件《くだん》の如し。

三月十日　　経久　御判

三木唯〈義勝〉四郎殿

とみえている。長享二年（一四八八）といえば、経久が富田城を奪取してから三年目にあたり、『陰徳太平記』の記事と年次は合っている。

出雲の強剛三沢氏を降した作戦は成功し、飯石郡北部の三刀屋氏、同郡南部の赤穴氏をはじめ、その他の諸将もまた風《ふう》をのぞんで経久の軍門に降り、国内統一戦は終わりを告げ、領国支配の段階になる。

その方法の第一は、降伏諸族の所領安堵および新恩を給与することであろう。はたして明応九年（一五〇〇）四月、経久は三刀屋忠扶に、大原郡福武村を給恩として領知させている。これからのち経久が、三刀屋氏懐柔のためいかに苦心したかは、『三刀屋文書』の上に歴然としている。

次に赤穴氏である。赤穴氏は平安時代の学者として有名な三善清行の後裔で、実連が石見国邑智《おうち》郡沢谷に下り、その子常連が飯石郡赤穴庄（赤来町、現飯南町）を譲られて赤穴氏を称した。その曽孫幸清は応仁の乱中戦功があったことは前に述べた。その子久清および久清の子光清のときが経久の時代である。経久は赤穴光清の本領を安堵し、新しい所領を与えたりしている。

かくて有力国人を配下に、あたかも順風に帆をあげたように、経久の先途は明るく、戦国乱世の怒濤の中にはいっていく。その勇姿が目に浮かぶではないか。そのとおり、延徳二年（一四九〇）経久三十三歳のときの三月上旬、大徳寺四十一世の住持春浦宗熈《しゅんぽそうき》の賛のある寿像が、今日松江市の名刹洞光寺に秘蔵される（安来市広瀬町洞光寺本は写し）。つりあがった眼、ひきしまった口もと、名門佐々木氏の流れをくむ経久の上品な束帯姿の寿像のなかに、苦難を乗り越え、さらに前進しようとする力強さがうかがえる。宗濙はその賛のなかで、経久の忠功のほまれ美しく輝き、鋒先りりしく、雲州の庶民を安撫し、その威風は万世にふるい、金城湯池の重城（富田城）を拠点に、向かうところ敵なく、道理のとおったことばには何人も屈服し、禅儒の人で気宇広大、経久の発する光明は国土の八方を照らす、と述べている。このころの経久を語って余すところがない。

京洛の地へ

尼子経久の勢力が強大になるのと反比例して、出雲守護京極政経の権威は地に落ちる。それでも明応八年九月、神西越前守を神門郡（出雲市）の奉行に補任し、文亀元年（一五〇一）十二月、神西左京亮の官位敷奏《ふそう》などを行っている。このころ政経は出雲に在国していたのである。

永正五年（一五〇八）十月二十五日になって、宗済（京極政経）は、佐々木吉童子丸にあてて譲状を書いた。吉童子とは誰であろうか。『江北記』に「大膳大夫殿（政経）御嫡子治部少輔殿（経秀・材宗）、そのつぎ吉童子殿なり」とあるから、政経の嫡孫で、経秀の子であろうと考えられるが、『佐々木系図』一本に、材宗の弟経秀に注して、「童名吉童子」とあるによれば、吉童子とは経秀のことで政経の二男にあたる。しかし譲状の中に「孫の吉童子丸」とあるによれば、『江北記』と同じく、やはり政経の嫡孫で、経秀が吉童子といわれていたことも生きる。かくてここにみえる吉童子丸は、政経の孫であり、経秀（材宗）の長子とみてよいであろう。

さてこの譲状は、惣領職のこと、出雲・隠岐・飛驒三ヵ国守護職のこと、諸国諸所領などのことを、「孫の吉童子丸」に与えるというのだ。そして、十月二十一日の日付で、宗済は尼子民部少輔（経久）・多賀伊豆守両名にあて、

吉童子方え譲状ならびに代々証文などのこと、これを預け置き候。たしかに渡し遣はさるべく候なり。恐々謹言。

と、書きおくった。政経はいまや頼るべき人物を失った。最も頼んではならない尼子経久に遺言状をあずけて、どうしようというのだ。政経はこのとき出雲に在国していたのにもかかわらず（『下総集』）、もはや打つ手のすべてを失ったのである。

思えば、文明三年出雲守護となってから、永正五年まで三十八年間の長きにわたって、荒波にもまれた京極政経も、ついに逆巻く下剋上の怒濤にのまれてしまったのである。そしてまた弟高清との内訌にも敗れ、永正五年十二月四日、出雲国の臨済宗の名刹安国寺（松江市竹矢町）、あるいは富田城（カ）において、その全生涯に幕を下ろしたのであった。それにしても、明徳三年（一三九二）京極高詮が出雲・隠岐両国の守護に任ぜられてから、実に百十七年を経過しているのは驚くべきであろう。

今日、京極氏代々の墓所は、その本領の近江国坂田郡山東町にある清滝寺に設けられているのに、政経の墓だけが出雲国安国寺にあるのは、歴史のいたずらとでも評すべきであろう。

例の『出雲国守護之次第』は、政経の次に経久をおいているが、永正五年以降の出雲の国主は尼子経久と認めるべきであろう。が、永正十一年になってもいまだ守護代と考えていたようである。

京極政経が没した永正五年は、足利義澄を奉じた管領細川政元（勝元の子）のために将軍職を追放され、第一号の流浪の将軍となって、周防に流れていた足利義尹《よしただ》（はじめ義材《よしき》、のち義稙《よしたね》、以下義稙という）が、大内義興に擁せられて大挙入京し、将軍職に復任した年である。義興が京都にはいったのは、正確にいうと、永正五年六月八日の晩である。防・長・豊・筑四州の守護で、そのひきいる勢八千人という。その他の中国および九州の各国からも義稙に従って上洛したが、尼子経久の上洛を伝える確かな史料はなく、『陰徳太平記』およびこれに類するものだけである。『永正年中大社御遷宮次第』によると、経久は永正五年九月、「中郡高佐のようがい」（雲南市加茂町）に出陣していたことがわかり、また「永正六年九月廿三日、御柱立て候、そのとき尼子殿御社参候」とあるから、永正六年九月にも在国していたのである。さらに同書に永正七年六月二十四日「尼子殿より引馬一疋」大社へおくった記録がある。『塵塚物語』は在出雲とし、『雲陽軍実記』さえ、経久の上洛のことは書いていない。したがって経久の上洛は不詳というほかない。だが上洛諸将の顔ぶれから考えるに、少なくとも永正八年ごろには上洛していたかもしれない。

　さて、室町幕府九代将軍義尚が、江南の六角高頼討伐中に、近江で陣没すると、父義政の弟義視の子義稙が将軍になった。ところが細川政元のクーデターによって、その地位を追われ、義視の弟で堀越公方政知の子義高（のち義澄）が十一代将軍になった。そこで明応八年（一四九九）義稙は、京都奪還をめざして越中から近江に進出したが、政元に破られ、年の暮山口の大内義興を頼った。その間、中央は細川政元が管領として権勢をふるっていたけれども、継嗣を澄元・澄之の二人つくる形となって、細川氏が二派に分かれた。永正四年（一五〇七）薬師寺・香西《こうざい》らは主君の政元を殺し、澄之をもりたてた。ところが阿波細川の家宰三好之長が、澄元を擁したので、両派は抗争をくりかえし、ついに京都は将軍義澄を奉ずる細川澄元らの天下になった。

　永正五年になって、大内義興の大挙東上に応じ、和泉守護細川政春の子で政元の養子であった高国が兵を挙げ、澄元らは近江に逃走し、将軍義澄も近江岡山城（近江八幡市牧町）へ走った。したがって、足利義

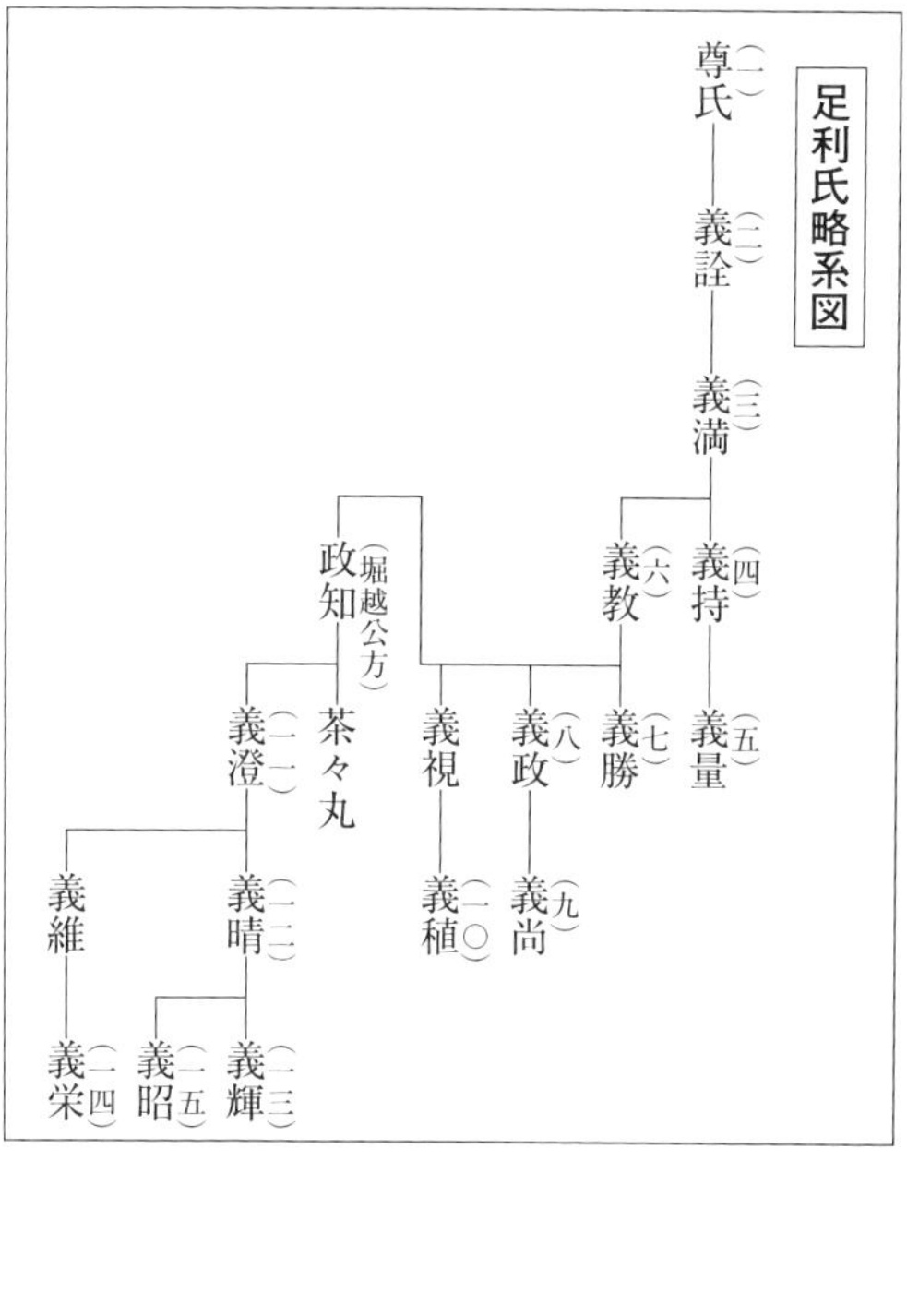

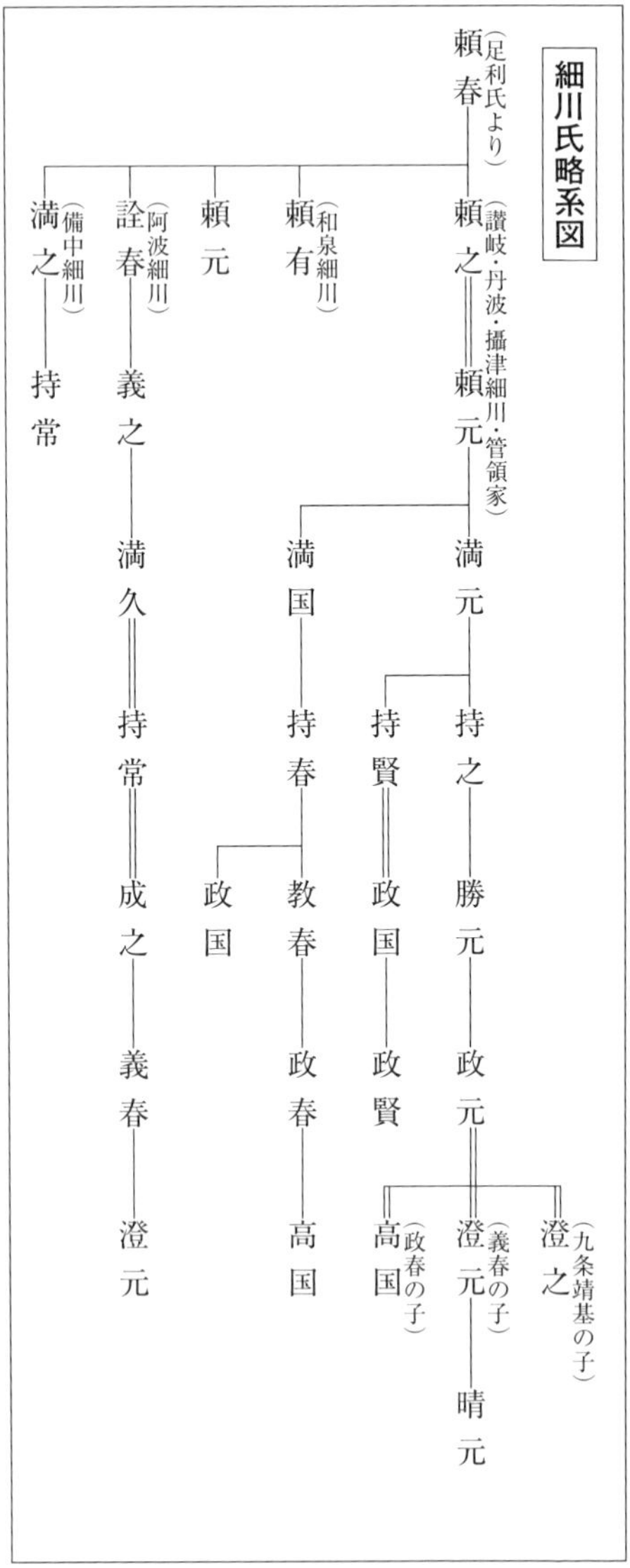

稙が大内義興らに奉ぜられて京にはいったときは、反対党の姿はみえなかったのである。

七月に義稙は将軍に復し、ついで細川高国が管領、大内義興が管領代になって幕政を担当した。そこで岡山城の前将軍義澄や、阿波に帰国中の細川澄元らは再三入洛を試みながら、永正八年を迎えた。一方は現将軍義稙、他方は前将軍義澄、一を奉ずるは細川高国や大内義興、他を擁するは細川澄元や和泉守護細川政賢、一は守り、他は攻める。永正八年七月七日、細川澄元の泉州堺到着を合図に、京都の争奪戦がはじまった。七月十三日、政賢のひきいる七、八千の軍は、二万余という高国の軍を和泉で破り、八月十日に摂津を略し、破竹の勢いで京に迫った。その勢一万五、六千という。

これに対して、高国・義興らは、軍評定を開き、義興の「来鋭《らいえい》を避けてその虚を撃つ」という作戦に決定し、八月十六日、高国の領国丹波へ退いた。代わって政賢らの数万人といわれる大軍が入京し、回り舞台がきりりと回った。

丹波から反撃の機会をねらっていた義稙軍は、八月二十三日、二万五千をもって京の北山へ進出し、船岡山に陣取る政賢らを攻撃する態勢をとった。『陰徳記』によれば、合戦を前に尼子経久と大内義興が先陣を争い、細川高国の斡旋によって、先陣大内、二陣尼子と決定したという。

船岡山の激戦は義稙方の大勝に終わった。細川政賢が小川橋（羅漢橋）で討死したのをはじめ、義稙軍の討ち取った首は三千八百人ばかりで、まことに「前代未聞のこと、しかしながら御武略奇特なり」と、公家の近衛尚通はその日記『尚通公記』に記録している。

この合戦で武人としての男を上げたのは大内義興で、公家の三条西実隆もその日記に「大内衆、分捕り高名左右能はず」とほめて書いている。義興自身も翌永正九年、従三位に昇進して公卿に列した。ところが尼子経久の武名は少しも記録されていない。『陰徳太平記』は経久の心中を察して、次のように語っている。

経久もまた、我が威光自ら彼（義興）が下に立ちけることを、世に無念に思はれける。

また、同書は上洛中の別の合戦のとき、

ここに尼子伊予守経久は、大内義興とは度々国争ひして、旧怨年久しき上に、常に義興が権威をねたむ心深く、殊更今日の合戦、義興らが一身の功をたつべき軍配を憎しと思はれければ、如何にもして、かれが功を奪ふ一戦をせばやと巧《たく》み……。

とも記録する。この合戦は、同書によると永正五年十一月中旬とするが、誤りである。ここでは経久の心を探っているところを注目したい。たしかに船岡山合戦後の経久の胸中は、『陰徳太平記』の著者のいうとおりであったろう。

人間の心の動きは微妙である。経久のこうした心の動きを見事にとらえたのは、江南の六角高頼・定頼父子であった。六角氏は船岡山の合戦の直前近江で死んだ足利義澄の遺子亀王丸（のち十二代将軍義晴）を奉じて、細川高国や大内義興を京から追放しようとし、義興の分国を動乱にもちこみ、その勢力を牽制するために尼子経久を誘ったという。ところが『陰徳記』によると、経久を誘ったのは「近江の京極・六角・蒲生等」であるとしている。『陰徳太平記』の著者宣阿は、勢力の衰えた京極ではまずいので、六角としたのであろう。ともあれ経久は、大内義興よりも一足早く本国に帰り、中国制覇への道を歩もう、と決心したものと思われる。その時期は永正十三年というが、さらに早期であったろう。

それにしても、経久が帰国したとなると、尼子の旗は中国の山川にはためくことになろうが、月山の富田本城は、それに耐えうるだけの整備ができていたのであろうか。

月山歴訪

山陰本線を民謡で名高い安来でおりて、広瀬行きのバスに乗る。走ることおよそ二十分、飯梨川（富田川）にかかる矢田橋上のバスから左上方をはるかにのぞむと、屋根形をしたスマートな山のかすむ姿がみえる。尼子の悲史を秘めた月山である。目を伏せること約十分、バスが広瀬の町並みにさしかかったところで、左手富田川上方を眺めると、高さ百九十二メートルの三角の形をした山塊が天を衝く姿をみる。陰陽十一カ国制覇の拠点になった月山である。

バスを下りて、月山の裾をあらう富田川の清流にかかる富田橋をわたると、御子守口《おこもりぐち》に出る。右側高台に岩倉寺という古刹があり、左手上方に太鼓壇《たいこのだん》がある。経久が「時の太鼓を打たせた」旧跡と伝える。その谷あいの中谷といわれる小道をのぼると、大手口に出る。ここで左手（北）、かっての大手菅谷口《すがたにぐち》、右側、かっての搦手塩谷口《しおたにぐち》（南）からの道と合流する。

大手口から一歩のぼると、内郭にはいり、御殿平《ごてんなり》と呼ぶ台地に出る。一面、畑地になっているが、尼子の居館のあったところという。見上げる高さに月山がそびえ立つ。山頂までに、七曲がりの山道がくねり、この難所を過ぎると、幅平均二十メートル、長さ二百二十余メートルの頂上に着く。ここを甲《つめ》ノ丸というが、これはさらに三ノ平、二ノ平、一ノ平から成っている。一ノ平はいうまでもなく富田本城のあったところだ。

富田城は外郭の平山城と、内郭の山城をあわせた典型的な複郭式山城である。頂上から眺めると、南西に塩谷口、西側御子守口、北に菅谷口、さらに北方新宮谷と、切りとったような谷が山裾を引いて、それぞれ出丸をつくり、規模壮大な尼子氏牙城のあとを偲ばせる。

月山は古く加豆比《かずひ》山といった。『出雲風土記』に「加豆比乃《の》高守社」とみえるが、加豆比山にある高守神社という意味である。平安初期の『延喜式』には「勝日高守神社」とあるから、「加豆比」を「勝日」に改めたことがわかる。勝日高守神社は山頂にあって、里人の参詣するのに不便であったため、山麓に里宮勝日神社がつくられ、誉田別命《ほんだわけのみこと》（応仁天皇）を祀った。この誉田《とんだ》が富田となり、富《と》田《だ》となったといわれる。事実なら、とんだことになったものだ。

里宮勝日神社が今日の富田八幡宮の位置に移ると、それについて勝日山の名称もまた移り、向かいの山が勝日山となってしまった。ところが、城下からこれまでの勝日山を眺めると明月の夜などとてもすばらしく、その様子はちょうど月を吐いているようである。そこで吐月峰という雅名が生まれ、ついに月山とよびならわされたといわれている。

月山にいつ富田城が築かれたかは、厳密には不詳というほかない。いくつかの伝説が残されているだけである。その一つに、松平直政の侍儒黒沢石斎の『懐橘談』がある。その富田の条に古老の伝として、次のように記述する。

昔、悪七兵衛景清、初めて築し城なりと、此地に八幡の社ありしを、景清祈て曰く、「爰に城郭をきづかんと思ふ。願くば神社、檀をかへ給はんや否や」と、籤《くじ》をとりしに、「遷座ましまさん」と籤《くじ》をとりて、大に悦び、「白羽の矢を闇夜に虚空を射て、矢の落たる所に社を建立し奉らん」と誓ひて射ける程に、其矢の落ちたる所に社を建て侍りぬ。今の富田の八幡是なり。彼白羽の矢、今に伝へて神宝の第一とす。

暦応のころ、塩谷判官高貞も此城に居住し、後醍醐の天皇に奉りし月毛の竜馬も、此所より出たりとぞ。明徳年中に佐々木治部少輔高範、(詮)此国を領し、塩谷駿河守も、此城を守りぬ。尼子氏も世々此の城に住せり。

平景清が築いたのが、富田城のはじまりだというのである。『富田八幡宮社伝』にも、保元・平治のころ、平氏の武将藤原悪七兵衛景清の築城とし、『雲陽軍実記』には平宗清とする。『島根県史』は景清は佐々木義清の誤りであろうか、といっている。佐々木義清説が正しいのかもしれないが、証明する史料がない。ところで『懐橘談』によれば、八幡宮を今日の富田八幡鎮座の地へ移したのも平景清というが、これを信ずると、月山と呼ばれるようになったのは、これ以後ということになろう。

今日、富田八幡宮参道の近くに矢中松《やたて》といわれる松の木がある。はじめの木は枯れて、第二世の松という、また八幡宮には景清の射たという大きい矢と、初代矢中松の老材とが神宝として保存され、広瀬藩の儒者であった山村勉斎の『矢中松記』も残されている。事実はどうあろうと、伝説は伝説として、語り続けられることであろう。

さて『懐橘談』はその後の富田城将についても述べているが、果たして事実かどうかはっきりしない。だが、佐々木義清は文治三年（一一八七）に、岩倉寺を広瀬町山佐の高気《たかぎ》（木）山から移し、御《お》児守《こもり》神社を創建して城主の祈願所としたとの伝えがあるから、富田城には城代がいたものと思われる。

佐々木氏の次の塩冶氏は根拠を出雲市塩冶の大廻城においた。富田庄も塩冶氏の家領であったから、出雲の東西に両根拠地をつくっていたように思われる。次の京極氏以後のことについては既述のとおりである。応仁・文明のころ、尼子清定が富田の要害を死守したことも、その折に述べてきたところで、月山富田城はやはり、尼子氏あってのものと考えられるのである。

尼子経久は文明十八年元旦、見事に富田城に返り咲き、矢継ぎ早に出雲に覇をとなえた。その権威を誇るためにも、富田城の整備を急いだことは当然推定される。今日、富田城址の外郭に残る千畳平《なり》・馬乗馬場・奥書院・花ノ壇・大東成・能楽平・座頭平・御茶庫、あるいは月山北方丘腹の鉢屋カ平とか、山麓菅谷口の入口付近の尼子邸跡（里御殿）などの遺跡は、ほとんど実測・復元されている。

しかし、それは尼子全盛期の名残りであって、永正中期（一五一一年ごろ）ごろから、整備されたとする広瀬町の妹尾豊三郎氏の説は傾聴すべきで、認められてよろしいと思うのである。したがって経久が中国制覇を目標に駒を進めていたときは、相当程度整備され、山陰・山陽制覇の牙営にふさわしい本城であったといえよう。

十一州の太守

政久の死

富田の牙営に帰城した尼子経久の中国侵略戦の開幕である。彼の眼はどの方角をみつめているのであろうか。尼子軍の進路は東か西か、それとも南か。

すでに永正九年（一五一二）備後松永湾頭（福山市）付近に拠った古志《こし》為信は、大内軍の進撃を打ち破っていた。古志氏は出雲の古志（出雲市）出身であって、尼子経久が派遣したことは疑いない。経久自身も永正十四年十一月、尼子軍を統率して南下を開始し、備後山内（庄原市）に出陣した。この勢に応じ、備中の新見《にいみ》国経が尼子に味方して、美作に兵を動かした。永正十五年になると、備後の名族杉原氏の庶家木梨杉原氏が、尾道一帯を根拠に、東隣沼隈《ぬまくま》郡山南《さんな》（福山市沼隈町）に進出し、海上から寄せてきた大内方の軍を撃破している。

尼子の旗の動きは多方面にわたり、尼子下野守久幸が、兄経久の命を受けて出雲の東隣伯耆に出馬した。『佐々木系図』によれば、経久の弟は源四郎で、その子が下野守久幸であるが、江戸時代のはじめに書かれた『桂岌円覚書』によると、久幸は経久の弟である。『陰徳太平記』は経久の弟を下野守義勝とするが誤りであろう。尼子久幸は西伯郡の尾高泉山（米子市）城主行松《ゆきまつ》入道（正盛カ）・東伯郡の羽衣石《うえし》（湯梨浜町）城主南条宗勝を攻めたようである（『雲陽軍実記』）。

もともと伯耆は山名氏の分国で、大永元年（一五二一）にも山名澄之が守護であったことが確認される。しかし昔日の権威はなく、下剋上の波はここにも押し寄せ、被官人の南条・小鴨《おかも》（倉吉市岩倉城主）らの勢力が強くなっていた。彼らはますます領土の拡張を企図するから、尼子氏が東部に発展する場合に、伯耆の国人との対決は避けられなかったのである。

西部では出雲国内の大原郡阿用《あよう》（阿与《あよ》とも、雲南市大東町）磨石《とぎし》山城主桜井（阿与とも）入道宗的を目標とした。経久自ら嫡子民部少輔政久をともなっての出陣である。尼子軍の磨石山城攻撃は永正十五年八月からはじまった。寄せ手は息もつかず一気に攻めたが、宗的は決死の覚悟で防戦し、容易に城は落ちそうにない。経久は本陣を堅固にし、付城《つけじろ》（向城《むかいじろ》）を五カ所築き、遠攻めの戦法にきりかえた。寄せ手は攻めあぐんで、いたずらに日数を重ねるだけである。政久はつれづれのまま、夜になると向城の櫓に上り、月に面して笛を吹く。城将桜井宗的は、「向城に笛の音の、夜毎にいと面白く聞ゆるは、いかさまにも政久たるべし」と、これをうかがった。こうして九月六日がきた。政久がいつものように、傾く月影に名残りを惜しんでいるところを、宗的はかねての目印にしたがって矢を放った。その矢は見事に咽喉に命中し、あわれ尼子民部少輔政久は、二十六歳を一期として陣中に没した。

政久は、武芸にすぐれていただけでなく、「勝れて笛の上手」で「詩歌・管絃にも長じ」ていて、「花実相応の大将」であったという。

以上は『陰徳記』の記述の大要である。この政久の死を永正十年（一五一三）九月六日とするものがある。『佐々木系図』『佐々木系図』一本『吉田物語』『中国治乱記』などがそれで、『史料綜覧』も同様である。時に弟国久二十二歳だから兄政久二十六歳没は生きる。政久二男晴久は永正十一年生れだから、十年没でもよい。十五年没とすると二十六歳は具合が悪い。あるいは十年没かもしれないが、ひとまず『陰徳記』に従って、永正十五年九月六日としておこう。

『陰徳記』の記述を追ってみよう。経久は落ちる涙を押えて、「政久が孝養に、安世《あよ》（阿用）の城中に籠り居る所の兵ども、猫児老鼠にいたるまで、生ある者をば尽く討ち果してんものを」と、翌九月七日、七千余騎の陣頭にたって進むと、二男国久・三男興久を先登として、亀井・卯山（宇山）・牛尾以下勇みに勇んで城中へ殺到した。宗的は弓をなげすて、十文字の槍をとって、十人ばかりに負傷させたが、ついに討たれてしまった。城将の死をみて、阿与孫六・苗田久七らは宗的の妻子を刺し殺し、甲ノ城《つめ》に火をかけ、切腹して果てた。一族若党もまた思い思いに切り死にし、尼子軍の討ち取った首は千三百余あったという。

『雲陽軍実記』によれば、経久の出陣を政久の戦死ののちとする。また経久は帰陣してから富田家中譜代の郎等を集め、弟の下野守義勝（久幸）に家督を譲ろうとしたが、下野守は嫡孫（晴久）を後嗣とするようにすすめたので、経久は感激し、家中のものも了解したということである。これが事実なら、嫡子の死によって予想される継嗣争いを未然に防ぎ、尼子家中を嫡孫に結集させる方法であった、と察せられる。

さすがの経久もいまは亡き政久を偲び、八年後の大永六年（一五二六）九月六日に、出雲雲樹寺に対して、八俵半の地利（土地からの上り高）を寄進し、不白院殿花屋常栄（政久）および玉英源玖童子（系図のいう政久の嫡子千代童子との関係不明）の菩提を弔うのであった。政久の菩提寺はもと不白山、今日の月窓山常栄寺で、松江市八雲村の熊野神社近くにある。

なお政久が詩歌管絃に長じ笛の名手であったという『陰徳記』の記事は、その母（経久の妻）が、鬼吉川といわれ、また俎《まないた》吉川とも称され、しかも風雅の士で、かって勅題によって百首の歌を詠んで朝廷に献じ、『古今集』をはじめ多くの古典を書写した吉川経基の女であるから、認めてよろしいと思われる。系譜的にも風流の血が流れていたのである。

中国両雄の対決

戦国の世は非情である。嫡子政久の死は、尼子経久にとって大打撃であったとはいえ悲しむ余裕はない。外征に国人をかり出し、消耗戦に参加させなくては、彼らの勢力が強大になり、ことによると足下をすくわれるかもしれないのだ。武人経久は月山の南西を凝視する。

出雲の南西安芸国では、ここ数年来、戦国の嵐が烈しく吹きまくっていた。というのは、長年京師《みやこ》にあって分国のゆるみを気にしていた大内義興が、地盤固めのため安佐《あさ》郡佐東銀山《かなやま》城主で、甲斐武田氏の流れをくむ武田元繁を帰国させたところが、武田氏はもともと安芸の守護家で、元繁は大内氏の勢力が安芸におよぶのを快く思っていなかったので、時機到来とばかり義興にそむき、領土拡張戦を展開したからである。元繁が南方己斐《こい》氏の守る己斐城（広島市）を攻めると、義興は高田郡吉田郡山《こおりやま》城主毛利興元に命じて、己斐城を救援させた。

毛利氏は、鎌倉幕府創業の功臣大江広元を祖としている。広元の四男季光は、相模の毛利庄を領してその地名を姓とした。季光の孫が安芸吉田に移ってから、子孫はずっと吉田に住んだ。豊元のとき応仁の乱に際会し、はじめ東軍であったが、のち西軍の大内政弘方に与《くみ》した。豊元の子弘元がなくなると、その子興元が郡山城主になって宗家を継ぎ、興元弟元就は、郡山の西多治比の猿掛《さるがけ》城に移り住んだ。そして興元は大内義

毛利氏略系図

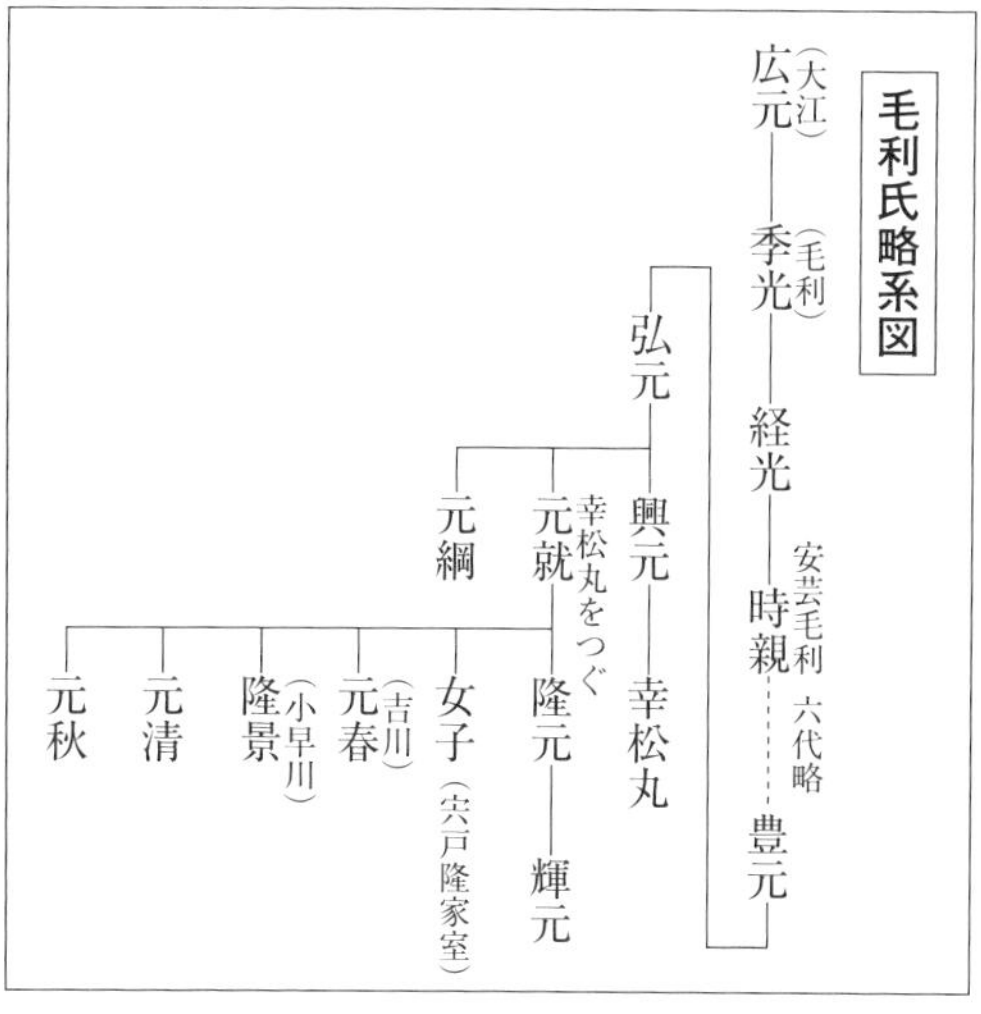

興に従って上洛したが、永正八年（一五一一）に郡山城に帰った。

永正十二年、毛利興元が武田元繁の属城で、有田氏のこもる山県郡有田城を攻略したので、元繁は己斐城の囲みを解かざるを得なくなった。ところが翌十三年八月興元が二十四歳で病死し、その跡をわずか二歳の嫡子幸松丸《こうまつまる》が継いで郡山城主となり、叔父の元就が後見者となったのを好機とばかり、元繁は北方に転じて山県郡に進出し、小田信忠の守る有田城の奪還にかかった。この城が落ちれば、武田勢は猿掛・郡山両城の毛利の根拠地に殺到することは明らかである。幼弱の幸松丸を擁した元就は、何事も先手の布石が大切とばかりに、永正十四年十月、機先を制して敵将熊谷元直を討ち、さらに激戦のすえ武田元繁を倒した。この戦いが元就の初陣で、毛利氏は安芸北部を領有することになったのである。時に元就二十一歳。

明けて永正十五年十月、大内義興が本国に帰った。このため将軍足利義稙は大黒柱を失い、大永元年四国に走り、島公方・流れ公方の名を史上にとどめ、二年後に阿波でなくなった。そして京都は細川高国の擁立した足利義晴（義澄の子）の時代となった。

この永正十五年の時点をみるに、尼子の兵は早くから、疾風枯葉を巻く勢いで四隣の征服戦を勝取っていたので、芸・備方面の地盤は帰国早々の大内よりはるかに固く、その勢力は広島湾頭にも伸びていたのである。だが大大名大内が帰国したともなると、必ずや分国諸城の回復戦を行うだろう。尼子と大内という二大勢力に挾まれた諸小豪族はどう動く。この間の様子を『陰徳太平記』は実にうまく記録している。

大内・尼子所々において合戦におよび、勝敗つねにかはりしかば、石（石見）・芸（安芸）の国人ら、昨日は大内に質を出し、今日は尼子に礼を執りて、俯仰《ふぎょう》の間も安き心はなかりけり。

かくて大永元年（一五二一）になった。いよいよ中国の両雄、尼子と大内の決戦の時が刻一刻と近づいてきた。中国の天地は、いまや戦国乱世の様相が色濃くなってきたのである。果たしてこの年八月、両軍は戦端を開いたが（石見方面カ）、足利義晴の斡旋によって、互いに兵を収めた。だからといって、中国の山野に平和がおとずれたわけではない。嵐の前の静けさといえるものであった。両雄和睦のおよそ一カ月後、尼子の旗は石見に動いた。

この当時、出雲の西隣石見の国人の動向をみるに、まず石見西部長門国境近くの鹿足《かのあし》郡に三本松城を根拠とする名族吉見《よしみ》氏があった。その北方美濃郡には、益田《ますだ》の七尾城を牙営とする平安以来の名門、石見きっての大豪族益田氏があった。美濃郡の北東に連なる那賀《なか》郡には、三隅高城《みすみたか》を中心に、益田氏の同族三隅氏があり、その北東周布《すふ》（浜田市）に同族の周布氏、さらにその北東有福《ありふく》の乙明《おとあけ》城に拠る同族福屋氏があった。那賀郡の東方邑智郡に目をやるに、そこには川本を流れる江川南岸温湯《ぬくゆ》城を拠点として、甲斐源氏の流れをくむ小笠原氏があり、さらに江川をさかのぼると、吾郷《あごう》（邑智郡）泉山城に佐波《さわ》氏が拠り、温湯城の南方、安芸国境近くの出羽《いずは》（邑南町）に出羽氏があり、その東方阿須那《あすな》（邑南町）に高橋氏があった。そして邑智郡の北方邇摩《にま》郡には、尼子、大内・毛利の争奪の目標になった大森銀山（大田市）があった。

永正五年大内義興が前将軍足利義稙を奉じて東上を開始すると、吉見頼興・益田宗兼・三隅興信・周布興兼・福屋孫太郎（国兼の子カ）・小笠原長隆・佐波誠連・出羽孫次郎・高橋清光などの諸将が行動を一にした。彼らのうちで、船岡山合戦の武功により、益田・周布・小笠原らの諸氏は義興から感状をもらった。このことからでもわかるように、石見の諸豪のほとんどが大内氏の支配に服していたのである。幕府もこの事実を認め、永正十四年八月十一日、大内義興を石見守護職に補任した。ところが石見の前守護代山名某はこれを喜ばず、尼子経久の援助を得て大内氏に対抗しようとした。ここに経久は石見進軍の理由を得たのである。

これから四年後の大永元年、中国の両雄和睦の翌九月、尼子経久は富田城を進発して、馬首を北西に向けた。尼子の大軍はこの二十六日、都治《つじ》駿河守兼行の守る今井城（江津市）を包囲し、宿老亀井秀綱が一気に攻略しようとする。ところが経久は考える。今井の城を落とすことは易いが、わが敵はまさに福屋氏である。福屋氏が今井城におくった奥田寺・野田大和守の両人を助け、福屋討伐の先案内をやらせよう、と。二十九日に城兵を救精庵に追い込み、九十三人を打ちはたし、城将兼行は七十三歳で果てた。それからすぐに福屋に使者をおくり「都治兄弟、和久伊豆守父子腹を切らせせられ候へ」とせきたて、福屋氏の力およばず、十月二日に彼らは切腹し、都治名字のもの一人も残らず、家の子郎等百姓にいたるまで百六人が討死した。かくて経久は本望を達して富田城に帰陣した。

経久が大永元年に都治本郷まで攻め込んだことを示す史料は『三郷由来記』『都治郷起原』であって、多くの誤りもあるが、少なくとも大永年間の事実と認められるものである。

明けて大永二年六月二十八日、尼子経久はまたも月山の麓に馬上の人となった。福屋氏討伐のための出陣である。尼子の本隊は飯石《いいし》郡赤穴に着き、亀井・宍道・三沢の三将は先鋒として出羽に進んだ。このころ福屋氏は、丸原の雲井城を破却して、乙明の本城にたてこもっていた。乙明の支城の市山城には、稲光民部大輔らがこもっていたが、尼子の大軍が邑智郡に充満したとの報に接し、七月六日の夜、乙明にはいり、ついで逃走した。尼子軍は三ツ子山を取り、進んで浜田・長浜・周布に攻めかかる。衣掛城も落ちたが、海中の細腰城は堅く守って落ちそうにない。そこで美保関から江津までの水軍をもよおして攻めたものの、戦果はあがらなかった。そのうち大内の強力な援軍があり、両軍浜田で激戦したが、ついに和議成立して帰陣したという。

これも『三郷由来記』の伝えるところで、史実の保証はできかねるが、大永三年八月、経久が那賀郡波志《はし》（波子）浦を攻略したことは、『日御碕神社文書』によって確かめられる。

今度は大内の駒の動きをみよう。もともと大内氏は、百済王聖明の第三子琳聖太子《りんしょうたいし》の後裔と伝える。琳聖は推古天皇十九年（六一一）に周防佐波《さば》郡多々良浜《たたらはま》に着き、ついで摂津国で聖徳太子に謁し、太子から大内県《あがた》（山口市大内）を采邑として与えられ、姓を多々良と賜わったという。そののち南北朝時代に、弘世が出て防・長を統一し、その子義弘のときは七州の大守護となったが、応永の乱に敗死した。その後盛見《もりはる》・持世・教弘と相承し、つぎの政弘が応仁の乱に西軍の重鎮となり、その子義興にいたった。義興ははじめ豊前・筑前に、少弐・大友両氏と戦い、ついで東上して天下の管領代となって政治を補佐し、帰国して分国保全、さらには領土拡張戦へと兵馬を動員していく。

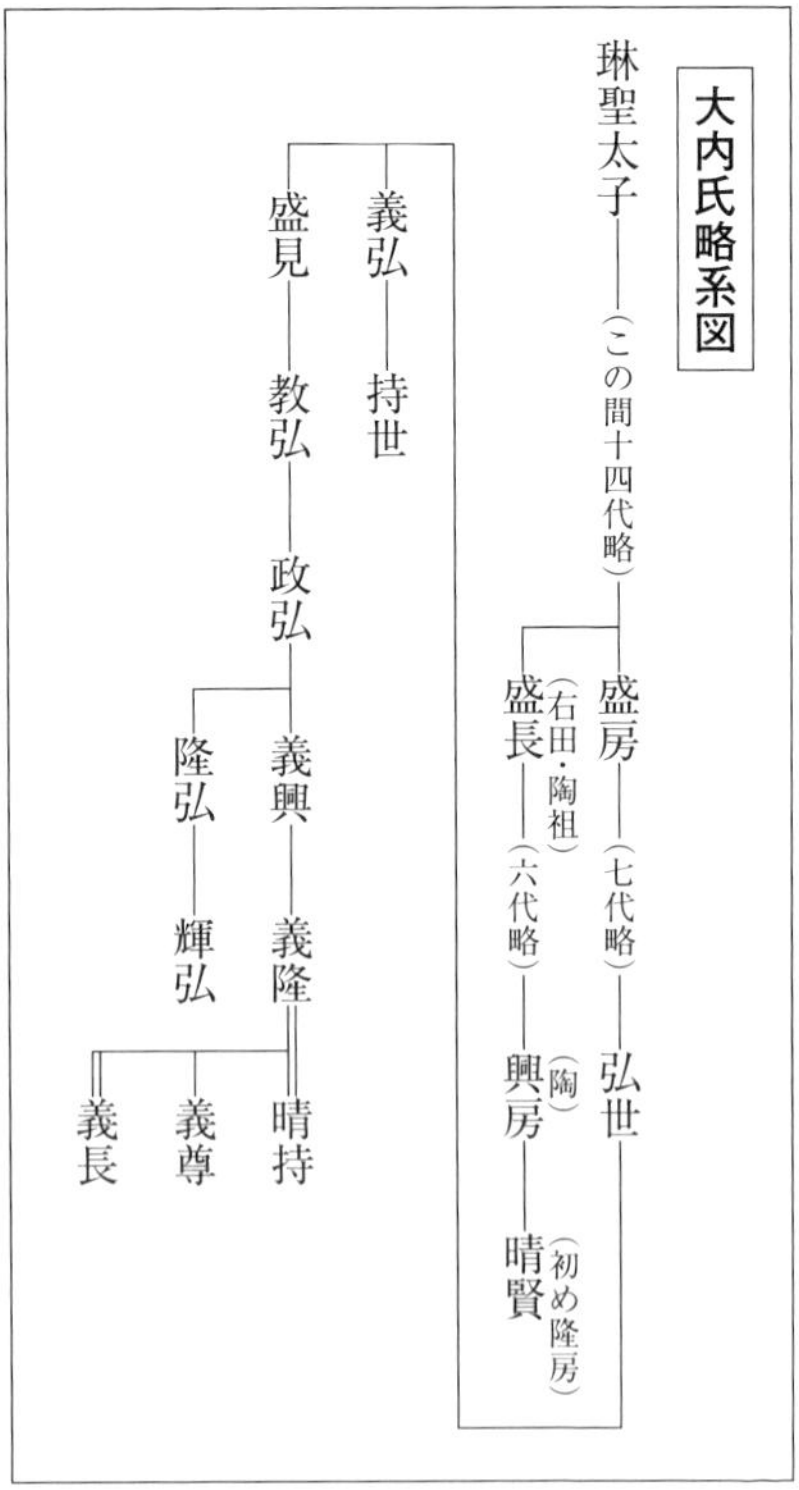

大内義興の重臣陶興房は、大永元年（一五二一）から安芸に出陣し、佐東郡に尼子経久の与党と戦ったが、戦況は一進一退であった。とりわけ東方進出の前線基地、賀茂郡西条の鏡山城が攻防の拠点であった模様である。大永二年（三年春とも）になって、尼子に奪われていた鏡山城の奪回に成功し、蔵田備中守房信を城将として、芸備経略の橋頭堡とし、また尼子の南下に備え、なおも芸備の攻略をめざしたが、肥前に風雲動き、一旦、兵を引いたという。しかし確証はない。

大内が帰陣すると、安芸が騒ぐ。大永三年閏三月、これより先、銀山城主武田元繁の跡を継いでいた光和は、厳島神社の禰宜（神主）友田興藤を援助し、大内の守備兵を追放して、佐伯郡桜尾城にはいらせた。この形勢をみて同年六月上旬、尼子経久は鏡山城の切返しを企図し、出雲・伯耆・美作・石見・備後の軍兵の総帥として、石見の国境に近い安芸高田郡北池田に布陣し、宿将亀井秀綱から毛利幸松丸の参陣を要求させる。後見役の元就はこれに応じた。

これまで大内の陣営にあった毛利は、なぜ尼子に従ったのであろうか。それは、郡山城を取り巻く諸城の多くが尼子色の強かったこと、本拠の吉田が石見の国境に近かったこと、経久の妻は安芸山県郡大朝本庄の吉川興経の叔母、元経の妹が元就の妻であったことなどが数えられよう。だが、毛利の将来は山陽方面でなければならない。したがって将来大内に帰属するにしても、毛利の実力のほどを一度や二度は大内軍に知らせる意図があったかも知れない。

尼子の本隊は鏡山城に対する下見峠に陣し、毛利軍は鏡山の麓の満願寺に陣をすえた。六月十三日、毛利軍の攻撃で戦いの火蓋がきられた。城将蔵田房信はよく守って落城の様子もみえない。元就は房信の叔父で本丸を守っていた蔵田日向守を、本領安堵・家名存続の条件で誘った。得意の調略である。二十七日、房信の死守する二ノ丸へ総攻めを敢行し、翌二十八日、房信の壮烈な最期でもって、城は落ち、鏡山城の攻防戦は尼子方の大勝利に終わった。経久は元就の軍功を厚く賞したが、元就の調略によって降った蔵田日向守の行動を「不義の至り本意にあらず」（『吉田物語』）として、切腹を命じ、本国へ凱陣した。

この戦いに参陣した毛利幸松丸には、ちょっと荷が重すぎたか、わずか九歳でこの世を去った。誰が毛利の宗家を継承するか。毛利元就か、異母弟の相合元綱か、それとも「尼子家より一人申し請け」（『桂笈円覚書』）るか。毛利の老臣たちは尼子経久の了承をうけ、元就の宗家相続を決定した。八月十日、元就は郡山城にはいって、鷲の羽、武の毛利家を継いだ。こののち、坂・渡辺の一党は尼子の重臣亀井秀綱と通じて、機をみて元就を除こうとしたが、陰謀は不発に終わり、反対党は討伐された。亀井秀綱の背後に老雄尼子経久の姿を思い浮かべることができよう。

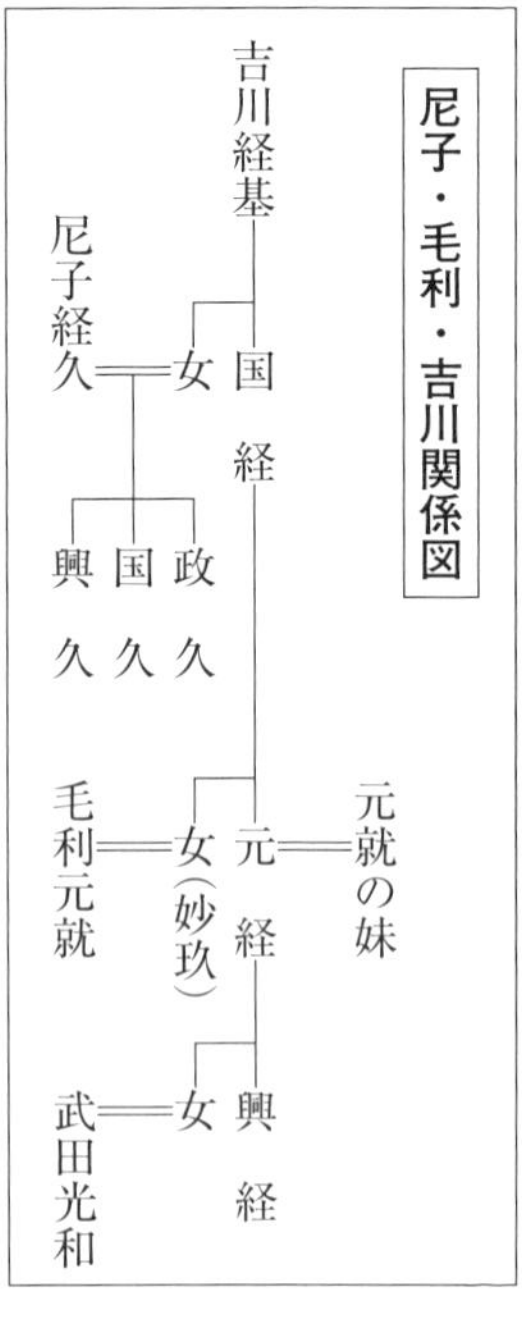

尼子・毛利・吉川関係図

運命の大永五年

西条鏡山城の攻防戦が合図となって、尼子と大内の対決の舞台は安芸国に集中してきた。大永四年（一五二四）五月二十日、大内義興は嫡子義隆とともに、屈指の良将陶尾張守興房（晴賢の父）をはじめとして、防・長・豊・筑・石・芸六州の勢およそ二万五千を統率して、岩国の永興寺に本陣を張った。ここで軍を二手に分け、一手は義隆を主将とし、陶興房が後見となって、武田光和の銀山城を略し、他方、義興みずから将となって、草津・仁保島から友田興藤の桜尾城を攻め、尼子に屈した安芸諸城を制圧しようとするものである。

このころ尼子経久は、馬首を東に向け、伯耆の経略に余念がなかった。すなわち西伯郡尾高泉山城の行松入道（正盛カ）、東伯郡小鴨岩倉城の小鴨掃部助（良章カ）、同郡北条堤城の山田高直、同郡泊《とまり》河口《かわぐち》城の山名久氏、同郡羽衣石の南条宗勝、倉吉打吹城の伯耆守護山名澄之らは尼子に追われ、因幡気高《けたか》郡布施の山名氏や但馬守護山名誠豊を頼って流浪した。いわゆる「大永の五月崩れ」といわれるもので、この間大山寺が炎上し、伯耆は、まさに総崩れの様相を示した。経久の伯耆国全面攻撃は、正月からくりひろげられていたが、六月になってもなお、攻城野戦は続けられていた。そこへ郡山城の毛利元就から使者がきて、銀山・桜尾両城を、大内軍が包囲した旨を伝えた。なんといっても銀山城は尼子の安芸における一大拠点である。経久はやがて伯州表を引き払い、出雲・隠岐・伯耆・備後・備中の勢を催して、出雲飯石郡赤穴まで出陣し、宿将亀井秀綱・牛尾・馬田・朝山・広田らを先鋒として、銀山城救援に進発させた。先陣の勢およそ五千という。

七月十日、尼子・毛利の連合軍は銀山城包囲中の大内軍と激しく戦った。この日の先陣亀井・牛尾らの雲州勢、二陣平賀・宮《みや》・三吉《みよし》・宍戸らの諸勢、三陣毛利元就・吉川・小早川・熊谷らの諸軍であった。大内軍は義隆の初陣で意気天を衝くものがあり、尼子軍の一陣・二陣は敗れ、三陣もまた一敗地にまみれてしまった。そこで元就は、芸・備の国衆だけで陣容をととのえ、八月五日の夜、おりからの大雨の中をおかし、全軍突撃を敢行し、大勝利を得た。初陣に敗れた大内義隆は佐伯郡廿日市に退いて、父義興の本隊に合体した。

この戦さののち陶興房は、ひそかに毛利の重臣志道《しじ》広良と連絡をとり、元就の大内帰属を促した。慧眼興房はさすがに良将である。良将は良将を知るとはこのことか。元就は深慮遠謀、そして決断、ついに大内に帰属する旨を陶興房に伝えた。時に大永五年の晩春のことであった。大内義隆は非常に喜び、のち安芸の国内で、千三百七十貫の地を与えてこれにこたえた。

毛利元就はなぜ大内に帰属したのであろうか。元就の側近の桂元忠・児玉就忠《なりただ》に聞いてみよう。

「毛利は尼子に対して、何事も表裏なくつとめてきたのに、幸松丸がなくなったとき、毛利の跡を元就が継ぐように経久からいっておきながら、そののち渡辺の一党が、亀井秀綱にいろいろ頼んだのをよいことにして、渡辺の党に荷担した。そのほか（毛利に対しての）御取扱い、曲なき子細数多候について、防州（大内氏）へ〝なげつけ〟たのだ」

つまり、経久の元就に対する取扱いに表裏が多すぎるというのである。

宿敵大内義興が佐伯郡門山《かどやま》に陣して、芸・備の経略を第一の目標としている大永五年の時点で、毛利にそむかれることは、すでに前年十月、桜尾城が陥落して城将友田興藤が大内の軍門に降ったことと考えあわせて、直接には安芸における無二の味方である銀山城の武田光和が脅威をおぼえるだろうし、間接的には尼子氏の運命にもかかわる重大事件であった。六十八歳という老雄尼子経久は、怒るというよりむしろ苦悶した。やはりこれは食い止めねばなるまい。そこで経久は重臣湯原幸清や河副久盛に命じて、毛利の懐柔につとめさせた。両名は経久の旨をうけ、いろいろ画策したらしいが（『吉川家文書』）、元就の決心をひるがえすことはできなかった。そして経久の苦悩は、そのまま現実の問題となってあらわれてきたのであった。

大永五年六月、大内の宿将陶興房は、賀茂郡にはいり、天野興定の志和米山城を包囲した。興定は元就のすすめで大内氏に降り、八月安芸志芳庄に興房を助けて戦っている。

このように安芸国で大内が有利に作戦を展開しながら大永六年を迎えた。ところがこの年のことは、どうもはっきりしない。『棚守房顕覚書』によると、大永五年十二月、豊後の大友義鑑が援軍を一万ばかりおくり、六年に安芸佐東府中城を陥れたが、国元で不慮の騒乱が起きたため帰国したという。大友勢が安芸に「長々在陣」し、諸城を攻略したことは『増補訂正編年大友史料』にみえる。大友氏は尼子、大内のうち大内方を助けたようであるが、その意味がはっきりしない。また『吉田物語』によると、六年三月、義興は石見に出馬して尼子方の六城を攻略し、ついで三隅入道の居城に押し寄せ、十月三日に三隅氏が降参したので浜田へ陣がえしたところ、経久の大軍が着陣したので、両軍戦いを交じえたが、経久は伯耆に山名氏の動乱が起きたため帰陣したという。同書はついで、義興は雲州へ討ち入ろうとしたが病気になったため、翌年山口へ帰ったように記述している。これは明らかに誤りであるが、ただ大永六年に尼子経久が、石見に出撃したことを思わせる史料が残されている。すなわち、『郷原文書』に、大永六年三月、経久が江原《ごうばら》美濃守（基行カ）を邇摩郡羽積（江津市）砥谷山の城代とした事実がみえている。『郷原氏由緒』はこの年を大永元年とする。

さて、大内氏攻勢のうちに大永七年となる。その二月、武田氏の属城安芸郡新城・同郡熊野城があいついで落城、三月、同郡瀬野鳥子城陥落、ついで大内軍は武田光和の銀山城を攻め、五月にも安芸府中城を攻めたので、光和が来援している。七月にはいると毛利は尼子の兵と、備後和智《わち》（三次市）に戦った。そこで尼子経久は備後へはいり、八月陶興房と江田（三次市）に対陣し、その九日、和智細沢山に戦い、米原山城守・牛尾信濃守らを失い、和智豊広もついに大内の軍門に降った。ついで十一月、両軍は三次《みよし》に激戦を交じえた。

戦いに明け暮れた大永七年も終わり、享禄元年（一五二八）になった。大内軍はますます優勢で尼子を圧迫していたところ、肥前の小弐資元が豊後の大友義鑑と示しあわせて筑前に進出し、大宰府に迫る、との報が安芸門山の義興の本陣に達した。そこで義興は北九州に出馬することを考えたが、七月、陣中で病気になったため、大内諸将は芸・備経略の根拠地の厳島に会し、帰陣に決定した。「ことごとく以て、両国（安芸・備後）のこと理運にまかせ、本意を達して開陣」とは、このとき大内から京都の公家におくった書状の一節である。大内義興は帰山後の十二月二十日、五十二歳を一期として、その全生涯に終わりを告げ、尼子経久との正面衝突はついに実現できなかったのである。義隆が継いで大内の当主となった。二十二歳の若き武将である。

大内勢が芸・備から撤兵すると、尼子と大内の対決は、尼子と毛利との決戦に移行することになる。

こうした状況をみて、銀山城の戦いは「雲州（尼子氏）利運に成り行くべし」（『毛利家文書』）と判断した石見邑智郡出羽松尾城主（安芸山県郡横田松尾城主）の高橋弘厚は、備後和智豊広の子豊郷と語らって、大内にそむき尼子に通じた。享禄二年（一五二九）五月ころのことである。毛利はただちにこれを攻めて松尾城を陥れた。弘厚の子興光は石見阿須那《あすな》藤掛（根）城に拠って、経久の三男塩冶興久の援軍を請うたけれども、元就はいち早く武略を用いて、興光を自刃させてしまった。

このころ中央では細川高国が、阿波の細川晴元（澄元の子）との抗争に敗れ、流浪のすえ出雲にきて経久を頼っていたが、九月十六日、備前松田城に姿をあらわした。経久は高国を援助して同じく松田城にいたらしい（『実隆公記』享禄二年九月廿日）。経久が後奈良天皇即位のための資を依頼されたとき、「弓矢なかばにて候ほどに、かさねて御うけ申候はん。□、いまはまづしか〳〵と御うけ申候はぬよし御申候へ」（『実隆公記』享禄二年七月紙背文書）と返事していることから考えても、軍国多忙のことが察せられる。この年十一月には、経久が高国とともに東上の風聞が中央に達し、京都では尼子の勢力を無視できなかったことがわかる（『実隆公記』享禄四年四・五月紙背文書）。こののち高国は、京都奪回をめざしたが、享禄四年六月、天王寺合戦に大敗北をきっし、尼崎の広徳寺で自刃してその夢は破れ、細川晴元が将軍義晴を擁することになり、戦国の様相はますますその色を濃くしていく。

それはそれとして、享禄三年二月、経久は杵築大社に一万部の法華経を読誦《どくじゅ》させ、武運長久を祈願した。もともと経久は法華経に注目し、永正十二年（一五一五）正月、法華経を開板したことがあった。また大永二年（一五二二）二月九日、経久自ら願主となって、大社において一万部の法華会を行ったこともある。このときは亀井秀綱が奉行となり、大社神門大鳥居の西の原で、四間に二十三間の道場を四カ所建立し、五百十人の僧侶に読経させており、尼子の威風を示す大法要といえるものであった。今回の法華経読誦のなかにも、経久のなみなみならぬ決意がうかがわれるのである。しかし事態は楽観を許さず、芸北から石見南部にかけて、毛利の進出は激しさを加えた。すなわちこの七月、安芸山県郡に合戦があり、翌享禄四年二月、毛利は石見邑智郡二ツ山城主出羽《いずは》祐盛の本領を尼子から奪取して、祐盛に返してやった。その結果、祐盛が毛利方となり、石見の一角に火がついた。

これに対して尼子は、享禄四年四月、赤穴瀬戸山城主赤穴光清に、備後森山・山中・河縁（淵）の地を宛行い、双三《ふたみ》郡森山城を攻略しようとした。経久の与えた森山以下は、赤穴の近くではあるが、尼子の陣営にはいっていない地帯である。つまり切取り次第に与えるというのだ。人呼んで懸賞的攻略法という。十一月になって、経久自ら出馬し、森山・山中・河淵を略し、約に従って新恩給地として光清に領知させた。これによって、毛利の吉田郡山城はその背後に直接の脅威をうけることになったのである。

ところで『毛利家文書』の中に、享禄四年七月十日付で毛利元就にあて、尼子三郎四郎（詮久・晴

久）の契約状の写しが載せられ、
御兄弟たるべき由、御状に預り候、尤も本望候、然る上は、向後《きようご》に於ては毎事申し談ずべく候。
とみえている。元就が経久の嫡孫詮久《あきひさ》に兄弟の約束をしたのに対して、詮久が非常に喜び、それを了承し、今後いろいろと相談したい、と申しおくった書状である。すでに六年前の大永五年三月に、毛利は尼子と袂を分かった筈であるのに、この事実はなにごとか。思うに、元就の尼子に対する態度は、大永五年以後もしばらく不即不離の関係を保持していたものであろう。九州陣では、すでに大内と少弐との合戦が開始されている。したがって大内は大軍を安芸に派遣する余裕はない。事実、翌天文元年（一五三二）十一月には、陶興房が九州に渡海し、少弐・大友連合軍に対し、義隆もまた長府に在陣しなくてはならない状況になる。やがて尼子の大軍が南下するのは火をみるより明らかであろう。してみると元就と詮久の盟約は、元就の遠謀深慮に出たもので、周囲の状況判断の結果、得意の謀略戦を試みたものとみなされよう。
大永四年から大内に圧迫されつつあった尼子が、九州の動乱によって、大内の眼が西に向いた好機をとらえ、反撃に転じようとした直前、尼子氏にとって一大痛恨事が出現した。

興久の謀叛

出雲の北西部に塩冶（出雲市）というところがある。その昔、出雲守護であった佐々木塩冶氏の根拠地であったところだ。尼子経久もこの地の重要なことを認め、三男塩冶宮内大輔興久に三千貫を与えて、上塩冶の要害山城主とした。要害山は、佐々木塩冶氏の居城であった大廻城の南方にあたる。塩冶興久は三千貫の所領では不足であったから、尼子の重臣亀井秀綱を通じて、「原手郡《はらてごおり》（大原郡カ）七百貫を賜はりたい」と経久に願いでた。経久は「他の所なら一千貫やろう」と返答したからたまらない。興久は「このようになったのは秀綱の讒言によるものであろう」と大いに怒ってこれを討とうとした。すると経久は「吾に向って弓を引くべき陰謀と覚ゆるぞ」と考え、秀綱を守ろうとする。これを聞いた興久は、「経久、吾に安綱（秀綱の誤り）を思ひかへ給ふことの口惜しさよ」一体「子を捨てて臣に与する様やある」と、大いに怒った。

天文元年八月初旬、塩冶興久は、米原小平内・亀井新次郎の諫言に耳をかさず、佐陀《さだ》（浜佐田、松江市）城に今岡弥五郎以下二十七人、そのほか五百余人をこもらせ、ついに叛旗をひるがえした。経久は自ら七千余騎の将として、佐陀城を腹背から攻撃して、今岡以下を滅ぼした。

塩冶興久は佐陀城危しときいて出陣したものの、中途でその落城を知り、若林伯耆守の守る末次城

（松江市）に攻め寄せた。この城を抜き、島根郡（島根半島）を手中に収め、ついで富田本城を攻め落とそうというのである。ところがその攻撃の最中に、富田勢が後詰めとして背後に迫ったので、米原・亀井は、その大軍と戦って壮烈な最期をとげ、興久を無事に塩冶の城に帰らせた。そののち興久は備後比婆《ひば》郡本郷（庄原市）の甲山《かぶとやま》城主で、舅にあたる山内直通を頼った。

二年後の天文三年、経久は重臣黒正甚兵衛を使者としておくり、直通を諭し、とうとう興久を自殺に追い込み、ここに親子喧嘩に終止符がうたれた。

例の『陰徳太平記』は大要右のように伝えている。この書は興久の謀叛に多くのページ数をついやしている。これが尼子氏の衰亡の原因とみたからであろう。いまその中で注目される記事をいくつかひろってみよう。

その一に亀井秀綱の弟新次郎（利綱カ）にまつわる物語がある。亀井は米原小平内とともに興久の叛心に対して心から諫言したものの容れられなかった。そこで月山に赴き、経久にことの次第を報告すると、そのまま留まるようにいわれたが、最後の暇乞いのために馳せ参じたのだ、といい、盃を受けてのち、門外から馬に乗って「亀井新次郎仕り候」と名のりながら、門の柱に矢二筋射たてて、静かにその場を去った。これに対して経久は思う子細あって、追い討とうとはやる若者どもを制した。

その二は佐陀城にこもった今岡弥五郎の話である。佐陀城兵が玉砕した中に今岡の首がなかった。やがて岸の陰の水草の中で、首だけ出していたところを討ち取られた。その首を一騎当千の二十六人の首より下に掛けると、経久が「今岡をば二十六人より上に掛くべし」と命じた。それは剛勇をもって鳴った今岡の、これまでの軍功を賞したからである。その後「譜代重恩」の二十七人の名を鬼伝録に記録し、月山の麓の岩倉寺で、彼らの菩提を弔った。

その三は末次城合戦のときの亀井・米原の大奮戦である。激戦に疲れきった両名は、興久をのがそうとし、亀井が「御辺《ごへん》は急ぎ興久の旗本へ引返し、合戦の様体《ようてい》申し上げ、備後へ御供申し、山内大和守を頼み、今一度無念を散ずる一戦をもとげ給へ」というと、米原は「こは口惜しき言ひごとかな、死なば一所にてこそ」といい、かけ出そうとする。亀井は鎧の袖をひかえ「塩治殿程の大将の御最期に至って、好き郎等の一人も付き随はざらんは、後の嘲も口惜し」というと、米原も納得し、東西の人となった。米原は興久のもとに、亀井は時分はよしと切り死する。

その四は米原の最期である。逃げ行く興久の後を守って、追い来る富田勢を切り払い、雲・伯に並びなき大勇の若林伯耆守と一騎討ちして死んでいった。

その五は興久の自害である。経久から興久を渡されたいといわれて山内直通は、「今更鐘愛の聟を敵の手に渡さん事、情なくも又痛はしく」思っていた。これを聞いて興久が、「吾一心の悪事に因りて、直通、経久矛盾に及ばれ、多くの兵卒を亡ぼし候事、その科《とが》ひとへに興久が身の上に帰する所に候」といって切腹した。そののち直通が興久の首を経久におくると、その首を一日みて老後の欝憤をはらそうとしていたのに、かわり果てたわが子の姿をみて、腰を抜かし、「有れども無きが如く」になったというのである。なお以上のほかに、興久の富田城中での化者退治のことを詳細に載せている。いかにも儒教の色彩が濃く、事実と認められないものが多いが、戦国の美談がこの中にまとめあげられていて、まことに興味深い。それに今一つ、経久の心の中に惣領や譜代を重くみて、庶家を家臣と同等にみていこうする考えのあったことがわかるがのちに述べる。

なお興久の墓は今日、月山北西麗の「杉森さん」と呼ぶ一角に残されている。雑木林の木陰に、くずれかかった宝篋印塔の墓石をみるにつけても、尼子経久晩年の悲哀が思い出されてならないのである。

山陰の雄

塩冶興久の叛逆は父経久だけでなく、尼子氏にとって一大痛恨事であった。だが雨降って地固まるの諺もある。老当主経久の、敏捷な、しかも断固とした処置に、家臣たちは安堵の胸をなでおろしたに相違ない。

興久の叛乱から二カ月たった天文元年（一五三二）十月に、今度は分国隠岐で騒動がもち上がった。このころの隠岐は、隠岐清綱ののち宗清が尼子氏の守護代として治めていた。ところが都万《つま》（島後、隠岐の島町）城主の同族隠岐宗林《むねしげ》・義秀父子や那隅《なく》（那久、隠岐の島町）城主刑部少輔清信らがそむいたので、経久は森脇・横道・秋上《あきあげ》・疋田・高橋らを援軍として派遣し、叛徒を平定した。宗清ののちは豊清が守護代となるが、天文十三年三月十七日に父宗清が本庄（松江市）で没したのちであろう。

隠岐の叛乱は鎮定できたが、安芸の形勢は尼子にとって必ずしも有利ではなかった。これまで多年手に手をとって、尼子方として活躍していた安佐郡可部《かべ》の北方三入《みり》高松城主で、鎌倉以来の名族熊谷信直が、武田光和と不和になったからである。信直は光和のたっての願いを容れて、妹を嫁にやったのに、「形容端正にして心ざま閑雅」であったという信直の妹は、光和を嫌って生家の高松城に帰ってきた。そこで信直は光和を恨み、天文二年八月、毛利元就に一味し、尼子氏はまた有力な友軍を失ったのである。

明けて天文三年、毛利の備後侵略の幕が切って落とされた。郡山城の北東、甲立《こうたち》五竜城主宍戸元源《もとよし》との和議が成立し、元源の孫隆家と元就の長女との婚約がこの正月にきまって、北方からの脅威が薄らいだからである。この七月、備後宮城主宮下野守直行の子元盛も毛利に降った。

毛利は一城また一城、自己の陣営に組み入れながら、天文四年となる。早くもこの正月安芸賀茂郡で尼子方の平賀興貞が、大内方で白山城主の父弘保および興貞の弟貞景らから攻撃を受けたけれども、二月に和議が成立して、この方は無事にすんだ。ところが三月にはいって、毛利は備後三次の三吉氏の属城、三吉表の上里を落とし、同月に比婆郡上高野山の多賀山（高野山）氏を攻撃した。多賀山通続（入道久意）は叛服常なかったとはいえ、一応尼子方の一大勢力であった。ところが毛利から水道を断たれて開城してしまった。この年、備後比婆郡本郷（庄原市）の甲山城主山内直通も毛利に調略をもって懐柔された。昨年塩冶興久の切腹のことから、尼子・山内の仲が悪くなっていた。その虚を衝いたタイムリーヒットといえよう。ところが今度は尼子が報復手段にでた。翌天文五年の春、経久は備後に駒を進め、甲山城にはいり、直通を廃し、その聟多賀山通広の嫡子聟法師（のち隆通）を、直通の子豊通（天文五年三月没）の女と結婚（といっても聟法師七歳）させて、家督を継がせた。

この天文五年は、これまでの大内・毛利の攻勢に対する尼子の反撃の時期にあたる。賀茂郡の平賀父子の和議また破れ、弘保・貞景父子は興貞を攻めたので、毛利はこの八月弘保を応援した。大内義隆もまた杉長相や智将弘中隆兼らを援軍としておくり、十一月に頭崎城を強襲した。頭崎城はいまとなっては、尼子の安芸経略の一大拠点といえた。尼子経久が大軍を派遣して、これに援助したことはいうまでもない。このとき毛利元就の失った所領は、東は備後双三郡志和地城（三次市）、西は安芸山県郡壬生城などの諸城と、石見邑智郡阿須那上下庄、安芸山県郡、備後内の所領の一部で、尼子の全面的南下作戦が展開されたことを物語るものである。

尼子は芸・備に進軍しただけではなく、備中・美作にも旗を動かし、経久の嫡孫尼子詮久（のち晴久）が両国から月山に帰ったのは、この年の十二月であった。大坂石山本願寺の光教（証如）は、備後山南の有力末寺光照寺を通じて経久に、太刀・馬代・織物などをおくり、また「とや（鳥屋）方」へ音問しているが、三刀屋氏ではあるまい。さらに証如は光照寺に対して、尼子の上洛についての動きを注進せよ、と命じている。畿内では尼子の東上を本気で考えていたものと思われる。

かくて尼子氏の一大攻勢のもとに、戦陣に明け暮れた天文五年は暮れ、越えて六年を迎える。尼子経久は八十歳になった。嫡男政久すでになく、嫡孫詮久の成長を唯一の楽しみとして、老いの身に鞭打ち軍国の治政にあたっていたろうに、ここに至って第一線を退き、詮久が尼子氏の当主となったのである。時に二十四歳の青年武将であった。五年前の天文元年に三男興久の叛乱があったとはいえ、まもなく鎮定され、昨年のようにその勢力は強大となり、経久としては一応安心感をもったものと思われる。

若大将尼子詮久の駒の動きは、急に活発となってきた。詮久はこの春、毛利によって安芸高田郡生《いけ》田《だ》城が落とされたことを聞いた。それならばこちらは石見へ兵を進めよう、というわけであろうか、八月十六日に石見大森銀山を奪取した。

大森銀山は戦国のはじめごろ、大内義興の所領であった。ところが、享禄四年（一五三一）二月下旬に、尼子に服属中の石見川本温湯城主小笠原長隆がこれを奪取し、おびただしく銀を出した。それから三年たった天文二年、大内義隆はまた銀山を取り返し、吉田・飯田両氏を奉行として、毎年銀子百枚を納めさせた。今回の尼子詮久の奪回は、この時期の尼子の強勢を物語るものとみなされる。

右の事実を裏づけるかのように、毛利元就は、天文六年十二月、嫡子少輔太郎（隆元）を山口の大内義隆の許へおくった。このころは安芸山県郡新庄（大朝町）の雄族吉川興経も、尼子に寝返りをうっているので、北方の脅威が増大している。ここで完全に大内に心服しよう。さすれば、いざというときによもや見すてることはあるまい。こうした遠謀深慮が元就の心であったのかも知れない。

この十二月、尼子詮久は美作から播磨に乱入し、同国守護赤松政村（のち晴政）の軍を撃破した。どうやら詮久の目は中央に向けられているようである。その中央京都では、将軍足利義晴が大内義隆や豊後の大友義鑑に、ついでまた尼子経久に指令を発した。お互いに私闘をやめて早く上洛し、細川晴元・六角定頼とともに幕政に参加せよ、というのである。大内歴代は有力守護大名として在京の歴史は長い。政弘も義興も長期在京の履歴があるが、義隆は三十一歳の今まで上洛の経験がないので、よほど魅力があったらしい。明年を期して上洛するとの請文を将軍にさし出した。

年改まって天文七年正月十日、本願寺証如は播磨国本徳寺兼澄（教実）から、尼子詮久が本国で越年のため播磨陣を引いたが、深雪のため、正月までに帰国できないので、他国へ移住した、との注進の書状を受け取った。尼子詮久が必死になって上洛の道を開こうとしている様子が察せられよう。

天文七年も六月になると、詮久は美作へ進発し、ついで八月二十三日には大軍をひきい、富田の牙営を発して、美作・備前を略し、但馬から播磨に兵を進めた。しかも、美作・備前・播磨三ヵ国「何れも敵はなく候」（『大館常興日記』）と豪語しながら……。いくらかの誇張もあろうが、尼子の優勢は事実で、詮久の統率する尼子軍が、広岡元助らの国衆の味方をえて、播磨守護赤松政村の根拠飾磨《しかま》郡置塩に迫ると、政村は置塩にとどまることができず、高砂にのがれた。しかし小寺重隆・明石修理亮ら諸老臣が尼子に一味したため淡路に出奔し、阿波の細川持隆に身を寄せた。ついで尼子軍は、東播磨の赤松の重臣別所就治の居城美濃郡三木城（三木市）に押し寄せたが、城兵は頑強に抵抗して陥落させることはできなかった。だがこのころの尼子の勢力は強大で、天文七年十一月十八日に本願寺証如が受け取った詮久からの書状には「備中のこといよいよその心を得るの由」と書いてあった。

一方、西隣石見に目を転ずると、この九月、石見の福屋上野介は、長門に進入して義隆の部将益成友重を嘉年城に攻めて敗れているが、福屋の背後に尼子の勢力のあることはいうまでもない。また詮久の内意によって、重臣河副久盛らは、安芸山県郡本庄の吉川経典に、石見温湯城主小笠原長隆と連合するように呼びかけ、石見の地盤を固めるとともに、安芸への進路を開こうとした。小笠原長隆は、そのため大内・毛利の離間策を三通の書状にしたため、元就におくったが、毛利・大内の堅い結束をほぐすことはできなかった。このことは、後年の織田・徳川の連盟が終世変わらなかったこととともに、戦国の美談とされている。

尼子の勢力は、およそ大永元年ごろから絶頂に達し、一時的に後退があったとはいえ、石見・伯耆・美作・備前・備中・備後・安芸・播磨、それに出雲・隠岐を含めて十一ヵ国に、その命令を伝えることが可能であった。したがって、後年のことではあるが、経久自画像に洞春寺永明が賛して、「ついに十一州に守たり」とたたえざるを得なかったのであり、毛利元就また「尼子西条乱入以後、廿ヶ年に及び、中国ことごとく、彼（尼子）の存分に任せ候」（『毛利家文書』）といっているほどである。

このように経久の経略の土台に立って、尼子の当主詮久は、山陰・山陽にかけて、若き武将らしく活発に動いた。この分では、さらに戦場をかけ回ることになるであろうが、分国支配の様子をはっきりさせておかなくては、安心して兵馬を動かすことはできないだろう。

領国の経営

家臣団の構成

近江国琵琶湖に浮かぶ竹生島の宝厳寺に、『自尊上人江御奉加目録』と題する奉加張が残されている。これは経久の晩年に、宝厳寺の自尊上人が出雲に来遊し、宝厳寺造営の奉加を募った際、詮久が、天文九年（一五四〇）八月十九日付で、尼子一門をはじめ、出雲国衆および富田城詰めの諸将に奉加を命じたもので、当時の尼子氏の家臣団を知る貴重な史料となっている。

まず尼子一門には、刑部少輔国久、その嫡子式部少輔誠久《さねひさ》、経久の弟下野守久幸、国久の二男新四郎久豊（系図豊久）、彦四郎清久（塩治氏、興久の子カ）、次郎四郎詮幸《あきゆき》（久幸の子カ）、国久の三男小四郎久尊《ひさたか》（家系図敬久）、又四郎（国久の四男）の名がみえる。この順序は天文九年時の尼子氏における一門の地位を示しているように思われる。久幸は月山南麓の塩谷口にいて、富田城搦手の守りに任じていたらしい。尼子氏の『分限帳』によると、播磨のうちで十万石の所領があった。北麓の菅谷口、つまり大手近くの新宮谷には、国久を党首とする、いわゆる新宮党が厳然としてひかえ、誠久・豊久・敬久の三兄弟が父国久を守り、尼子宗家の柱石となっていた。『分限帳』によると、誠久は侍大将で、備前のうちに九千九百石の所領をもっていた。新宮党は尼子軍の主力で、手兵三千人を擁していたという。

次に「御一族衆」として、宍道八郎・鞍智右馬助・宍道九郎の名がみえる。宍道氏は近江の尼子高久の弟秀益を祖とし、今日の八束郡・松江市・平田市などに所領があり、応仁の乱に、京都では宍道九郎が出雲を征服したと風聞されていたほどである。経久の二女は宍道遠江守の妻である。『分限帳』によると、一門衆の宍戸（宍道カ）大炊頭は隠岐のうち七万石を領し、侍大将の宍道兵部大輔は因幡のうち三千五百石、宍道右京進は備前のうち三千七百石余の所領があった。

奉加帳は次に「奉公の末」として、朝山安芸守を載せ、次いで「出雲衆次第不同」として、出雲の国人をかかげる。能義郡および安来市内に、吉田・母里・福頼ら、八束郡および松江市内に、熊野・村井・湯・宍道・佐々布・大野・大垣・湯原・白紙・多賀・加賀・野波・松田ら、大原郡内に、広田・馬田・牛尾・牛尾一族・金坂・大西・立原・佐世・宇山・下布施ら、簸川郡および平田市・出雲市内に、朝山（奉公の末）・古志・岩倉・矢野・多岐・田儀・十蔵・神西元通ら、仁多郡内に三沢為幸・馬来・高尾ら、飯石郡内に、三刀屋久扶・三刀屋一族・深野・東・赤穴光清らの諸豪がある。全部で六十八名が数えられる（五二頁豪族分布図参照）。

これらの諸将は、(1)佐々木氏に出自をもつが、世代のへだたりから国人とみなしてよいもの、(2)はえぬきの国人領主、(3)早くから直臣化し、譜代といってもよいものの三系列に分類される。(1)のなかには隠岐五郎左衛門豊清や広田・湯・古志などの有力者が含まれ、(2)のなかには三沢・三刀屋・赤穴など最強の諸氏があり、(3)は牛尾・熊野・大西・馬木などであろう。ほとんどは、尼子氏の領国形成過程で屈伏したものの、(3)の系列の諸氏を除いて、他はいつ叛旗をひるがえすかはかりしれない存在である。

次に「富田衆次第不同」として、富田城詰めの諸将を載せる。その三十七人の名をあげると、湯原次郎右衛門尉幸清（遠江守）・同弥次郎・同又右衛門尉・高来宗三郎・高尾備前守・同新右衛門尉・河本左京進久信（和泉守）・福瀬左衛門尉・古志六郎左衛門尉・森脇治部丞久家・河福右京亮（久盛、美作守）・宇山大蔵丞（久兼、飛驒守）・同弥次郎・池田四郎次郎・米原左馬亮・湯原左馬亮・立原備中守（幸綱カ）・同次郎左衛門尉幸隆（備前守）・中井助右衛門尉（綱家、駿河守カ）・松浦助次郎・屋《や》葺《ぶき》七郎兵衛尉幸保・福頼助四郎・福頼右馬亮・安井四郎左衛門尉・目賀田三郎右衛門尉・山佐五郎左衛門尉・福頼又七・山佐左衛門尉・疋田左衛門尉・高橋大蔵丞・中井対馬守秀直・同四郎兵衛尉（家清、備後守カ）・山中三郎兵衛・今津藤兵衛尉・雑賀《さいか》豊前守・横道三郎左衛門尉久宗（石見寺）・亀井藤左衛門尉国綱である。この次に亀井太郎左衛門安綱がみえるが、詮久の命を奉じた奉行人である。

右の諸将が尼子の直臣で奉行もいる。経久あるいは経久の「久」字をもらうのが一般的である。ところが「幸」字をつけているものもある。これは詮久の考えで、久幸の下の字をもらったのかも知れない。そして国綱・安綱などは能登守が秀綱であり、亀井家の伝統によるものであろう。

尼子氏はこれらの諸将をどのように編成していたのであろうか。幸い『分限帳』が現存していて、その大要を知ることができるが、史料として使用する場合には注意を要する。この『分限帳』の作成年代について、『島根県史』は天文十年以前とするが、たとえば、中老衆のうち山中鹿介幸盛一人をとってもみても、とうてい信じられない。鹿介三十四歳死没説をとると天文十五年生まれであり、三十九歳死亡説をとっても天文九年生まれとなるからである。したがって『分限帳』についての詳細は、今後の考証にまたねばならない。だが、すでに戦死している尼子下野守（久幸であろう。天文十年没）の名がみえ、また貫高でなく石高で記録されているところを考えあわせ、尼子氏滅亡後のある時期に、後継者が義久時代を中心として、印象に残ったものを守人の発言や記録を参考に書いたものであろうかと思う。そして後継者とは、あるいは義久自身であったかも知れない。ともあれ、『分限帳』は全くのでたらめではなさそうだから、これを史料として、尼子氏の家臣団編成の様相を探ってみよう。

尼子氏の最上層部には「後家老衆」があり、宇山飛騨守久兼（『陰徳太平記』には久信）・佐世伊豆守清宗・牛尾遠江守幸清・中井駿河守綱家の四人で、いずれも直臣である。経久は譜代の直臣を重視したらしい。『陰徳太平記』によれば、かの塩冶興久謀叛のとき、興久のことばとして、

経久吾に安綱（秀綱の誤り）を思ひ替へ給ふことの口惜しさよ。子と臣と矛盾に及ばんに、理非の二つはともあれ、子を捨て臣に与する様やある。

と、ひじょうに立腹したことが書いてあるから、そのように思うのである。経久は直臣のなかから人材を登用して諸奉行に任じ、政治の枢要に参画させたが、そのうち最強のものが家老となり、のち義久のころ老中に改められた。『陰徳太平記』には「十三人の家老」とみえる。

家老に次いで「中老衆」の存在が認められる。大西十兵衛・立原久綱・津森幸俊・森脇久仍・山中幸盛・本田家吉の六氏で、奉行人の場合が多い。いずれも晴久から義久時代に名をえた人であるが、経久の晩年に中老の組織ができ上がっていたものと思われる。

次いで「御手廻衆」九名をかかげる。これが義久の側近である。晴久（詮久）も、また経久も、側近を形成していたと考えて誤りはあるまい。これらのほか「一門衆」として、尼子下野守・宍戸（宍道カ）大炊助・京極相模守・亀井淡路守（秀綱の父）・朽木河内守の五名を記録するも、尼子氏の権力構成のメンバーとしてはいかにも貧弱である。ただ京極相模守がかつての守護政経の末裔であるとすれば、尼子氏が主家京極氏を忘れることのなかった証拠となろう。

軍事方面では、「侍大将」四十二名があり、合戦時の部将である。次いで「足軽大将百八十人」とあり、三人がみえる。『石山本願寺日記』天文六年十二月十四日の条に、湯原次郎右衛門幸清に「足軽大将をする者なり。きりてなり」とみえ、尼子氏に足軽大将のいたことを確かめることができる。ただし、右の三名のなかに湯原氏は含まれていない。次に「惣押大将衆」「軍奉行」「惣侍衆」の組織があった。惣押大将衆は殿《しんがり》の任にあたったかという（『島根県史』七）。軍奉行はその方面の主将の指揮下にあったらしい。そして惣侍衆は尼子家臣団の中堅層である。

尼子氏の『分限帳』は出雲・石見・隠岐・伯耆・因幡・美作・播磨・備前・備中・備後・安芸国内の二千石以上の知行高、合計百四十八万二千三百八十七石余（実は百四十七万八千九百九十九石余）を記録する。その内訳をみると、出雲で十三万一千七百五十七石余、石見で二十万六千九百六十石余、隠岐で八万九百三十石、伯耆で五万九千九百七十五石、因幡で四万八千六百二十九石余、播磨で十二万八千七百八十五石、美作で十八万三千三百十一石余、備後で十八万四千八百三十九石余、備中で十一万八千二百七十一石余、備前で三十万五千三百八十一石余、備州で二万三百五十七石、安芸で四千八百五十八石となっている。多くの疑問は残るが、尼子氏の勢力を想見する参考史料となろう。

この『分限帳』によって、島根県立平田高校（現島根県立図書館勤務）の藤沢秀晴氏が作成した「天文初年尼子重臣（二千石以上）配置表」（『人物島根県史』所収）は、「天文初年」とする誤りもあるが、その着眼は妙を得ている。少し改めて次に転載させてもらおう。

この表によっても、尼子宗家の直轄領は明らかでない。かの塩冶興久謀叛の際、興久が出雲原手郡七百貫の地を所望したのに対して、経久が「原手郡の事は、富田近辺なれば、叶ふまじ、他の処に於て望み次第一千貫を賜ふべし」と返答したという『陰徳太平記』の記事は、尼子氏の直轄領が富田近辺にあったことを暗示するものである。そして尼子氏の勢力拡大とともに、その家臣団に他国を宛行なった様子が右の表に要約されるものと思われる。これによると、家臣団中枢部を構成する家老・一

尼子家臣団（2,000石以上）配置表

		御家老衆	御一門衆	中老衆	御手廻り衆	侍大将衆	足軽大将衆	惣押大将衆	軍奉行	惣侍衆	計
石高（最高〜最低）		一八七、七〇〇〜八七、〇〇〇	一〇〇、〇〇〇〜三三、〇〇〇	三〇、〇〇〇〜二〇、〇〇〇	一八、〇〇〇〜一〇、一一四	一三、〇〇〇〜一二、三〇〇	五、二一八〜四、三七二	四、二〇〇〜三、四〇〇	五、八八七〜三、一〇九	一〇、〇〇〇〜三、〇〇〇	
（島根）	出雲	〇	〇	〇	一	八	一	三	二	一五	三〇
	石見	一	〇	〇	〇	二	〇	一	〇	一	五
	隠岐	〇	一	〇	一	〇	〇	〇	〇	〇	二
（鳥取）	伯耆	〇	〇	〇	二	五	〇	〇	一	一	九
	因幡	〇	〇	〇	〇	五	〇	〇	一	三	九
（兵庫）	播磨	〇	一	一	〇	〇	〇	〇	〇	〇	二
（岡山）	備前	一	三	一	〇	八	〇	〇	〇	一	一四
	美作	一	〇	三	〇	二	二	〇	〇	三	一一
	備中	〇	〇	一	三	四	〇	一	〇	二	一一
（広島）	備後	一	〇	〇	〇	七	〇	一	〇	一	一〇
	安芸	〇	〇	〇	〇	一	〇	〇	〇	〇	一
備州		〇	〇	〇	二	〇	〇	〇	〇	〇	二
計（人数）		四	五	六	九	四二	三	六	四	二七	一〇六

門・中老などが遠国に配置され、藤沢氏の指摘したように「大風呂敷の遠心的傾向をもっている」とみてよかろう。遠国に基盤をおく所領配置のやり方は経久時代からで、経久はまだ占領していない他領を、国人に宛行っている事実がある。しかしこの方法は一歩攻略されると、尼子家臣団上層部は領地を失い、その存立を危うくすることになろう。

それならば、尼子氏の本国出雲はどのように防備されていたのであろうか。しばらく月山富田城の防御網に眼を転じてみよう。

月山の防禦網

ここに『月山城図』がある。広瀬町天野氏蔵『補正雲陽軍実記』に所載されているもので、この本の説明によると、「月山城の図絵、なに人のつくれる所かは知らず。ふとあるかたより之を得て、うつしおきぬ。図中十に八、九は証とするにたれり」とある。『月山城図』のほか、尼子滅亡ののち三百年近く経過した嘉永二年（一八四九）に写された富田城の絵図、その他、ほぼ同様の絵図が多く伝写されている。しかし、これらの絵図を証拠に、富田城を語ることは許されない。だが月山の麓、今日の富田川（飯梨川）にあたるところに、城下町を描いていることは、一応注目されなくてはならない。というのは、富田川はその昔、現在の広瀬町の地域を流れ、城下町は月山山麓に形成されていたから

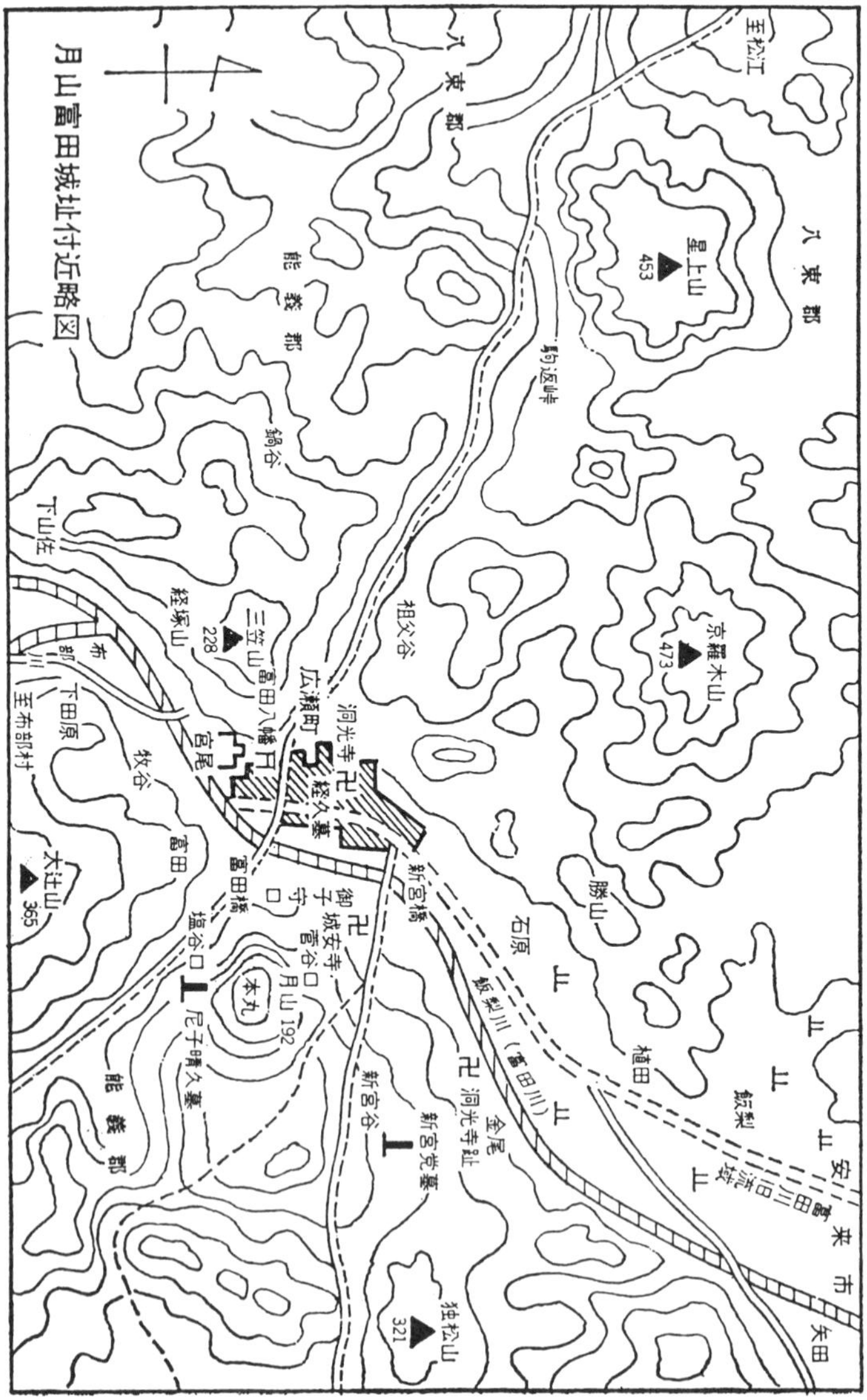
月山富田城址付近略図
至松江
八束郡
八束郡
星上山
453
能義郡
駒返峠
鍋谷
下山佐
経塚山
三笠山
228
祖父谷
京羅木山
473
布部川
下田原
至布部村
富田八幡
宮尾
広瀬町
洞光寺
経久墓
牧谷
富田
太辻山
365
富田橋
新宮橋
御子守口
城安寺
菅谷口
塩谷口
本丸
月山192
尼子晴久墓
勝山
石原
飯梨川（富田川）
植田
新宮谷
洞光寺趾
新宮党墓
金尾
能義郡
飯梨
富田川旧流域
安来市
矢田
独松山
321

である。それに、この絵図面のなかに「鉄炮町」の名がみえ、ちょうどその付近から、つまり今日の富田橋と新宮橋下流にかけての富田川の川底から、一大兵器工廠と思われる跡が発見されたからだ。

京都の陶芸研究家である霜降超運氏の中間報告によれば、尼子と毛利の永禄の合戦に際して灰燼に帰し、そのまま復興されないで川底に埋没されたものであろうという。はたしてそうであるなら、富田城の絵図によって、尼子時代の城下町の模様をある程度まで想像することができよう。

富田のこの『月山城図』は説明にも「唯、図のくはしからざるこそ遺憾なれ」とあるように、詳細は明らかでないが、他の富田城の絵図によると城下町は、南方福頼から北方赤江海岸に至り、実に十キロにわたるもので、尼子氏の勢力を如実に物語る。すでに尼子清定のとき、能義郡土一揆が富田城下の三日市で戦った事実があるから、城下に商人の姿を認めることができる。尼子氏の権力が大きくなるにつれて、その城下にも町らしい町がおいおい整備されたことは容易に推定できよう。しかしその全貌は、残念ながら不詳というほかない。

富田の城下町は、富田城防衛の一翼をになうものであるが、さらに富田本城および出雲に張りめぐされた月山防禦網について考えてみよう。

月山は三面山に囲まれ、一方だけが開けた独立山である。まず北方をみると富田川が中海に注ぎ、その流域は穀倉地帯をつくっている。東方を眺めると、日向丸・独松山《どくしょうざん》などの山々が渓谷をつくり、南方に目をやると、塩谷・牧谷をへだてて大辻山・蓮華峯寺山などがあり、経塚山・三笠山と対している。西方は最も防備を厳重にしたところで、西麓の城下町を経て、富田川が流れている。この富田川は富田城の外濠といえ、月山防衛の第一線であった。ここを越えると、経塚山・三笠山・駒返り（海抜三百七十六メートル）・京（経）羅木山・滝山（石原山・勝山）などが連なる。京羅木の南西に星上山（四百五十四メートル）があり、峰つづきとなっている。

月山に至る主要な道路は四本ある。その一は仁多郡亀嵩・能義郡比田・同郡布部中山を越える道、その二は大原郡大東の潮《うしお》から毛無峠を越え、能義郡山佐の高木を経る道、その三は八束郡岩坂から駒返りを越える道、その四は八束郡揖屋《いや》・意東から京羅木を越えるか、または高丸を経過する道である。そしてそれぞれ、亀嵩の玉峯城、潮の牛尾城、熊野の熊野城、意東の福良城があって、要路を扼していた。第四の道をさらに北方へ回ると、京羅木の裾野の野呂越えをする道があり、それから東へ行くと、富田川をさかのぼる水路で、赤江海岸の船倉屋敷に集められた雲・伯の兵粮米は、小船によって運搬されたという。月山の南方や東方は山々が幾重にも重なって、南西布部越えのほか大軍の通れる道はない。しかし尼子氏は稜線にそって、いわゆる「尼子道」を縦横に敷設していた。私は小学校のころ、独松山に登り、尼子道の話を幾度か聞いた思い出がある。ここらあたりが軍道のあったところ、あのあたりに間道があったという説明であったが、いまだ踏査していない。

富田城の防禦網を拡大すると、尼子十砦とか、尼子十旗といわれる城砦となって、出雲全土におよぶのはいうまでもない。

尼子十砦といわれるものは、富田本城と支城との連絡のための砦であるが、また月山防衛の重要拠点であったことも疑うことができない。それは、安来市十神山・安来市神庭横山・能義郡広瀬町（現安来市）祖父谷三笠山・安来市赤崎城山・能義郡伯太町《はくた》（現安来市）東母里亀遊山・能義郡赤屋十年畑高尾山・安来市飯生《いなり》高守山・能義郡広瀬町下石原勝山・能義郡広瀬町下田原蓮華峯寺山・能義郡伯太町安田関要害山であったということである。

次に富田本城の防禦網の外壁としての尼子十旗は、『雲陽軍実記』に、

惣じて、尼子旗下にて禄の第一は白鹿《しらが》なり。第二は三沢、第三は三刀屋、第四は赤穴、第五牛尾、第六高瀬、第七神西、第八熊野、第九真木、第十大西なり。これを出雲一国の十旗といふ。

とあるところから名づけられた。『軍実記』のいうように、出雲十旗というのがよいだろうが、世人は出雲といえば尼子の往時を想起するので、いつしか尼子十旗と称されるようになったのであろう。

第一の白鹿城は海抜二百四十メートルの白鹿山（松江市法吉町）にあり、松田氏の居城である。第二の三沢城は四百十八メートルの要害山（仁多郡奥出雲町）にあり、名族三沢氏の根拠である。三沢氏の八代遠江守為忠は横田庄高鍔山に藤ヵ瀬城を築き、十三代下野守為清は亀嵩の玉峯城の城主であった。第三の三刀屋城は百四十メートルの古城山（飯石郡三刀屋町）にあり、名門三刀屋氏（もと諏訪部氏）代々の拠点である。第四の赤穴城（瀬戸山城）は六百メートルの瀬戸山（飯石郡飯南町赤名）にあり、赤穴氏の根拠である。第五の牛尾城（三笠城）は三百十メートルの三笠山（雲南市）にあり、

牛尾氏の根拠地である。付近に高平山城があり、牛尾一族の居城である。第六の高瀬城は三百二十メートルの高瀬山（簸川郡斐川町庄原村学頭）にあり、尼子氏の穀倉地帯を扼し、米原氏が鎮していた。第七の神西城（竜王竹生城）は百一メートルの竜王山（出雲市）にあり、神西氏の本拠である。第八の熊野城（大石城）は二百八十メートルの要害山（松江市八雲村熊野）にあり、熊野氏の本城であり富田城への通路を扼している。第九の真木城は九百三十七メートルの矢筈山（仁多郡奥出雲町）にあり、経久にゆかりの深い真木氏の居城である。第十の大西城は百九十六メートルの高麻山《たかさ》（高佐山・鞍掛山、雲南市加茂町）にあり、大西氏の拠点であった。

かくて富田本城は尼子十旗を最前線に、尼子十砦を中継の拠点として、雄大な防御網を張りめぐらしていたのである。そして富田川を直接の防衛第一線に、城下町を第二線とし、第三線は月山の菅谷口から御子守口を経て塩谷口に至る地点に掘られた濠であった。

それにしても、宿敵大内氏が対明・対朝交易によって巨大な富を得たように、尼子氏にもその権力の基盤となった経済的要素を考える必要があろう。尼子氏は経済の基盤をどこにおいたのであろうか。

銀と鉄と交易と

「銀山に異変あれば、弓矢（合戦）もなるまじ」といわれた石見大森銀山は、『銀山旧記』によると、鎌倉時代の終わりごろから採取されたらしい。しかしこれは露出銀のことで、地下銀の採掘は、大永六年（一五二六）三月、博多の豪商茶人神谷宗湛の祖・神谷寿禎によってはじめられた。

この大永六年ごろの銀山は、大内義興の所領で、銀山北西の山吹城（銀山城）で守護し、享禄元年（一五二八）から南西に矢滝城を築いてその守りを固めた。享禄四年になって、尼子氏に属する川本温湯城主小笠原長隆が銀山を奪取し、盛んに採掘したことは前述のとおりである。そののち天文二年（一五三三）大内義隆は銀山を奪回し、部将吉田興種・飯田興秀に命じて銀山を守護させ、毎年銀百枚を納入させた。

ちょうどその年、神谷寿禎は、明や朝鮮のすぐれた技術を身につけた宗丹・慶寿（桂寿とも）を伴って銀山にはいり、現地で銀を採ることを可能にした。この精錬法は灰吹法といわれ、銀鉱と鉛を吹きあわせて不純物をとり、灰をつめた炉上に吹きあわされた銀と鉛をおいて、熱を加え、鉛をとかし、銀を灰上に残す方法である。

こうなると銀山には多くの人びとが来往する。『大内義隆記』に「都督（義隆）在世の間より、石見の国大田の郡には、銀山の出来《しゆつたい》つつ、宝の山となりければ、異朝よりは是を聞き、唐土（明国）・天竺（印度）・高麗（朝鮮）の船を数々渡しつつ」とみえ、また『銀山記』によると、天文のはじめ、銀山七谷に一万三千戸が出現し、長崎から明人もやってきて、唐人屋敷・唐人橋などの名を残したということである。

かくて、大森銀山は、尼子・大内争奪の的となっていく。天文六年（一五三七）八月、尼子詮久は銀山を攻めてこれを奪回し、同八年五月、今度は大内義隆が再び奪い返した。するとその翌天文九年九月、尼子一味の小笠原長隆がこれを回復し、銀山の争奪戦はめまぐるしく展開された。それもそのはず、灰吹の精錬法になってから、銀の産出額は年々急激に上昇していたからである。その具体的数字は明らかでないが、義隆が天文八年に奪回したときには、毎年五百枚を納入するように指令しており、これは六年前の運上額の五倍になっているのである。そののち永禄五年（一五六二）以降毎年銀五千枚を毛利氏が受け取り、毛利の中国制覇の経済的基盤となった。

大森銀山が銀採掘の上から重要性をましたのは尼子経久の晩年で、晴久（詮久）やその子義久の時代ならともかく、銀を経久の権力の主要な経済的基礎と考えることは少々無理のようである。とすると、これは他の方面から考察しなくてはならない。

月山山麓を流れる富田川（飯梨川）の中流流域に育った私は、幼いころ川の砂を手にすくい、多くの黒々と光るものを異様な眼でみた思い出がある。この黒光りの鉱物が、砂鉄であったことはいうまでもない。

古く平安初期、諸国から中央京都に上納すべき鉄の量の規定に、出雲は千二百廷、伯耆は六百六廷、備中は二百九十廷、備後は二百五十廷と定められ、その他の国には鉄のことはみえない。戦国時代になって尼子経久は、右の四ヵ国を勢力範囲としていたから、経久の経済的基盤に、鉄の利用を見のがすことは許されないだろう。

備中の千屋《ちや》（新見市）は鍛冶の原料として、良質の鉄を産出したが、永正十四年（一五一七）以降ここは尼子氏の勢力範囲であった。それに出雲では能義郡・仁多郡などの山地が、鉄の原産地として知られていた。富田川上流の比田に金屋子《かなやご》神社がある。私が小学生のころの校長は安倍正法先生で、金屋子神社の神主であり、私の生家に泊っておられた。この神社こそ、金屋、つまり鉄師たちの本社である。比田から下ってくると布部に至る。布部村の山腹には、野たたらといわれる竪穴式熔鉱炉の遺跡が多く残存している。木炭火による熔解法によってつくられた不純物の少ない玉鋼《たまはがね》は日本刀に最適である。霜降超運氏は月山山麓の富田川底に発見の遺構を、尼子時代のものとされ、製鉄の技術もたたらの技法に類するものであろうとされているから、これを信ずれば、布部山腹の製鉄も、尼子時代からのものであったことになる。

鎌倉時代のはじめに高実（高貞とも）という刀工があらわれ、室町時代十四世紀中ごろには、備前系に属した則包（雲上）があり、この子の永則（道永）は八束郡岩坂村駒返りに作業場をもち、鍛工として名高く、以後この系統が栄えた。また布部地方には鋳物を専業とする家があり、すでに宝徳年中（一四四九―五一）百九名の鋳物師がいたことは、天正四年（一五七六）八月制定の『鋳物師職座法之掟』に明証がある。したがって尼子権力の土台に、こうした鉄が大きく浮かび上がってくるのである。

仁多郡に目を転ずると、横田町の鉄は三沢氏勢力の土台といえた。この鉄は斐伊川を下り、日御碕の宇竜浦（港）から北国船・因州船・但州船および唐船によって内外に積み出された。尼子氏は美保関の代官職をもって船役を徴収したが、宇竜港の船役（勘過料・帆別銭・駄別銭）徴収権もまた握っていた。その具体的事情は明らかでないが、永禄四年（一五六一）十月および永禄六年五月の『日御碕神社文書』に「付、といの事」とか「付、北国船問職之事」とあるから、問屋職、つまり問屋支配職を通じてのものであったろうと思われる。宇竜港は晴久時代の天文十二年七月、新寄進として日御碕社に寄進したものの、義久時代の永禄六年五月まで、尼子氏は船役徴収の権利をもっていた。この事実から、尼子氏が日御碕に船役その他の諸役を寄進する事態になったとき、それは尼子の滅亡に連なるものであって、その権力の土台に、宇竜港の船役があったことを認めることができよう。

北国船は鉄を積む場合、一駄について、いくらかの駄別銭を支払っていた。その累計がいくらになるか知る由もないが、後年（慶長十六年）千鳥城（松江城）が成って、藩主堀尾氏以下富田城から移転したとき、斐伊川上流地方の製鉄業禁止の厳命を下したため、仁多・飯石地方の庶民が生業を失い、諸税の上納も不可能となったというから、相当の額にのぼったものと思われる。

ところで、出雲鉄が唐船によって積み出された、と書いたが、これは『日御碕神社文書』永禄四年十月および同六年五月、義久が日御碕に出した条書のなかにみえて、明白である。すなわち唐船入港のとき、神主の小野氏から尼子氏に報じ、尼子の奉行衆が宇竜に出張して、小野氏と相談の結果、その課役を定めるというのである。尼子家重宝のなかに、茶入・茶碗・香炉・香合、その他の唐物あるいは高麗物が残されているが、あるいは対朝交易によってえたものかも知れない。特に尼子天目茶碗は後世有名になった逸品である。既述の富田川底の遺跡のなかから、元・明当時の油天目・酸化青磁の茶碗のかけらなどが発見されている事実は、ますます尼子氏の対朝交易を裏書するものであろう。また広瀬町秦家秘蔵の須恵器香炉は、月山にある秦氏の所有地から出土したもので、土質は月山の瓦と同じく高麗紋がついていて、唐人（朝鮮人カ）が月山の瓦を焼いたという伝承（唐人谷という地名が広瀬町に残る）を実証するものであろう。

さらに『石見軍談』によると、永禄十二年尼子勝久・山中幸盛らの出雲入国のため、毛利氏が筑前立花城包囲中の米原綱寛を出雲に帰国させようとし、綱寛が石見まで帰ったことを記して、「折しも浜田の浦に唐船（朝鮮カ）入津すと聞きて、この地四、五日滞留し、珍器など買求め、悠然として」いたとみえている。恐らく事実であったろう。十五世紀前半の『世宗実録』にも、石見の周布氏の対朝交易のことがみえ、十五世紀後半の『海東諸国記』にも、石見の益田・周布・土屋・三住（三隅）ら諸氏の名があり、また出雲守護京極持清・多賀高忠・隠岐守護代佐々木栄熈・隠岐太守源秀吉の名がみえ、さらに出雲では美保関を中心に、郷盛政・松田公順・留関（美保関カ）藤原義忠が交易に従事したことは既述のとおりである。

このように出雲・隠岐・石見の国人が対朝交易を行ったことは明らかである。それに彼らの交易は尼子時代より早いし、義久のときの対朝交易は確かであるから、経久が交易を行わなかったということはいえない。直接の史料はないし、朝鮮側の動向を考えなくてはならないが、経久・晴久（詮久）の対朝交易は、一応承認してよろしいものと考えられる。そしてこれは、尼子氏の経済基盤の一翼になっていたとみてよかろうと思うのである。

尼子家臣団の所領、月山防禦網、経済的基盤を考えてきた小著は、尼子氏の国内政策について述べる順序になった。

社寺対策

出雲は神国である。今日出雲路を行く人は、至るところで、小さな森に鎮まる神社をみるに違いない。それほど、出雲と神様とはきってもきれない関連がある。したがって出雲統治の場合、神社対策をおろそかにしては成功しないのである。尼子氏もまた対神社政策に強い関心をもった。

康正二年（一四五六）、出雲大社と日御碕神社との境界争いが生じ、当時出雲守護の京極氏は、守護代尼子清定に命じて善処を指令したことは既述のとおりである。しかし大社国造家の権力は強く、一片の下知に従わなかったから、文明四年（一四七二）に幕府は、尼子氏をはじめ出雲の国人に対し、武力に訴えて大社側の押領地を御碕に渡すように厳命し、ここに守護代尼子氏の実力発揮のときが到来した。だが時流は大乱のさなかで、出雲も動乱にまきこまれ、その後の経過は明らかにされない。永正七年（一五一〇）四月になって、尼子氏の社寺奉行亀井秀綱は、経久の命を受けて、両者の領域紛争を裁決し、境界の松の木に尼子の制札をかかげ、ようやく一件は落着した。

この永正七年は、尼子氏の神社対策の上で一時期を画する年であった。すなわち、六月十日、長年の懸案であった日御碕神社の遷宮式を挙行し、ついで二十四日、出雲大社の正殿立柱を行った。経久が両者に対して、どのように気を配っていたかが察せられよう。

尼子氏と日御碕神社との関係は深く、そののち大永四年（一五二四）四月、経久は幕命を奉じ、亀井秀綱を奉行として、日御碕神社の修造に尽力した。このときの費用は、出雲全土・伯耆三郡（汗入・日野・相見）・石見三郡（邇摩・安濃・邑智）の棟別銭（家一棟につき何文と賦課される課税）、隠岐全土に棟別として材木を課している。文書には棟別銭免除とみえるが、神社造営の費用にあてるためであろう。造営は順調にすすめられ、二年後の大永六年十月に遷宮を執行した。

もともと戦国武将の多くは神仏にすがったが、尼子氏も経久一代の急速な発展のため、旧勢力に妥協し、社寺勢力を温存する必要があったのであろう。盛んに日御碕へ社領を寄進した。塩冶興久が神田一町を寄進したのは永正十五年のことであり、大永三年に経久も、石州那賀郡のうち波志（波子）浦を寄進したし、天文二年には伯耆会見郡の山名氏旧領福田保・犬田村のうち五十俵地利を寄進した。次代の晴久も、また義久も社領の安堵・寄進につとめ、尼子時代を通じて四千二百三十余石の社領であった。これは出雲大社領五浦を除いた十二郷の石高五千五百七十石弱と比較して、千三百三十余石少ないが、日御碕はこのほか宇竜浦の舟役収入などがあったから、ほぼ大社と同じ位であった（『島根県史』八）。

このことは尼子氏の日御碕神社崇敬の深さを物語るものであり、日御碕もこれにこたえ、尼子氏のために活躍した。しかしなお、尼子氏の勢力の弱体化を意味するものでもあった。安堵・寄進がなくては、押し寄せる山陽毛利氏に、日御碕が一味する恐れがあったからである。

尼子氏は出雲大社に対しては婚姻政策をとった。つまり『佐々木系図』によると、経久の長女は千家国造の妻であり、『出雲国造家文書』（北島家）によれば、経久の女が北島国造の雅孝の妻になっている。神国出雲では大社の勢力を見のがすわけにはいかないのである。経久の国造家対策は当を得たものと評してよかろう。

出雲大社懐柔の最良の方法は、社殿の造営でなくてはならない。経久は心得たもので、永正五年（一五〇八）自ら願主となって、大社の造営に着手した。翌永正六年三月、藤懸惟宗・多胡《たご》悉休入道（宗右兵衛門尉忠重）の二名を造営奉行に任命し、越えて永正七年九月二十三日、経久も社参している。同十六年三月、亀井秀綱・多胡悉休を奉行として、棟上げを行い、四月二十八日、遷宮を行ったのである。この経久の大社造営の過程は、尼子氏の勢力拡大と正比例をしているといえよう。今回の造営のとき、先年焼失した拝殿も完成した。この拝殿は日御碕神社の拝殿と同様のもので、天台宗の護摩堂形式をとり、寺僧修法のために建てられたといっても過言ではない（『鰐淵寺文書の研究』）。

かくて、経久の心のうちに両部習合の神仏合一思想のあったことがうかがわれる。早く南北朝時代に、尼子氏の本拠富田庄塩谷《しおたに》に、明星客院という寺があった。塩冶氏や京極氏の祈願寺であったが、経久も明星客院の僧を祈禱師と仰いで、尊信ことのほか篤く、その僧のすすめで、大永元年大日堂、同七年三重塔、天文六年輪蔵を大社内に建立した。この間の事情は『雲陽誌』にもみえるが、『懐橘談』の次の記事がより明瞭にしてくれる。

近き比、国造雅孝が記に言ふ。明星客院といへる沙門は、先の国守尼子伊予守経久が祈禱師なりしが、両部習合の神道を経久に勧め、多胡悉休を奉行とし、大永四年大日堂を建立し、同四月二十八日供養を遂げをはんぬ。大永七年六月十五日に三重塔成風の功をはりて、多賀新左衛門これを監す。天文六年六月九日輪蔵建立して、摂津兵庫より一切経を買下し、これを納む。目賀田与四郎これを監す。

恐らく経久は、出雲一国の信仰の中心杵築大社の神仏習合化をすすめ、統治上の思想としようとしたものであったろう。

晴久も大社の収攬につとめ、天文十三年（一五四四）に伯耆の地を寄進し、同十五年仮宮遷宮を行い、同十九年遷宮を執行した。また同二十四年（弘治元）になって、国内の動乱や大内・山名両氏の侵攻を打ち破ったのは、ひとえに大社の神慮によるとして、出雲で二百貫の地を寄進した。

晴久の大社対策で、特に注目されるのは、天文二十一年に大社の掟を定め、永禄元年（一五五八）六月、これに追加し、二十五条から成る長文の法度条々を下したことである。この掟は大社内外の秩序を保つ方法で、国造に月別の制があるから、千家方の月に社参したものが、北島家来に止宿しても苦しくないこと、一対一から多数対多数の喧嘩口論の場合、社内へ牛馬を入れた場合、火事を出した場合、大社周辺で殺生を行った場合などに、それらの人から科銭《とが》を徴収すること、敵討ちのことなどを規定したものである。またその年に社参した人の員数を、翌年の正月に使者を富田城へ派遣して報告するのは礼儀として当然であるとも定めている。

右の掟から、当時の出雲大社門前の賑やかさを想像することができよう。だが尼子氏の政治権力が、宗教的権威を屈服させている姿もまた認めざるをえないのである。

尼子氏の神社対策の次に、その寺院政策を問題にする必要があろう。出雲の寺院のなかで、何をさしおいても語らねばならないのは、浮浪山鰐淵寺でなければならない。鰐淵寺については、曽根研三氏の『鰐淵寺文書の研究』によって、その様相をうかがうことができる。

代々の出雲守護が、鰐淵寺対策に心を用いたことは、関係の項で触れてきたが、尼子経久も永正六年（一五〇九）十月、鰐淵寺興隆のため、三ヵ条の掟書を下した。

一、寺塔の建立を怠ってはならない。

一、一山衆議に論争のあったときは、経久が処断する。

一、寺院分の百姓の子を、先規の如く衆徒にしてはならない。また当座住山する者は、寺内地下の諸畑を耕してはならない。

というのである。出雲第一の古刹鰐淵寺は、出雲大社の別当寺として栄えたが、応仁以降経済的にゆきづまり、山内諸坊も転々とし、山外の者も一時的に山内にはいり、田畑の下地《したじ》を譲与され、また買得した。このような状態は山内の紛争へと進展し、その解決を尼子氏に依頼したのであろう。さっそく経久は右のように裁決した。尼子氏の権力は山内にはいりこんだのである。

こうした経久の一山安定策は、また紛争を呼んだらしい。そこで永正十五年十一月、経久は再び鰐淵寺に対して、評定衆を定める場合には、老僧衆が相談し、当寺興隆を第一と考え、老若によらず、然るべき人を選ぶこと、寺内の納所諸役を無沙汰する者の下地は、惣山として取りはからい、堂舎を興隆すること、公物を失い勤行を退転し、依怙贔屓する輩に、所領などの裁判をさせてはならないことの三条を指令した。この掟から経久が人材登用に心がけていたことが察知されよう。

晴久は多くの寺領を回復し、天文十二年（一五四三）三月には、鰐淵寺造営のために三ヵ条の掟（禁制）を定め、ついで六月に鰐淵寺寺領書立（掟書）を制定した。この書立は、尼子氏の奉行立原幸隆・多胡辰敬・亀井国綱が奉じ、晴久の署名証判を得ている。全文七ヵ条から成り、寺領に対しての尼子氏の課役が明らかにされ、貴重史料となっている。これによると、直江郷・国富庄から陣夫（各十人）を出させ、また両者へ二度の河除《かわよけ》の公役を課している。河除を斐伊川の改修とすれば、尼子氏も治水事業に努力したことが推定される。

直江郷・国富庄は永正五年十一月の経久書状によれば、その名主職に経久の被官人が任じられていた。ところが、塩冶興久謀叛のとき、興久に味方したため、闕所になった。そこで、天文十二年六月、晴久は名主職のうち少々返付し、修理勤行の資にあてた。尼子国久もまた名主職寄進の旨を伝えている。明らかに尼子氏の鰐淵寺懐柔策で、寺領統治の権力から尼子氏の勢力を推し量ることのできる一例といえよう。

経久は鰐淵寺のほか、京極政経の眠る安国寺にも寺領を還付し、また雲樹寺から六俵地利を買得したかわりに、八俵半地利を寄進したりして、寺院に対する崇敬の念の篤かった様子を推察することができる。

次に尼子氏の寺院対策で忘れられない一大事件に注意しよう。天文・弘治年間に生じた鰐淵寺と安来市清水寺との座次についての相論である。事件の発端は天文六年に清水寺が、後奈良天皇の綸旨を根拠に、経久発願の法華経千部読誦の法席に、左座を占めることによって生じた。ところは富田城中のこととて、両寺にとって権威にかかわる重大問題であったのである。その後の経過の年譜をたどってみよう。

天文十四年　法華経千部読誦のとき、一時の方便として、清水寺を左の後座、鰐淵寺を右の後座とする。

天文十九年　三万部読誦を三回にわたって行った。座次は十四年のときと同じカ。
天文二十年　鰐淵寺炎上、論争不利となる。
天文二十三年　清水寺を左座とする綸旨下る。
天文二十四年（弘治元）五月　鰐淵寺を左座とする綸旨下る。
天文二十四年六月　清水寺を左座とする綸旨下る。
弘治二年十一月　鰐淵寺を左座とする綸旨下る。

この間、晴久は清水寺が鰐淵寺に匹敵する古刹であり、地理上からも富田城に近かった関係からであろうか、強く庇護を加えた。一方の鰐淵寺は国主に年頭の礼をしないという気位があり、晴久頼るに足らずとして、中央における時の権力者、三好長慶や松永久秀を動かして、最後の勝利を収めたのであった。

出雲の古刹鰐淵寺・同清水寺法座の相論は、経久の死によって深刻化し、晴久は両寺の問答にまかせるほどに手を焼き、尼子氏はついに鰐淵寺から見放され、さらに敵視されるに至るのであった。

ではここらあたりで、人間経久についてみよう。尼子氏の権力・領国支配の土台に、経久の豊かな人間味を忘れることができないからである。

無欲の人

尼子伊予守経久は雲州の国主として、武勇人にすぐれ、万卒身にしたがって不足なく、家門の栄耀天下にならびなき人にこそありける。

これは経久没後およそ十年ほどたった天文二十一年に、ある公家によって著作されたと推定される『塵塚物語《ちりづかものがたり》』の「尼子伊予守無欲の事」の条の書出しである。たしかに武勇にすぐれていたことは認められようが、この物語のなかには、さらに人間経久を知るうえにまことに貴重な逸話を載せている。少し長いが要所を引用しよう。

この経久は天性無欲正直の人にて、牢人を扶助し、民と共に苦楽を一にし、事にふれて困窮人を救はれける間、これにより、彼の門下に首をふせ、渇仰《かつごう》する者多し。斉（中国古代の国）の孟嘗君が食客三千の昔も、今雲州に再興せるか、と人みな賞しほめあへり。

去る永正八年船岡山の一乱の後、京城（京都のこと）しばらく静るといへども、国々・在々・郡々は私の武欲によって、干戈しばらくもやむことなし。この時、経久は雲州の居城にこれあり、先ず暫く休息活計せられけるとなん。

さて、この経久、親族の大名にてもあれ、また出入拝趨の侍にてもあれ、常にとぶらひくる人ごとに、四方山の雑談にして後、所持の物をほむれば、則ちその身もよろこびて、「さほどいとしく称美のうへは、貴方へつかはす」など云ひて、墨跡・衣服・太刀・刀・馬・鞍などにいたるまで、即時にその人におくられけるとなん。これによりて、経久の風をしれる人、重ねてとぶらふ折からは、何にても所持の道具をみせらるれども、人〳〵斟酌して誉《ほめ》もせず、目にふるゝばかりにてやみけるとなん。年〳〵の暮れごとに、所持の衣服をぬいで、家来のものにとらせ、わが身はうす綿の小袖一つを着て、五、三日をすごされども、寒気面貌へもあらはれず、手足もこごえるさまなし。あたかも、暮春煖気の人相をみるがごとし、といへり。

あるとき、出入の某といふものとぶらひ来て、気嫌うかがひ、物語りせるに、折ふしその前の庭に大きなる松あり、枝のふりやうわざとならずして、景気すぐれて見事なりければ、彼の出入のものも、経久平生のふるまひはよくしれども、さればとて、樹木までほめぬも座体《ざてい》さながら無骨なりとおもひて、「さてさて、御家の古松木立、えならずおもしろく一覧仕り候。この木はそもいづかたより、誰がし殿の御進上にて候ぞや。また昔より御庭におのづから生じたる松にて御ざ候や。かやうのめづらしき松は、いまだ見申さず。御秘蔵あそばされ候べし」といひて帰りけり。その翌日、（経久は）家来にいひつけてこの木をよくほらせ、人夫をあつめて、「才覚をめぐらし、そこなはぬやうにして、昨日来たりし某が方へつかはすべし」といひつけて、内へ入られければ、家の子、「かしこまりて候」とて、くだんの松をほらせ、車に載せんとすれども、すぐれたる大松なれば、車にも積みやすからず。長さは十間余りとある木なれば、通路狭くして、枝はびこりたれば、只めいわくするのみにて、とほうを失ひて、また経久にかくと申し上げれば、経久「その事ならん、その義ならば是非なし、その松をこまかに切ってつかはすべし」とて、つゐにこの木を切りくだき、牛ぐるまに積ませて、のこらず送り侍となん。ふしぎといふもおろか（形容できない）なる人なり、とぞ。

このことを細川某が伝え聞いて、経久の行動に感じたという。『塵塚物語』は尼子の名字のおこりについて、塩冶高貞が自害ののち、その三歳の子を法師にして、尼の弟子として養育し、成人ののち還俗し、師名を尊んで、名字を尼子と名のったといい、とうてい信じられない説を載せているが、右の話から人間経久を彷彿させることはできるだろう。これに関連して思い起こされるのは『雲陽軍実記』にみえる記事である。

経久公は若年より、所々に流浪遍歴して、世の憂さ難面《つら》さを身に染め、艱難辛苦を重ね給ふゆゑ、仁心厚く、柴かる賤《しず》の男《お》、藻を苅る海士《あま》までも不憫を加へ、児女童をも親しみ馴《なれ》しむる人傑なり。さるに依て、常々は飢たるには食を与へ、凍えたるには服を賜はりける程なれば、況《まし》て君の為に命を的にする軍士は（申すに及ばず）雑兵に至るまで、手負は疵を吸ひ、医薬を与へ、討死すれば、その子孫を寵愛し、職禄を増し、追善誦経《しょうきょう》まで心をつけ給ふゆゑ、万人信を通じ徳を慕ひ、武士たらんものは経久公の命に代らん事を本意とす。

また『陰徳太平記』は経久を評して、「智勇全備するのみならず、吾が身露宿風餐《ふうさん》の艱難辛苦を経て後、数国の大将と成りたる人なれば、諸士百姓等に至るまで、それぞれに応じて身の上の苦衷をよく考へ知られたる故、民を使ふに時を以てし、臣を見るに礼を以てし、賢を尊ぶに爵を以てし、士を招くに禄を以てするの道を行はれけるによりて、勇士謀臣風を望み、招かざるに来り、よばざるに集りぬ」と述べている。また経久没後、二百年を経たものであるが、洞春寺永明の『月叟省心大居士（経久）画像賛幷《ならびに》序』をみると、そこには経久が、信と礼を尽くして士卒に対したため「上下交和」し、老幼も安心して生活したことの賛語をみるのである。

こうした一視同仁の人間愛の心が、経久の胸奥に流れていたことは、ひとまず認めてよろしいであろう。文明十八年元旦、鉢屋を誘って富田城を奪回し、その功績を認めて、彼らを優遇したと思われることや、かの鰐淵寺の掟書のなかに、評定衆は老僧衆の話合いで、老若によらず興隆を本として、諸事然るべき人を定めよ、といい、また依怙贔屓する輩が、所領などの裁判をすることはよろしくない、ときめつけているところから、いよいよ経久の人物を推察することができるのである。

とはいっても、ここに不可解な難問が横たわる。毛利元就の側近、児玉就忠、桂元忠が、尼子の老臣漆谷にあて、経久の心に表裏があり、元就に対して「曲なき（すげない）子細」が多かったため、元就が大内義興へ身を「なげつけ」たことを報じた書状の一節である。

近年雲州（経久）より、中国の諸侍之御馳走などは候はで、述懐（愚痴をいうこと）を得らるる取扱ひ候て候つる。当時元就は、各え懇を申さるる様は過分に存ぜられ候様に行はれ候。然る間、一味中毛頭別儀なく候。元就仕り候ごとくに、雲州に（も）させられ候はば、中国の儀は申すに及ばず、九州・天下までも御下知に随ふべきものをと存候。

毛利元就は分国の諸将に対して、過分に思われるほど懇ろに扱ったため、謀叛を起こすものがいない。だから元就の行っているように、尼子経久も諸将に対して、情をかけたならば、中国や九州はいうまでもなく、全国を制覇することもできるであろう、というのである。しかしこれは、毛利が尼子を離れて大内に一味する口実であって、おれが悪いのではない、経久が悪いからだ、という自己弁護にもとれる。毛利氏が、尼子氏を離れた決定的要因は、三坂圭治氏がその著『毛利元就』で指摘されているように、芸・備諸将の動向であった。経久が分国の諸将を懇ろに取り扱ったことは疑うことができない。かの安芸賀茂郡西条鏡山城を陥れると、経久は平賀尾張守弘保が現形《げぎょう》（蜂起）して味方になったことを喜んで、六百十六貫五十文の地を宛行っている事実があるからである。

かくて尼子氏の権力の土台に、経久個体の人格があり、この人格によって、分国が統合されていたものと考えられる。しかしそれだけに、もし万一経久個体が死滅することになれば、分国の統一もまた消滅し、ひいては尼子氏の滅亡に連なることになるのではあるまいか。これほど重大問題を、若き尼子の当主詮久（晴久）に読みきることができれば幸いである。

尼子晴久（詮久）

安芸遠征

天文六年尼子氏を継承してからの詮久（晴久）は、祖父経久の志をつぎ、上洛して覇を天下にとなえようとする。

尼子勢は、天文七年播磨にはいり、同国守護赤松政村を追い、八年十月、英賀《あが》城（姫路市）を略し、また政村を助けて備中に進出した阿波守護細川持隆の兵を撃破した。その十一月、反撃を企図して、播磨入国の晴政（政村）を再び追放し、晴政は摂津滝山から和泉堺にのがれた。

すでに伯耆・因幡・但馬の名族山名一族に昔日の勢いはなく、いままた美作・備前・播磨の旧族赤松氏の権威も地に落ち、東部中国の諸豪全く色を失い、尼子詮久が天下の覇権を握る日は目前に迫った。しかし大内義隆を背景とする毛利の勢力には侮りがたいものがあったから、詮久は、安芸・備後を制圧し、背後のしまつをつけてから東上しようと考えるに至った。

尼子詮久は天文八年、一族・重臣を会し、毛利の根拠吉田郡山城攻撃の可否について、軍評定を重

ねた。大勢が安芸遠征、毛利討伐に傾いたとき、大叔父下野守久幸は、

この段然るべからず、その子細は、元就の城などを、晴久已下の類として拉《ひし》ぐべきこと思ひ寄られざる儀なり。名大将へ取りかかり、おくれを取り、後代までの名折れに候間、思ひ留まり給ふべ（し）。

と、しきりに諫めるのであった（『桂岌円覚書』）。『吉田物語』も久幸諫止のことを述べ、さらに経久がこれを聞いて、「我等老耄の儀なれば、若き人々の心にはいなみ給ふべけれども、野州（久幸）の申さるるところ、我等においても最も存じ候。まず備後・石見両国を随へ国衆の人質を取り堅め、その後よく慮りて、吉田へ出張然るべし」と言ったと書いている。そして『陰徳太平記』は、意見を聞かれた経久が、毛利討伐を「今少し延引して、計策を先きにし、攻戦を後にし」漸進策をとるように返答したと記録する。『雲陽軍実記』になると、もっと劇的である。すなわち、久幸の反対意見を聞いた経久は、病床の苦しい枕をあげて、

義勝（久幸）の軍配、わが心によく叶へり。小勢なりとて、元就を侮ることなかれ。われすでに今おはりに近ければ、なからん跡にては下野守をわれと思ひ、軍事政道もかれが諫言を以て分国を治めよ。しかし、かれも老年なれば、また新宮の国久を後見とすべし。……行く末までも新宮の党を軍事に備へ、一家和合して親しみ篤くんば、国々の幕下背くことあるまじ。……家の亡ぶべきは、一族の和不和にあり、よくよくこの旨を存じ、親類をいたはり、尊敬して、わがままの

驕奢を慎むべし。

と、庭訓をたれたという。まるで尼子の将来をみとおしている書きようである。事実はどうか。このとき経久は八十二歳という高齢で、あまり軍議に参加しなかったとすべきであろう。

当年二十六歳の詮久の血は、老巧な久幸の諫言もうけつけず、「臆病野州」としてしりぞけてしまった。そして軍議は、毛利の勢いが強大にならないうちに早く討ったがよかろう、ということに決定し、明九年の秋を期して、元就討滅のため出陣することになった。

その天文九年（一五四〇）になった。これよりさき安芸から兵を引いて、北九州の経略に着手し重臣陶興房を渡海させていた大内義隆は、興房が天文五年九月、少弐氏のこもる多久城（佐賀県多久市）を落とし、資元を自刃させ、征戦前後六年数ヵ月、北九州経略が一段落をとげたので、鉾先を東に転じ、本年（天文九年）正月安芸の尼子勢征討のために防府に出陣し、三月岩国に向かい、尼子の南下に備えようとした。

大内義隆の出陣を知って尼子詮久はあせった。そこで尼子国久に命じて郡山城の動きを探らせようとした。国久が一党三千余をひきつれて、新宮谷を進発したのは天文九年六月下旬のことであった。新宮党は八東郡熊野から斐伊川を渡って飯石郡にはいり、三刀屋・掛合《かけあい》・頓原《とんばら》・赤穴（赤名）を経て、幸い三吉隆信が尼子に味方していたので、備後三次《みよし》にいたり、ここで全軍を集結し、隆信の家臣中村慶久の守る志和地八幡山城に進出した。ここから江川上流の可愛川《えのかわ》を越えて、高田郡甲立にいたり、

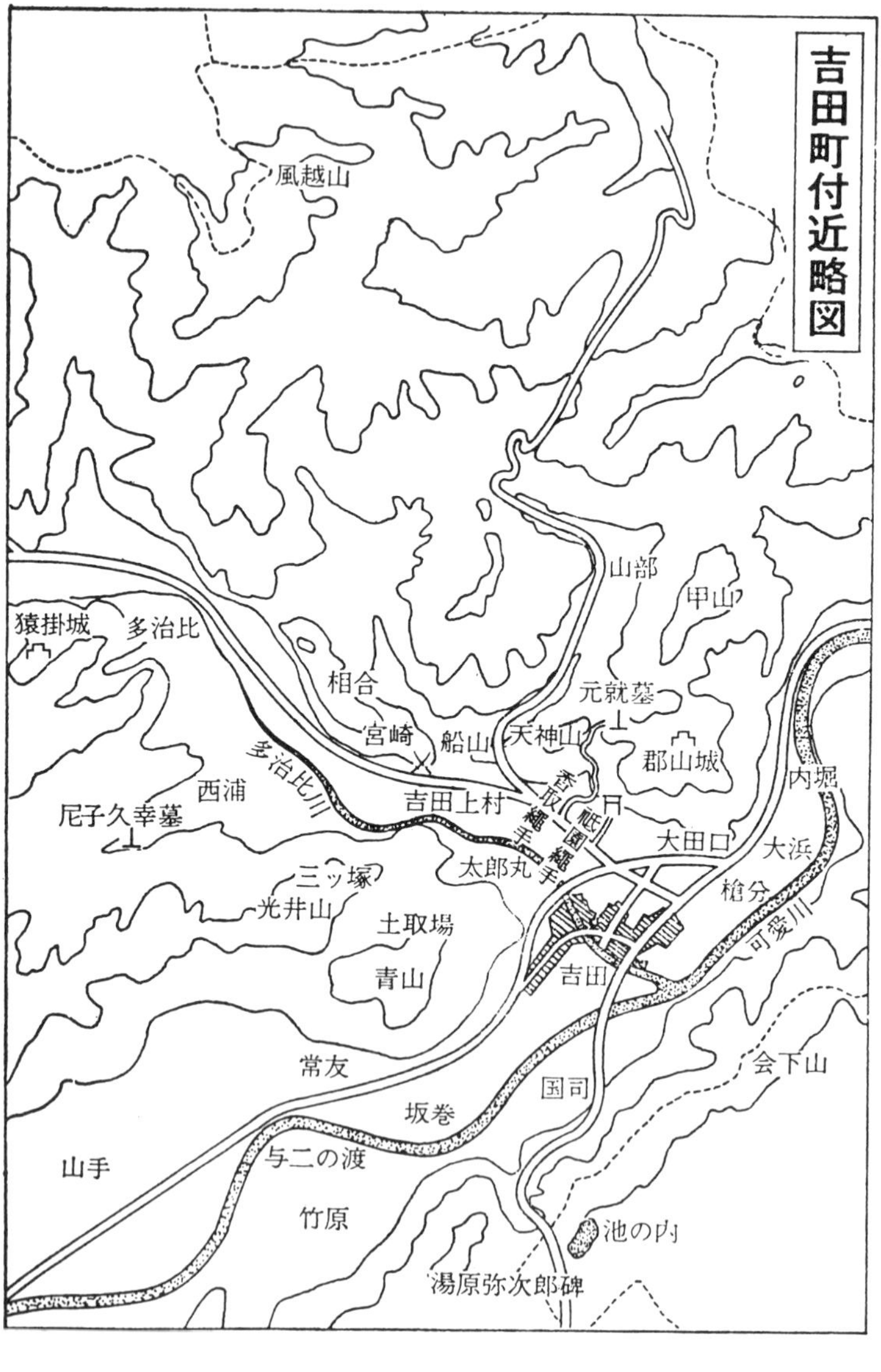
吉田町付近略図
風越山
山部
甲山
猿掛城
多治比
相合
元就墓
宮崎
船山
天神山
郡山城
多治比川
西浦
吉田上村
内堀
尼子久幸墓
大田口
大浜
三ッ塚
太郎丸
槍分
光井山
土取場
吉田
可愛川
青山
常友
会下山
国司
坂巻
山手
与二の渡
竹原
池の内
湯原弥次郎碑

郡山城を背後から襲撃しようというのだ。

八幡山城から南西四キロの地点に祝山城（岩屋城とも）があり、甲立五竜城主宍戸元源の弟、深瀬隆兼が守備し、所々に柵をつくり、濠を深くして尼子軍の来襲を待った。尼子軍は祝山城への道を急ぎ、犬飼平《いぬかいのひら》の切所を通過し、可愛川の東岸を上り、祝山城麓石見堂の渡り口へ押し寄せ、渡河しようとしたが、水が深くて渡れない。隆兼は全軍に出動を命じ、可愛川をへだてて散々に防戦する。五竜城から元源父子が馳せ参じたころ、尼子軍の背後の犬飼平の伏兵が一度に起こって弩弓《どきゅう》を射、大木・巨石を投下した。はかられたと知って新宮党は八幡山に退き、ついで富田へ帰陣し、備後路からの郡山攻略の困難さを説いた。

こうして八月下旬（十日とも）尼子民部少輔詮久は、自ら総師となって月山富田城麓に馬上の人となった。従う者は尼子下野守久幸・尼子紀伊守国久・その嫡子式部少輔誠久・二男兵部少輔豊久・三男左衛門大夫敬久・誠久の嫡男氏久らの一門衆をはじめ、家老の面々残らず、その兵は出雲・伯耆・因幡・美作・備中・石見六州の兵あわせておよそ三万、尼子の全勢力を結集したかの観がある。

尼子三万の大軍は、飯石郡赤穴を経て石見路を進んだ。邑智郡都賀・口羽を経て安芸にはいり、高田郡河根・河井の渡を通過し、九月四日、多治比の風越山《かざこし》に本営をすえた。風越山の南東およそ四キロの地点にある敵の拠点、郡山城は眼下にみえる。

いよいよ尼子と大内一味の毛利との決戦の時機が到来した。寄せ手は気鋭の青年武将尼子詮久のひきいる三万の大軍、吉田郡山城を守るは四十四歳の智将毛利元就を総帥とし、二千四百余の精兵をあわせて総数およそ八千人である。

尼子軍は九月五日、吉田上村に打って出て、火を民家に放った。郡山城にこもる領民たちは、多年住みなれた家々からあがる黒煙を眺め、「尼子殿は雲客、引きおろいてずんぎり、曳こ〳〵」とはやしたという（『老翁物語』）。出雲尼子は天《あま》にある雲である、引きおろして寸切りに切り捨てよ、さあ引き下ろせ引き下ろせ、というのであろう。翌六日、吉田町西方の太郎丸およびその周辺の町屋に放火したが、先がけの足軽数十人が討ち取られてしまった。小手調べである。ついで十二日、尼子軍は大挙して郡山城下に進み、後小路（遣分《やりわけ》付近）に火を放った。これに呼応して遣分（鑓分）から郡山南東麓（安芸高田市吉田町の北側）の大田口（堀縄手と同じカ）で合戦があり、同時に広修寺縄手・祇園縄手の両口でも戦いを交じえた。なかでも大田口合戦は激戦で、尼子軍は本城信濃守、高橋十郎元綱をはじめ数十人を失った。毛利軍でも渡辺・樋爪らが戦死した。

尼子詮久の郡山包囲の報に接し、安芸の反大内および日和見的諸将は、にわかに活気づき、武田光和（天文九年六月九日没、天文三年二月〈三月三日〉とも）の跡を継いで佐東銀山城主になった武田刑部大輔信実（若狭守護武田元光の孫、伴五郎の子とも）は、尼子の重臣牛尾幸清の援助をえて動き出し、廿日市の桜尾城主友田興藤や瀬戸内海の海賊衆三島村上水軍もまた尼子方となって、広島湾頭は尼子に制圧されたのと同然である。

九月二十三日、詮久は風越山から青山・三塚《みつつか》山（光井山）の間に移陣し、郡山城を十数町の北東に眺めた。これは元就が詮久の放った間者を逆に利用して、背面の甲山より正面の光井山に陣取られると困る、といったからであるという。尼子本陣の移動は、より郡山城に接近し、大内の援軍到着の前に一気に城を陥れようとしたものである。本隊の転陣によって手薄になった風越山は毛利軍のために焼き払われてしまった。

九月二十六日、尼子の侍大将湯原弥次郎宗綱は、竹原の小早川興景や大内の先発援将杉元相の陣した坂・豊島（安芸高田市向原町）の間を襲った。ところが城内から討って出た毛利に挟撃され、宗綱以下数十人が討ち取られ、惨敗をきっした。湯原討死の地と考えられる地に「湯原弥次郎腹切岩」の碑が建立され住時を偲ばせる。

次第にあせりをみせてきた尼子詮久にとって、新しい重大事件がもちあがった。尼子全軍の遠征の虚を衝いて、大永の五月崩れ（伯耆の総崩れ）によって没落した伯耆の諸将が、但馬の山名祐豊の勢力を頼って回復をはかり、因幡の布施山名氏の重臣武田山城守常信を軍師として、伯耆に進出したのだ。そこで新宮党の国久は、豊久とともに伯耆東伯郡東郷の羽衣石に帰って進入軍と対し、十月九日、馬山《うまのやま》（東伯郡湯梨浜町）の橋津口・渡口の合戦に敵将武田を討ち取り、南条氏は身をもってのがれた。尼子軍でも豊久が乱軍のなかに流れ矢にあたって戦死したという。ただし『佐々木系図』によれば、豊久の戦死は天文十五年六月二十八日である。この伯耆の陣は『陰徳記』その他の軍書にみえるもので、国久は再度安芸へ下ったとしている。

十月十一日、新宮党の誠久は、一党を統率して吉田町に進出し、郡山城に肉薄した。これまで満を持して動かなかった元就は、士気を鼓舞する必要を感じたらしく、正面から迎え撃った。尼子軍は左右両面からの伏兵に挟撃され、青山山麓に退却し、侍大将の三沢為幸以下数十人が戦死し、毛利軍の死者はただ一人であった。これが青山土取場《つちとりば》の合戦で尼子の完敗であった。

十一月下旬にも両軍の小競合いが諸所で演じられ、十二月三日になって、陶隆房（のち晴賢）のひきいる一万余の大内軍が、郡山南東の山田中山に陣を布いた。隆房は父興房の没（天文八年）後、その跡を継いで陶氏の当主になっていた。元就から来援を請うの報によって、義隆の先鋒として十月四日に厳島に着陣していたが、なぜか安芸本土へ上陸しようとしなかった。万一尼子の勢力が強大で、毛利軍が壊滅することになればたまったものではない。しかし形勢は必ずしも毛利に不利ではないから、この機を失っては物笑いとなろう、とする考えがあったのではあるまいか。ともあれ大内一万の援軍によって籠城軍の士気はいよいよあがり、包囲軍の動揺はかくせない。

かくて十二月十一日、相合《あいおい》（安芸高田市吉田町）の宮崎長尾に陣した伯耆の南条・小鴨、出雲の高橋、安芸の吉川興経の陣営が、元就や宍戸元源らの軍に襲われた。毛利元就は積極的作戦に転ずる気配である。だが、「年のうちは山風面をきり、天寒膚《はだえ》をさいて士卒の手こごえ、足すくんで、弓をひき鑓をひつさぐるに自由ならず、または大雪道路を埋めて馬の蹄《ひずめ》通ひがたかりければ、あらたまの年の越ゆるを待ちてこそ」（『陰徳太平記』）と、決戦を明年に期した。

尼子退陣

天文十年の空は明けそめる。尼子と大内・毛利の決戦の年である。

正月三日、尼子軍は相合口において、小早川興景勢や毛利軍に襲われ、十余人の戦死者を出したが、小早川軍も二十余人の負傷者が出た。一方、青山の本陣も大内軍に攻撃された。ついで六日、青ノ町の尼子陣が毛利軍の放火にあい、尼子の陣営はいたるところで脅威をおぼえはじめた。

正月十一日、大内軍の総帥陶隆房は本陣を山田中山から郡山城麓の天神山に移し、戦機ようやく熟し、十三日の明けがた宮崎長尾の尼子陣は元就三千の兵に強襲された。一陣の高尾豊前守のひきいる二千人は、たちまち敗れ、二陣の黒正甚兵衛がその勢一千五百でもって代わって対抗したが、むなしく敗走した。後陣に控えたのは驍勇をもってなる吉川興経の勢一千余人である。吉川氏の本拠は山県郡大朝新庄にあって、郡山の北方を扼し、石見への関門にあたっている。吉川氏は興経の父元経時代に元就と同盟していたが、興経になって尼子に誼を通じた。いうまでもなく尼子の力を借りて安芸制覇を夢みたのである。だから元就の攻撃に対して興経はよく戦った。激戦およそ二時間、勝敗不明のまま日没になってしまった。この日の戦さで尼子方は、三沢蔵人・高尾豊前守をはじめ二百余人の死者を出した。

尼子軍と毛利軍が死闘を続けているころ、意外にも青山三塚山の本陣において火の手があがった。陶隆房は元就との約束に従って尼子詮久を牽制していたが、戦機の熟したのをみて、大内軍の面目にかけ尼子の本営を急襲したのである。詮久は諸方面に軍を出していたので手許の兵は少なく、完全に虚を衝かれた。総師詮久の命も風前の灯である。このとき尼子下野守久幸が声を高くして、

各々平生手柄だてを申され候。遠慮分別を以て申す某式をば、臆病野州などと申さるるの由候。この時こそ手柄のいる所に候の間、一合戦遊ばされ候へと、数度申され候へども、皆遅々候について、しからば連々何かと承り候衆ご覧候へ、臆病野州一手柄仕るべき。(『老翁物語』)

と叫んで、陶軍の先鋒深野平左衛門房重のひきいる三千の中におどりこみ、房重を倒し、宮川善左衛門ら十数人を討ったが、力尽きて戦死した。この間に尼子の分散勢力が急を聞いて馳せ集まって戦ったため、詮久は九死に一生をえ、それ以後一進一退の激戦をくりひろげ、日暮れて両軍ともに兵をひいた。『吉田物語』によると、この日尼子軍四百余人、陶軍四百七十人の死者を出したという。

郡山城攻囲戦において、尼子軍は断続的に寄せるだけで、総攻撃を断行していないことが不思議に思われてならなかった。ところが、江戸時代のはじめに、毛利輝元の右筆小田木工允編纂の『老翁物語』がこの疑問を解決してくれた。尼子久幸は「一合戦遊ばされ候へ、と数度」進言していたのに、常日ごろ久幸を「臆病野州」と呼び、手柄自慢をしていた面々には「遅々」として決断がつかなかっ

たのである。してみると尼子久幸の戦死をもって、郡山攻城戦は終わりを告げたと考えるのが至当であろう。遠征の尼子の大軍は敗れたのである。

戦いすんで正月十三日の日が暮れる。尼子詮久は本営に重臣を集めて軍議を開き、ついに総退陣と決定した。前年九月四日、三万の大軍が郡山城を包囲してからここに五ヵ月、短期決戦を期しながら、ついに一回の総攻めの機会もなく、個々の戦闘に敗れ、つぎつぎと部将を失ったため、士気いよいよ沮喪し、もはや打つ手のすべてを失ったのである。そのうえ異郷の山地に、氷雪をおかしての軍需物資や兵粮などの補給はなみたいていではない。すでに大内義隆は大軍をひきいて防府にあり、その先鋒は岩国に達したというではないか。かれこれ一たん撤兵して捲土重来を期するのが最上の戦略であろう。

明けて正月十四日寅の刻（午前四時ごろ）尼子陣の篝火《かがりび》は昨夜にまして多くなった。大内（陶）・毛利は、すわ敵襲かと疑ったらしいが、尼子退陣と知ってこれを猛烈に追撃した。しかし積雪にはばまれ、追撃は困難をきわめた。それにもまして退却する尼子軍の苦難は言語に絶し、

犬伏山の雪に漕ぎくたびれ、石州江ノ川にて、或は船を乗り沈め、或は渡りへ追ひだされ、死に候ものさらにその数を知らず候。（『郡山籠城日記』）

ようやく、石見邑智郡都賀へ退き、たどりつく敗戦の兵をとりまとめ、月山富田へ帰城した。敗戦の姿は哀れである。尼子軍の去ったあとには、桶の中に納めた下野守久幸の首や、せっかく討

ち取った大内氏の家臣深野・宮川両人の首も「あなかけ」に容れたまま、捨て置かれていた。

戦勝の姿は晴れやかである。毛利元就は将軍足利義晴の権臣細川晴元から「天下その隠《かく》れなく候。御高名の至りに候。天下に対せられての忠功、これにしくべからず候」と絶賛され、その武威は天下に隠れないものとなった。

尼子退陣によって直接脅威を受けたのは、銀山城の武田信実、桜尾城の友田興藤らの尼子一味の諸将である。興藤は尼子敗軍の前日、つまり正月十二日、三島村上水軍の援助を受けて厳島を占領したが、尼子退却の翌十五日に、村上水軍は大内氏の警固船と、厳島神社の大鳥居前で戦って敗れ、厳島を奪回されてしまった。三月にはいると大内義隆は、佐伯郡大野門山に陣し、ついで同郡藤懸七尾に移陣、四月五日桜尾城が陥落して城将友田興藤は切腹し、その子広就も五日市に自害した。ここに鎌倉中期安芸守護として下向した関東御家人の藤原親実末孫も滅亡したわけである。また、五月になってその十三日、城将武田信実が出雲方面に遁走して手薄になった銀山城は、元就の猛攻にあって落城した。これが鎌倉初期以降守護として付近に勢力を張った武田氏の終焉で、安芸国は戦国の世の習いを現出した。そこで大内義隆は銀山城にはいって戦後の経営にあたり、その一環として六月に、大内水軍は伊予の河野通直と戦った。

かくて安芸における尼子氏の勢力は一掃され、この年十二月二十七日、大内義隆は従三位に昇って、念願の公卿に列した。その得意の顔が想像されるではないか。

巨星落つ

尼子民部大《（少）》輔源ノ晴久は、はるばる芸州吉田表発向せられたりけれども、戦ひ利なくして、去んぬる天文十年正月十四日、彼の地を敗走して、雲州へ帰られけり。げにや人の心の定めなさは、雲となり、雨となり、朝変暮化する。これ古今の通情なりとて、備・雲・石の国人ども、三吉修理亮広隆・福屋式部少輔隆兼・高野山入道久意（多賀山通続）・三沢三郎左衛門為清・三刀屋弾正左衛門久祐（久扶）・本庄越中守経光（本城常光）・宍道遠江守正隆・河津民部左衛門久家・吉川治部少輔興経・山内新左衛門尉隆通・宮若狭守・古志清左衛門吉信・出羽《いずは》主膳正助盛ら十三人一味同心して、陶中務権大輔隆房の許へ、義隆朝臣出雲へ御発向候はば、各々十三人御味方に参じ、先陣に進み申すべし。尼子御退治の後、彼の釆地のうち備・雲・石三州の間において、大身小身となく、各々一倍の領地を加増し賜はり候へ、と云ひ送りけり。

『陰徳太平記』は世上の移りを流れるように記述する。たしかに『郡山籠城日記』のいうように「備中・備後・安芸・石見、多分防州（大内義隆）に一味」し、膝元の出雲の諸豪まで尼子をみかぎり、山陰・山陽の地図の色はぬりかえられた。

このころ尼子経久は病床に呻吟する身で、明日をも知れぬほどであったらしい。十月にはいって、孫の詮久が将軍義晴の偏諱を受けて晴久と称したことを聞いた。安芸遠征の大敗はしかたがないにしても、中央から目をかけられていることに恐らく満足したことと思われる。しかし病いには克てない。十一月十三日、その八十四年の生涯に静かに幕を下ろしたのであった。「晴久をはじめ新宮党の人々、歎き悲しみ給ふこと限りなく、これにつけても敵国、機に乗り味方をいよいよ思ひ侮らんこと、上下悲しまぬ者はなか」ったという（『陰徳太平記』）。事実であったろう。

尼子経久は長禄二年（一四五八）十一月二十日、京極氏の出雲守護代尼子氏の二代清定と、出雲の国人馬木上野介の女との間に生まれた。幼名又四郎、文明十年（一四七八）ごろから民部少輔を称し、大永六年（一五二六）以前伊予守に任じた。その全生涯を戦国の開幕期から乱世の時代に送り、その「姿度広大浩々」また「洋々」として、深さを量ることのできない人間的魅力でもって、山陰・山陽十一州の太守と仰がれた。また一方では文芸の嗜みもあり、英雄の胸中閑日月があった。

永正十二年（一五一五）正月、経久が法華経を開板し、刊籍事業に尽力したことは前に述べた。また当代随一の古典学者三条西実隆の日記『実隆公記』享禄五年（天文元、一五三二）二月二十五日の条に、「尼子、伊勢物語書写所望のこと」とみえるから、経久が平安の古典『伊勢物語』を収集し、歌道の資としていたことがわかる。というのは『伊勢物語』や『源氏物語』および『三代集』は歌道の枢要として研究されていたからである。これより早く大永三年五月十六日、経久は実隆に百疋をおくり、色紙に詩歌を染筆されるように依頼し、六月にこれをおくってもらっている（『実隆公記』）。今日、経久の和歌が出雲の秋上家に残される。

　あきあげはとみたからにあひのりて
　　おもふことなくながいきをせむ
　　天文五年後十月十日　　　　経久（花押）

さらに『武林拾葉』に、

　ながむれば花の色香も霞みきて
　　春の日送る宿のしずけさ

というのがあり、『朗照集』に「鷹狩」と題して、

　はし鷹のみよりの翅身にそへて
　　なお雪払ふたのみ狩場

というのを伝えている。

経久には晩年の筆と思われる自画像があり、尼子氏の後裔萩市の末岡みつ子氏に秘蔵されている（現在、山口県立山口博物館所蔵）。『石山本願寺日記』天文七年六月十九日の条に、「（尼子伊予守）去々年申され候つる金襴のきれ、相尋ね候と雖もこれなく候。依って二尺五寸三きれ下し候、軽微候と雖も、絵の用の由、使申し候間、まず見せ候」とある。経久は絵画を楽しんだのである。

亡くなった経久は、興国院月叟省心大居士と諡され、月山山麓金尾の洞光寺に葬られた。その墓は

洞光寺殿華山常金大居士である父清定と並んで建てられたのであろう。この地は月山表門近くで、富田城を一望に見上げることのできる位置にあった。ところが度々の水害にあったので、寛永年間（一六二四―四三）に井塚金兵衛寄進の土地に移建された。これが現在の金華山洞光寺で塩谷と新宮谷の中間、富田川を越えた地点にあり、東方月山を真向こうに見るところにある。墓地は昭和三十三年改修され、今日では清定・経久の宝篋印塔が並んで、月山の往時を回顧しているかのようである。

なお、鳥取県西伯郡西伯町法勝寺の臨済山経久寺は、寺伝によれば、経久の妻の吉川氏が法勝寺の地帯が富田周辺によく似ていたので、晩年余生をこの地でくらし、永禄年間に建立した寺であるという。寺背の丘腹に五輪塔が二基あるうちの一つが経久の墓であろうとされる。恐らく分骨されたものであったろう。また後山は、今でも新宮谷と称され、尼子の柱石新宮党を永久にたたえる。

英傑伊予守経久は尼子の将来を気にしながら死んだ。よりいっそう経久を知るために、岡谷繁実の『名将言行録』に載せる話を、ここに紹介しておこう。

経久、一日僧を呼んで、「文字と云ふものは何人の作り出せしものや」と問う。僧、六書《りくしょ》（漢字の成立・使用に関する六種の別）・十体（漢字の十種の書体）よりして、丁寧に講釈せし時に、経久曰く、「われ幼《いとけな》き時に剛柔虚実と云ふ文字を、手習の師の教へて書せたることあり。この四字の義を聞かばや」とありしに、僧、委しく字書を引きて義を解し、理を述べければ、経久打ちうなづきて、「否とよ、さ様に長き道理は聞き保ち難し、只剛は柔の終り、虚は実の本と心得て文字作りし人の意に違ふことはなきか」と問れければ、僧、いかにも違ひあるまじき由を答へける。時に経久、僧に綿一屯を与へて礼謝して曰く、「われ早や合戦の道よりして、治国の法、みなこの四字に尽すことを知れり」と、近臣十四、五歳なりけるが、その気色美《い》みじかりけるをみて、傍より「負は勝の始め、吉は凶の源」と低声に言ひたりしとかや。

安芸の仇を出雲で

外には芸州の遠征に敗れ、重鎮下野守久幸を失い、いままた諸将士敬仰の経久が死んで、月山富田の城には秋風落日の気運が深まってきた。

芸・備・雲・石の諸豪十三人が一味同心して、大内の雲州出征を促したのにこたえ、大内義隆は天文十一年（一五四二）正月十一日、山口築山の屋形をあとに、雲州遠征の途についた。養嗣子周防権介晴持（義房）をはじめ、陶中務権大輔隆房・杉伯耆守重矩・内藤下野守興盛の三重臣以下、精兵およそ一万五千人がこれに従った。安芸の国府（安芸郡）で馬をとめ、毛利元就ら芸・備の兵をあわせ、石見路から出雲へ向かった。先鋒は三月のはじめ、邑智郡出羽《いずは》二ッ山に着き、ここで益田・福屋・佐波・出羽・小笠原・本城ら石見の諸将が参陣し、「その勢雲霞の如くたなびき渡つて、野にも山にも兵馬の足迹《そくせき》を印せずと云ふところ」がなかった。大内の先陣は江川の都賀の渡（邑智郡）を越えて出雲にはいり、六月飯石郡赤穴（赤名、飯南町）の瀬戸山城を攻囲する。

瀬戸山（衣掛山）城は、尼子十旗の第四に位し、芸・備・石経略の前線拠点で、要害まことに堅固であって、赤穴光清が、富田城からの援将田中三郎左衛門らとともに決死の覚悟で籠城していた。六月七日、大内の先陣熊谷直続は抜駆けの肉薄をし、かえって逆襲され、部下の荒川与三とともに討死した。二士の五輪塔は今なお西部丘陵の雑草の中に苔むして残る。

七月二十七日未明、大内四万の大軍が総攻めを敢行した。

寄せ手も、名ある剛将なり。赤穴も聞ゆる勇士なり。二竜の珠を争ひ、両虎の牛を争ふが如くなれば、千騎が一騎になるまでも勝負はあらじとぞ見えにける。

かくて、赤穴諸所の攻口へかけまはりて下知しける間、この城さらに落つべしとも見えざりければ、未の刻（午後二時ごろ）に至つて、総軍勢ことごとく引き退きけり。（『陰徳太平記』）

ところが陶隆房・平賀隆宗・吉川興経らは頑として退却せず、籠城軍と屍山血河の大激戦を演じ、黄昏になったため、しかたなく退陣した。この日の大内軍の戦死者は数百人におよび、今も千人塚または首塚といわれるものが残されていて、その惨状を想起させる。

戦況は籠城軍に有利に展開したが、意外また意外、城将赤穴光清は乱軍中流れ矢にあたって非業の最期をとげた。五十歳という。そこで援将の田中は、光清の妻子を助けるという約束で開城することとし、その夜、老幼あわせて三千人ばかり、八十キロの道を艱難辛苦して二十九日の暮れ、月山にたどりついた。

その二十九日、大内義隆は本営を飯石郡頓原の由木《ゆき》に移し、鑓・矢・投石などによる傷病兵の治療をさせ、労兵の休息をとった。十月中旬に三刀屋ヵ峰に進み、十一月上旬、八束・大原両郡の境界上高津馬場に転陣したところ、あまりの嵐のため馬潟《まかた》（松江市）の正久寺に陣がえし、大内麾下の諸将はその周辺に野営し、立春の雪どけを待って富田城の攻略を期したのである。

明けて天文十二年正月二十日、義隆は陣営を宍道の畦地《うねじ》山に移し、富田城を眼下に見下ろすことのできる京（経）羅木山へ軍を進めることの可否について軍議をひらき、元就の反対をしりぞけ、寵臣田子《たご》兵庫頭（のち豊後守）の説をとって進陣に一決した。二月十二日、本陣は京羅木山に移り、隆房は経塚に、兵庫頭は三沢為清・三刀屋久扶らとともに富田八幡山に陣した。

三月上旬までは合戦らしい合戦はなかったが、十四日に尼子の大老牛尾幸清・河副久盛らは一千余の兵をもって、寄せ来る内藤興盛・毛利元就の連合軍五百余を、菅谷口蓮池縄手に撃退した。下旬には尼子誠久・敬久兄弟の率いる新宮党は二千余をもって、新宮谷近くの金屋の洞光寺を攻めた平賀隆宗・益田藤兼ら五百余を撃破したが、大内方の吉川興経の八百余に横槍をいれられて退き、隆宗は万死をのがれた。

このころ（『陰徳太平記』は四月下旬）、元就は八幡山から宮尾へ転陣して、芸・備・石の諸将を監督し、南方《みなみかた》・秋山らに富田川を渡って彼岸に陣取らせた。ちょうど大雨のため、川の水が増して、宮尾の陣営との連絡が絶えたので、尼子の剛将大西十兵衛・本田家吉・立原幸隆ら二千余が南方・秋山陣を襲撃した。元就は自ら急流を渡って尼子軍を撃破した。私は前著『大内義隆』でこの合戦を「塩谷の大鑓」と書いたが、これは誤りであった。『二宮佐渡覚書』のいう「鑓弐百本」動いた「塩谷の大鑓」は、塩谷口に寄せた元就・隆元父子の毛利軍を、尼子軍が破った戦さで四月十二日のことである。

富田城麓の局地戦は、寄せ手大内軍の敗色が濃くなってきた。総帥大内義隆は、この前後から神道の研究にとりつかれていて、京都の神道家吉田兼右から神道伝授を受けていた。そのためでもあろうか、厳島神社・筑前筥崎宮・京都六条妙見社・伊勢神宮・出雲日御碕神社・同揖屋《いや》神社に戦勝を祈った。一方では、鰐淵寺に旧領を寄進して仏様の機嫌をとることも忘れない。しかし、神様や仏様の霊験はいまだにあらたかでない。

さすがは金城鉄壁の富田城で、大内義隆は総攻撃の機会がつかめない。そのうち粮道が遮断され兵粮の補給も因難になってきて、大内軍の敗色はいよいよ濃厚だ。四月晦日、三沢・三刀屋・本城・吉川・山内以下、大内を裏切って一陣また一陣と富田城へはいり、毛利・平賀・三吉・福屋・天野・益田らが大内の陣営に残るだけとなった。『陰徳太平記』は裏切りの諸将を批評して妙をえている。

げに世の中は定めなき、昨日の淵はいつしかに、今日は瀬となる飛鳥川、明日をもしらぬ人心、頼みなしとは云ひながら、一度は尼子の手に属して芸州吉田の城を攻めしかども、戦ひ利なくして晴久敗軍せられしかば、やがて弱きを棄てて強き大内の威風を仰ぎ、今また大内家の智計拙しとて、再び尼子家へ帰参しけること、志士仁人の羞づるところ、あさましともなかなか評論をつくるにおよばず。

かくて大内軍は完敗した。五月七日義隆は京羅木の本陣を撤し、揖屋に退き、尼子軍の追撃を避けながら石見路を経て、五月二十五日に山口に帰陣した。

養嗣子晴持は、揖屋から船奉行冷泉隆豊の派遣した小舟に乗って本船へ進もうとした。そのとき、歴々の人数、海におりひたり、御船の左右に取りつき、「御のせ候様に」と申すにつき、何ともすべきやうなく候て、長刀を以てもろもろの船に取りつき候手を、御側衆切り払はれ候。一方を切り放し候ゆゑ、一方のふなばたに取りつきたるもの、船をひきかづき、右土佐の御曹子介殿《すけどの》（晴持）も御沈み候て御死去候を、漸く冷泉判官（隆豊）海をさがし、御死骸をもとめ出し御船にのせ下向なり。これは夜のことにて正儀なきしあはせなり。（『桂岌円覚書』）

弱冠二十歳の晴持は乱世の荒浪を泳ぎきることができず、ついに揖屋浦から死出の旅に船出したのである。『大内権現御由来』によると、晴持の辞世を、

大内を出にし雲の身なれども
　出雲の浦の藻屑とぞなる

と記録するも、晴持にそんな暇はあるまい。今日、晴持の霊は、松江市東出雲町揖屋の小祠大内神社に祀られていて、大内軍惨敗の昔を回顧させる。

尼子軍は陶隆房や毛利元就らを追撃した。特に元就は殿《しんがり》として、宮尾から星上山麓を越え、岩坂道・熊野路を経て、苦戦を重ねながら石見路を吉田郡山城に帰った。

こうして尼子の芸州遠征・大内の雲州出征は一勝一敗の引き分けに終わった。晴久は安芸の仇を出雲でとったのである。

この結果、大内は分国守備におわれることとなり、尼子は諸国へ駒を進め、再び経久時代の全盛を夢みることになった。

八州の守護

尼子晴久は頽勢を一挙に挽回し、芸・備・石・作四州攻略の軍を進めようとする。

まず出雲国内の様子をみるに、三沢・三刀屋などの有力国人をはじめ、多くは尼子の配下に属し、宍道遠江守・多賀美作守らは義隆と行動をともにして周防に去り、河津氏は末次の家城にたてこもって戦死した。また赤穴氏は光清の三男盛清（のち久清）が相続した。光清の長男詮清・次男定清は人質となって筑前にいたが、天文十二年七月に自刃し、祖父の久清とともに富田にこもっていた盛清が、晴久から本領を安堵され、義隆退陣によって本領のほか石見・伯耆に多くの地を給与され、尼子から優遇された。

西方石見をみると、晴久が安芸から退陣したころの天文十年正月十六日、大内一味の久利淡路守は尼子兵と石見大田に戦った。今回の大内退陣によって、晴久は石見に進軍し、天文十二年七月上旬、民家に火を放って邇摩郡久利城を攻め、九月一日また久利郷で吉川経安・久利太郎法師丸らと戦い、ついで久利氏を追って城を破却した。『陰徳太平記』によると、尼子軍は進んで佐波隆連のこもる邑智郡木積《こづみ》の三高城の攻略にかかり、江川をへだてて対陣し、攻城一ヵ月におよんでも陥れることができないので、転じて大森銀山を押領して富田に帰城したという。

銀山は尼子の芸州遠征に際して、天文九年八月、尼子一味の川本温湯城主小笠原長隆が占領していたが、晴久退陣ののち大内に奪回されていたらしい。天文十年九月ごろには、長隆・長徳父子の支配下にあった。小笠原長徳は大内の出雲進軍に従い、退陣のとき毛利元就を優遇しているから、晴久の銀山占領となったのであろう。そこで石見は益田・吉見・福屋・佐波らのほかは、みな尼子になびいた。

年明けて天文十三年二月中旬、尼子の人馬は因幡経略をめざして東征の途についた。大内の月山攻撃のとき、南条宗勝・行松入道らが義隆に味方したからである。晴久は伯耆八橋《やばせ》城にはいり、初夏のころ因幡に駒を進め、気高《けたか》郡奥沢見の大崎城を略し、ついで同郡鹿野《しかの》城を陥れ、鳥取城下に火を放ち、八頭《やず》郡私市《きさいち》（私都）城を攻めようとしたが、母の危篤の注進によって、五月上旬出雲への帰国の道を歩んだという（『陰徳太平記』）。

南方備後の方面を眺めるに、尼子の芸州退陣によって芸・備の諸将が大内に属し、深安郡神辺《かんなべ》（村尾）城には山名理興《ただおき》が入城していたが、大内軍雲州退陣ののち理興は尼子に属していた。そして天文十二年六月から毛利元就や、大内の備後の鎮将西条槌山城番弘中隆兼らと戦いを交じえている。

天文十三年三月十一日、尼子と毛利は甲奴《こうぬ》郡田総《たふさ》に戦い、七月中旬、晴久の先陣の新宮党・亀井・牛尾・平野以下七千余人は三次の比叡尾城主三吉広隆攻略のため府野に着陣した。七月二十八日未明、元就の派遣した福原・児玉ら一千余人の毛利軍は、朝霧につつまれた江川を渡って尼子陣に攻めかかった。ところがあまり深入りしたため、毛利家で「府野崩れ」といい伝えるほどの大敗北をきっした（『吉田物語』）。その翌日、三吉広隆は戦勝に酔う尼子陣に殺到して大勝利をえ、国久らは出雲に帰った。

十月になって尼子国久らは再び備後にはいり、出雲陣の帰途戦死した小早川正平の子又鶴丸（のち繁平）の守る豊田郡沼田《ぬた》の高山城を攻め、陥れることができなかったので、高野山・久代《くしろ》らの人質をとり、美作に兵を進め、浦上宗景の勢力下の真庭《まにわ》郡高田・篠荻《ささふき》（篠葺）・苫田《とまた》郡伊王山（医王山）の三城を略し、さらに因幡に進軍しようとしたが、真木弾正忠時に諫められ出雲に帰陣した（『新裁軍記』など）。同十三年十二月八日、晴久は田口志右衛門に美作の北高田庄を安堵しているから、国久らの美作攻略は事実であったと思われる。

このように尼子晴久は芸・備の経略をめざして南下し、備後における勢力の拡大を図った。これに対して大内は、西条槌山城に弘中隆兼を在城させ、毛利元就とともに芸・備の守備にあたらせていた。しかし尼子と大内というより、むしろ尼子と毛利の対決とみるのが至当であろう。

天文十四、五年も過ぎ十六年から十八年にかけて、神辺城の支城がつぎつぎに陥落し、ついに十八年九月四日、晴久の派遣した目黒秋光の救援もむなしく本城が落ち、城将山名理興は出雲に走り、備後山名氏が滅亡した。ここに尼子の備後経略の一大拠点が消えたのである。

この天文十八年の冬、周防の大内義隆は孤立していた。一の重臣陶隆房の主家簒奪《さんだつ》の陰謀が深まり、これまで隆房を目の上の瘤としていた重臣杉重矩が、態度を一変して隆房と結んだからである。やがて、老重臣内藤興盛もまた陶の陰謀に荷担し、ここに三大重臣周防・豊前・長門の三守護代の連合が成立したのである。彼ら千軍万馬の武断派が結束したのは、義隆の側近相良武任らの文治派との対立があった。それは義隆が天文十二年の雲州陣敗北を境に、風流華美の奢侈生活にうつつをぬかし、武断派よりもむしろ文治派に心を寄せていたからである。

天文二十年八月二十八日、叛乱軍の主将陶隆房は、周防富田《とんだ》の若山城を出馬し、二十九日午の刻（正午ごろ）山口に突入し、杉・内藤らも陶方として法泉寺を攻めた。ついで義隆を追撃して九月一日、長門深川《ふかわ》の大寧寺において腹を切らせた。義隆は四十五年の悲劇の生涯を煙のなかに去っていった。義隆の死と相前後して文化の府、周防山口に下向中の公家も討たれ、公卿の滅亡にひとしい風流太守の最期を飾った。大内氏の伝承から数えると実に九百四十年、大大名大内氏は戦国の舞台から姿を消したのであった。

陶隆房はかねてからの計画のとおり、大友義鎮（宗麟）の弟晴英を豊後から迎え、翌天文二十一年三月三日山口にはいらせ、義隆の跡を相続させた。ついで二十二年春、晴英は義興・義隆の「義」字をつけて義長と名のり、大内氏の継承者であることを明確にした。いうまでもなく実権は、晴英の「晴」字をもらって晴賢と改めたもとの陶隆房の手中に収められていた。

ともあれ山陽の大内義隆の死によって、義晴の子で時の将軍足利義藤（義輝）の目に、山陰の尼子晴久の顔が大きく映った。そのとおり晴久は、中国の重鎮として天文二十一年四月二日、出雲・隠岐のほかに、新しく因幡・伯耆・美作・備前・備中・備後六ヵ国あわせて八ヵ国の守護に任ぜられたのである。

ところが、晴久の備後守護を意外として、快く思わなかった人物が二人いた。一人は安芸の毛利元就であり、他の一人は防・長を収めた陶晴賢である。元就はすでに二男元春に、石見との国境に近い安芸山県郡大朝新庄の吉川興経の跡を継がせ、三男隆景に、竹原・豊田郡沼田の両小早川家を相承させ、毛利の陸と海の両翼にしていた。これが宗家第一とした毛利の両川《りょうせん》である。また井上一族与党三十数名を一網打尽に誅伐していた。そのうえ備後平賀隆宗病死のあとの内訌を鎮め、弟の新九郎（広《ひろ》相《み》）に家を継がせ、反対党の隆保を賀茂郡高屋頭崎《かしらさき》城から菅田宣真の西条槌山城に追って自刃させ、宣真を降伏させて、備後にもあなどりがたい勢力を扶植していた。もう一人の晴賢は、大内義長を擁し、備後を分国視していたらしい。そこで腹心江良房栄をおくってその鎮撫にあたらせた。房栄の頼むところが元就であることはいうまでもない。

天文二十一年七月、元就は備後にはいり、尼子一味の宮光音を、その居城深安郡志川滝山城に攻めてこれを陥れた。すると晴久は、九月に元就を攻めるため安芸一向一揆の合力を本願寺証如に求め、若狭守護武田信豊もまたこれを依頼したけれども、体よく謝絶された。安芸武田は滅亡しても、信豊が安芸の守護は武田氏でなければならないと思っていたことはおもしろい。名門意識はなかなか消えないのだ。

十月にはいって尼子軍は、大内の将高尾氏の守る備後比婆郡福永城を攻め、逆に弘中隆兼や毛利元就のために敗れている。それでも晴久は十二月三日に従五位下に叙せられ、修理大夫に任ぜられているから、気をよくしたことであろう。

明けて天文二十二年四月晴久は、甲山（庄原市）城主山内隆通や川西（三次市）旗返《はたがえし》城主江田隆連らが尼子に味方し、備後北部の道が開けたのを幸いに、備後の失地回復を目的として出雲仁多郡横田に出陣し、その先鋒は甲山に到着した。すると比叡尾山城の三吉氏は毛利の出動を依頼する。ここに旗返城を中心としてその周辺に、尼子と毛利は激突した。なかでも五月二十日、晴久が比婆郡口和町泉山城を攻撃し、両軍泉川を挟んで戦ったとき、尼子軍の米原左馬允は荻ノ瀬橋上に突進し、備後の住人佐久木新右衛門の強弓に倒れたことは有名である。「米原はたく香に髪をこがして、勇を備陽の戦場にとどめたりと、そのころ万人の美談となって聞く者感をもよほ」したという（『陰徳太平記』）。戦さに敗れた晴久は、甲山に退陣した。このころには但馬の山名祐豊が、元就の通報によって晴久討滅の決意を語り、尼子は多事多難になってきた。そのうち旗返の支城もつぎつぎに陥落し、十月十九日江田隆連が甲山の山内隆通に走ったことをもって、この方面の尼子と毛利の対陣に終止符がうたれた。そして十二月、山内隆通もまた多賀山通続（入道久意）も元就と和して毛利の麾下に属し、尼子の備後における勢力は潰え去ったのであった。

戦い勝ったとはいえ、幾多の苦戦によるものであっただけに、元就は旗返城の守備を毛利にまかせられたい、と願ったけれども、晴賢は北備の要衝地点のためこれを許さず、腹心の江良房栄を鎮将とした。元就は怒ったが、嫡子隆元の怒りはさらに大きく「元就公と陶と御引分けの本に罷り成つ」たのである（『老翁物語』）。

毛利父子が晴賢の処置を怒っていたところ、石見津和野三本松城主吉見正頼は、すでに宿敵陶晴賢討伐の軍を起こしていた。晴賢がこれを攻撃しているときの天文二十三年五月、元就は晴賢討滅に立ち上がった。九月陶軍の勇将宮川房長を、安芸桜尾城の西方折敷畑《おしきばた》に殲滅し、ついで翌弘治元年（一五五五）十月一日、厳島の合戦に晴賢を亡ぼし、芸・備の経略をしめくくり、返す刀で防・長に進軍し、弘治三年四月、長府且山城《かつやま》（勝山城）を陥れて大内義長を自害させ、防・長二州を合併した。毛利の勢がやがて石見から出雲に伸びることは当然予測されるところである。

では毛利の力が雲・石におよばないうちに、尼子氏の風流について語ることにしよう。

家臣団の風流

尼子氏の祖先には佐々木京極導誉のように、連歌をはじめ諸芸道にすぐれた文化人を見出すことができる。導誉の父宗氏も歌人で、その詠は『続千載集』以下四勅撰集にとられ、三男高秀の文名は特に高く、歌道家冷泉為秀の門弟のなかで随一といわれ、為秀の没後その子の為邦は出家をとげ、孫為尹（為邦の子）が幼少であったので、冷泉家に伝わる豊富な蔵書を預かっていたほどである。その歌は『新拾遺集』以下の三勅撰集に入集している。これらの詳細については、立教大学の井上宗雄氏が『中世歌壇史の研究　南北朝期』のなかで述べておられる。

京極高秀の孫で尼子氏初代の持久や、その子二代清定の文について、伝える史料はない。三代経久やその嫡男政久の文については、関係のところで記述しておいたが、四代晴久もまた文芸を愛好した。晴久は連歌道の大成者宗祇以後連歌七子の一人に数えられた宗牧について、連歌の淵源をきわめようと欲し、たびたび懇望していた。そこで宗牧は、古人の句のなかから良句を選んで『択善集』（堀河院百首題発句）と名づけて贈った。天文十四年より以前のことである。晴久は『択善集』を日常座右に置いて、連歌の実作に心がけ、佳句を詠むことができるようになった。

もともと中世の地方武将は、その権威を高めるために京都の文人を分国に呼び下した。晴久もまた天文二十一年（一五五二）八ヵ国の守護に任ぜられると、文化的権威をつける必要性を感じ、宗牧の子で一流の連歌師宗養の下国を促した。宗養はその十月、父宗牧編集の『択善集』を校写し、公家の近衛稙家に奥書を求め、より権威を加えたこの集の一書を携えて、十二月上中旬出雲に下向したらしい。『択善集』が晴久に贈られたことはいうまでもあるまい。

京の一流連歌師宗養を迎えて、尼子治下の出雲では連歌熱が高まった。晴久の夢想（夢中で和歌・連歌などの想を得ること）の発句「千代かけて神代いはふや御代の晴」を首において、一族郎党十余人、宗養の指導で百韻の連歌を賦し、杵築大社へ奉納したという。あるいは宗養在京中に晴久が夢想を送って張行されたかもしれない。これ以後の宗養の文化活動の様子は『多胡文書』に収める宗養自筆の巻子によって明らかにされる。いまこの史料を中心に、尼子武士の風雅の跡をみよう。

天文二十二年正月元日、杵築大社法楽の連歌会が催され、宗養は、

八雲にもけふ九重の霞かな

と発句した。晴久は宗養の出雲在住の機会をとらえ、千句の連歌会を興行し、産前祈禱会も張行した。また「御屋形御興隆不断連歌の会所にて」とあるから、月山には連歌会所があって、そこでたびたび連歌会が興行されたことがわかる。晴久はまた同年、

孔子も今の此文字は跡へ帰りてある物かな

昔も今もこの銭を宗珠の玉といふなり

という二句の夢想を得たので、これを披露しようとして百韻を興行した（『尼子晴久夢想披《びらき》百韻』）。願主晴久は夢想二句をうけて、

国民はめぐみあまねきはるまちて

と第三を詠み、以下酉歳一、久丸一、卯歳二、辰歳一、申歳一、与一一と一党七人が一巡詠んだあとを宗養が続けて九十句独吟していて、尼子主従と宗養との交渉の深さが察せられる。

当主の連歌熱は尼子家臣団の風雅の道に拍車を加える。宗養は尼子左衛門大夫敬久の連歌会に、

春幾代松にあひをひの家桜

と発句を詠んだ。見よ、新宮党の館庭には、幾春を経て色いよいよ青い松の合間から、家桜がほの赤い色をみせているではないか。その調和した風情は美しく、勇猛をもって鳴る新宮党の心やさしい一面をうかがうことができよう。

このほか、家老の佐世伊豆守清宗や同じく牛尾遠江守幸清・牛尾信濃守・熊野備前守久家・馬田尾張守慶信・疋田左馬允・疋田長門守・酒屋四郎兵衛尉・多胡浄周・多胡左衛門尉辰敬《ときたか》などが千句あるいは百韻の連歌会を張行し、「大西越中守月次《つきなみ》に」との詞書もあるから、尼子武士の連歌は日常生活の一端に組み入れられていたのである。また日御碕・杵築千家・同北島家・横田岩屋寺・鰐淵寺・同大蓮坊栄円法師・同和多坊栄芸阿闍梨・松江市成相寺・来福寺・乗林寺・大林坊においても連歌会が

興行された。そして宗養が出雲の名所旧跡を訪ね、やがて帰国に際し、尼子武士は送別の連歌会を張行するのであった。その最後の発句の季節が夏であるから、宗養は恐らく天文二十二年の夏のころ出雲を去って上洛したものと思われる。

尼子の家臣団の文芸を語る場合、多胡左衛門尉辰敬の名を忘れることはできない。多胡氏は京極氏の被官で上野国多胡庄に居住していたらしい。その先祖（辰敬の五代前）小治郎重俊は、足利義満に仕え、文武兼ね備え、「日本一番のばくち打ち」といわれ、その絵姿が天下の人にもてはやされて「多胡ばくち」の名を生んだ。それ以後、文武両道の達人重行、軍学に殊勝の高重と相伝えて博打《ばくち》の名人であったが、越前守俊英（辰敬の祖父）の時から博打をやめ、応仁の乱に上洛し、京極持清に従って、人の知るほどの武人とたたえられた。その恩賞として石見邑智郡中野（之）村（邑南町）に領地を与えられ、余勢（余所）城主となって移り住んだらしい（『多胡系図』）。応仁の乱中、出雲守護代尼子清定に逆らったため、出雲国内の所領を押えられた多胡宗右衛門は恐らく俊英であろう。彼はやがて許されて尼子の奉行人となった。この子が武道の達人宗右（太とも）兵衛尉忠重（入道悉休）で、博打は嫌いであったけれども「近代の名人」といわれ、尼子の寺社奉行として活躍した。悉休の女は『佐々木系図』によると、尼子国久の妻で誠久の母にあたっている。辰敬は悉休の末子で、五歳から「将棋さし」といわれ、六歳のとき京極政経の前でその腕をきそい、十二歳から在京奉公、そののち本国出雲に帰り、二十五、六歳から諸国をめぐり、三十八歳のとき再び本国に帰って、晴久の安芸陣

に出征し、ついで奉行となり、天文十二、三年ごろ晴久から、
誰成りとも刺賀《さしが》（大田市久手町）に御番仕り候はん人に二千貫の知行給はり候はん間、望次第に居り候へ、と仰せ出され候時、御請け申す人なし。岩山をもたずば国（尼子家）の御大事あるべし、その時人なみに死なんより、一番に腹をきらん、と思ひきりてのぞみ申す。その天道にかなひ候や、雲州の西の木戸柱となりて石見の刺賀山に居城仕り、人なみに面をならぶる。（『多胡辰敬家訓』）

刺賀は大森銀山の確保のための重要拠点であり、また出雲防衛のための最前線でもあって、辰敬の尼子に対する忠節のほどが察せられる。

多胡辰敬といえば、これまで史料として使用してきた『多胡辰敬家訓』で知られ、早くから注目されていたが、学習院大学の筧泰彦氏が『中世武家家訓の研究』（昭和四十二年五月刊）のなかで詳細に報じておられる。その家訓は、手習学文・弓・算用・馬乗・医師・連歌・庖丁・乱舞・鞠（けまり）・躾・細工・花・兵法・相撲・盤上の遊（碁・将棋）・鷹・容儀の十七ヵ条から成る。とくに十七条は容儀・礼儀・人を使う事・物を使う事・万事に料簡の事・人に使われる者の事・人の嗜の事・銭勝負の事などに分かれ、辰敬の体験を語る。そして人の道を実現するために学問や算用を学んで理非をわきまえた人間になれ、と教訓し、終わりに「異見とて口にまかせて申せども　わが身の上は知らぬ辰敬」と謙遜している。

『石見外記』所収の『武者物語』に、勇将田子《たご》時隆（多胡辰敬）は「将の心がけ深き故に、一生をゆるゆると夜もまどろむ事をしたまはず、常に諸卒に語り給ふは、人間わずか五十年の齢なれども、夜をいねざれば百年にむかふ、と云々。諸士これを聞きて尋常のごとくうか〳〵といねざるとなり」とあり、『元就記』に「常に武芸の勤に暇なく、夜を以て日に継ぎ緩々と寝ぬ人なり」とみえ、さらに出雲の出身で南禅寺の住職となった惟高妙安が、天文二十二年に書いた『多胡辰敬寿像讃』に、辰敬は義あり勇あり真の君子というべきで、その肌膚《きふ》は雪のように潔く、襟袖《きんしゆう》は風薫るようであったと述べている。その人物、推して知ることができよう。

さて、尼子氏は晴久が死んで次の義久や滅亡後の勝久の時代になると、文芸の史料はほとんど残されていない。義久や勝久は出雲大社に属して中世以降歌舞・連歌を司っていた富家《とみ》に、尼子家領を定連歌免田として安堵し、そのかわり連歌会を興行し、天下泰平・国土豊饒・万民快楽・子孫繁昌・一族富貴の祈禱を行わせている。これは文芸的色彩の乏しいものであるが、出雲の連歌が尼子の意志によって保たれていたことを物語るものであろう。

その昔「天下に隠れぬ名仁」朝山修理大夫師綱の梵灯庵主を生んだ出雲の連歌としては、寂莫の感にうたれざるをえない。しかし後年（天正十五年、一五八七）、細川幽斎が豊臣秀吉の九州陣へ参加する途中、日本海を航し、杵築大社を訪れ、社家の連歌興行に、「卯の花や神のいかきの夕かづら」と発句し、またおりから鳴いたほととぎすの声を一句詠んだことは、尼子氏によって培われた出雲連歌の連続していたことをあらわすものといえよう。

なお、天文八年七月、尼子の部将河副右京亮久盛が、岩山入道宗珍から『古今集』を贈られたことと、新宮館跡（推定）から将棋の駒「玉将」が出土したことをここに追記しておく。

富田の開城

新宮谷の悲風

尼子経久の嫡男政久は、経久の出雲制覇の過程で若くして陣没し、三男興久は、芸備方面で大内に圧迫されていた尼子が、ようやく全面反撃を企図したころ、父にそむいて自らその生命を絶った。残る二男国久は、新宮党を統率して、幾多の合戦における武功は抜群で、尼子の柱石といわれていた。尼子晴久が八ヵ国の守護に任ぜられたのも、新宮党の協力があったからにほかならない。

それ以後晴久は、備・石両州に軍馬を進めたが、その武名は必ずしもあがらなかった。それどころか毛利元就の勢いはあなどり難いものがあり、天文二十二年（一五五三）の時点では、尼子の勢力は芸・備・石から全くかすんでしまった。とはいっても毛利は、大内義長を擁する周防の陶晴賢との対決を目前にひかえ、月山富田城に迫ることなど、全く考えられなかった。戦国きっての調略の名手元就は、そうしたなかにあって遠く新宮党に眼をそそぎ、謀略の魔手は新宮谷の奥深くのびる。

元就は新宮党が毛利へ心を寄せ、晴久に叛旗をかかげようとしているとの噂をまきちらした。世間の噂を耳にして晴久は、「世上はいかんともいへ、我等に対し一門衆逆意はあるまじ、さりながら不審なる取沙汰なり」と思っていた。そのころ人里はなれた山中で（富田川上流の山佐と）一人の巡礼が殺された。いうまでもなく元就の謀略である。近在の者がこれをみつけ、肌につけていた文箱を、所の代官へ差し出した。代官はすぐにこの文箱を晴久に届ける。晴久が開いてみると、

内々互に御意をえ候一儀、いよいよ御別心なく、彼仁（晴久）を打果さるるに於ては、御所領の儀、御望みのごとく、雲・伯を進じ置き申すべし。

という旨が記されてあった。晴久は「さては世上の取沙汰のこと事実なり」と思うようになった。たまたま富田城の裏側の平人の出入禁止のところに、あて名も日付もない落とし文がみつかった。侍たちが何かと話し合っていたのを晴久が聞き、落とし文を読むと、

我等ことは毛利家へ味方仕り候間、これ以後はたとひ命ながらへ候とても、御目にかかり候ことはあるまじく候。さてさて御名残おしく存じ候儀は、筆にも尽しがたき……。

とあった。晴久は驚き、国久の逆心は疑いない、といよいよ信じ、新宮党撲滅の決心を固めた。

天文二十三年（一五五四）十一月一日、尼子家の旧例にしたがって、来年中のことを評議するために一門衆・家老衆が富田城に集まった。国久や嫡男誠久の顔もみえる。ところが晴久は風邪と称して対面しないまま日暮れになった。料理もでない。そのうち「晴久の気分が悪くて出座できないから、またの機会にしよう」との連絡があった。老人の国久は先に退座して外に出た。道路には大西十兵

衛・本田豊前守がいたので、国久は一礼して通った。そのとき、大西が走りかかり組みついたまま真暗闇の谷底へ落ちていった。本田が「上か下か」というと、大西は「大事の仕者なり、こめて突け」と答えた。その声で国久は哀れ凶刃に倒れた。嫡男誠久も討ち果たされたが、その他の新宮党の覚悟した姿をみて、討手の面々がみな平伏している間に、無事に新宮谷へ帰って籠城した。翌二日、富田勢が押し寄せたものの、日ごろ自慢の連中が半分討ち取られてしまった。新宮に奉公している者共は、晴久に仕える武士の二男・三男・親類・縁者であるから、親・伯父・舅らは濠際から「不義の主人のために討死するは侍の本分ではあるまい。早々御本手へ降参致し御奉公仕り立身せよ」と声高く叫んだので、過半が落ち無勢になったため、夜中になって党は全滅した。ただ誠久の四〈五〉男孫四郎は、乳母の懐に抱かれて新宮を落ち、備後の徳分寺（徳恩寺、比婆郡東城町）を頼り、成人ののち出家して上洛し、東福寺の小僧となった。これが尼子勝久である。新宮党の最期の様子を、以上の記述のように伝える史料は『吉田物語』である。

『陰徳太平記』は、(1)誠久は武功を誇り不行跡が多かった。(2)国久は登城の途中菅谷口で、誠久は城下町で討たれた。(3)三男敬久は中途で変事を聞き、二百余名で新宮邸へたてこもり、富田勢五千に囲まれ、弟の与四郎とともに切腹した、とする。また誠久の嫡男善九郎常久（系図は孫四郎氏久）・二男神四郎吉久も十四歳と十二歳の若さで腹を切ったという。このとき本田豊前守から「御自害あるべく候」といわれた常久は、わが身の科なき死をせんことは、前世の宿報なれば、少しも恨むべきにあらず。ただ尼子家の滅亡近きにあらんことこそ口惜しけれ。祖父国久、常にわれらに宣ひしは「尼子家一門水魚雲竜の親みをなさば、永年の繁昌たるべし。もし骨肉本枝の好みを忘れ、不順の恨を抱きなば、当家の泯滅《みんめつ》、日を数へ足を挙げて待つべしと、経久平生仰せありしぞかし。この旨汝らもよく耳底に留めて、已来晴久に対し如何なる恨みありといへども、ゆめゆめ疎かに思ひ奉るべからず」と教訓を垂れ給ひしが、今すでに新宮の一門亡び果てぬれば、尼子の枝葉枯槁《ここう》しぬ。株根覆倒《ちゆうこんふくとう》せんこと遠きにあるべからず。豊前守よ、国久の讖言《しんげん》今思ひ合はする世と成るべきぞや。

と、ことばを返したという。『陰徳太平記』は新宮党の滅亡を批評して、

晴久、元就の智謀の中に落され、左右の手となる一族を亡されしは、これつひに子孫、毛利の囚と成り給ひける端倪《たんげい》なるぞ無慙なる。

と、尼子自滅の原因となったように述べているが、適評というべきであろう。時の人は富田の城門に張り紙して、つぎのようにいった（『雲陽軍実記』）。

尼の子の杖柱たる鬼神も
　盲打ちにぞ討たれけるかな

元就が贋座頭を使って成功したことをかけて「盲打ち」と詠んだのである。謀略戦は元就の最も得意とするところで、琵琶法師を富田城内に入れ、尼子の動静を探らせたこともある。しかしこれは発

覚して法師は殺され、その琵琶は永く尼子家に伝来していた（『島根県史』八）。

軍記の伝える新宮党の最期は事実であろうか。もちろんそのまま信ずるわけにはいかない。そこで軍書にかわる史料として、『毛利家文書』に収める「尼子家破次第」をみよう。

> 紀伊守《（国久）》長男式部少輔《（誠久）》は多賀左衛門尉むこにて候。然れば多賀、晴久へむほん候について、多賀一跡ことごとく式部少へやられ候。それにつき、分限に成り候とて、紀州、家督、式部少息へやられ候。然りといへども、紀州の子式部少輔弟ほそきを、紀州一段不便がられ、これに家督遣《やり》たがられ、孫へは大かたに候つる《（に脱カ）》ついて、かの孫、才覚に、晴久へ申すことには、「多賀と紀州申合はせ、芸州へふつくり、晴久に腹きらせ候ずるたくみ候」と申候。さ候処、佐玄友まかり出で、「それも地下中、この分取沙汰候」と申候へば、晴久「さては首尾候間、この方よりまづ申つけ候はでは」とて、紀州父子三人、晴久果たされ候。これより家破たるの由候こと。

多賀左衛門尉（のち美作守カ）が晴久にそむいたので（大内来襲の天文十一年のこと）、その跡は聟の誠久が領知し、分限者になった。そこで国久はその家督を誠久の子（嫡男氏久カ）に譲った。そののち国久は、誠久の弟「ほそき」（与四郎であろう）を偏愛し、誠久の子に伝えた家督を、幼い自分の子に与えようとした。誠久の子はこの国久の処置を怨んで、国久の謀叛のことを晴久に讒言したから大事に至った、というのである。六十三歳という老雄国久の迷いとも許すべきであろうか。このような例は他の戦国武将にも捜すことができ、ありそうなことである。これが正しいとすれば、新宮党は一門の内訌によって自滅したことになる。

しかしそれにしても、晴久が国久の孫の讒言を、そうたやすく信じたとは思われない。誠久が武功に誇り尼子将士の反感を買っていたことや、新宮党の内訌を探知した元就が、国久謀叛のことをまき散らしたのではあるまいか。どうも新宮党の滅亡に元就が一役買っていることは認められるように思う。

今日、新宮谷に嘉永六年（一八五三）の三百回忌を記念して、自然石に「尼子家新宮党之霊社」と刻まれた碑が建てられている。その近くの大夫神社という小祠に一党が祀られ、その側に敬久の子孫という人によって、昭和十二年の秋にたてられた墓がある。

ともあれ、尼子の柱石として、なだたる新宮党は滅亡した。ここに新宮谷からの悲風は、やがて安芸からの嵐に一変し、富田城に吹きあげてくるのである。

石見の陣

新宮党が滅んでから三年後の弘治三年（一五五七）のころ、宿敵毛利元就は中国制覇への道を歩んでいた。すでに大内義長を討滅して防・長を領国に組み入れ、石見の経略も着々功を奏していたのである。

その諸豪割拠の石見国をみるに、弘治三年の時点で、福屋・周布・吉見・永安・三隅・益田らの諸氏が毛利の軍門に降り、江川より南方では小笠原長雄が、尼子方として毛利と対立していた。北東部では佐波興連が毛利に属し、弘治二年に吉川元春が石見に進軍すると、大森銀山の山吹城を守る刺《さ》賀《が》・高畠両将も元春の威風に靡いてしまった。尼子晴久は銀山の奪還を図ったものの目的を達することができなかった。

永禄元年（一五五八）になると、芸・備・防・長四州の太守毛利元就は、石見の完全制覇をめざし、その二月吉川元春が再び軍を進め、温湯城攻略にかかった。城将小笠原長雄は尼子の援軍とともに死守して譲らなかった。晴久もまた出雲須佐高屋倉城将本城常光を石見に進出させて、銀山の粮道を遮断させ、自ら大田に駒を進め、山吹城を攻撃した。七月下旬、佐波から山吹城に兵粮を補給しようとする毛利軍を、川合（大田市）の南方およそ四キロの忍原《おしはら》で、激戦のすえこれを破り、毛利は「忍原崩れ」といわれる大敗を蒙った（『森脇覚書』）。勢いに乗った尼子晴久は、九月三日に山吹城を奪還し、本城常光を城将として富田へ帰った。

晴久は宿望の銀山をついに奪取したのである。

一方の毛利は温湯城攻略のための軍を引き、全軍備中へ出陣した。吉備郡の猿懸城主荘（穂田）為資が毛利の与党川上郡の成羽城主三村家親を攻めたからである。そして永禄二年五月、為資を降し、返す刀で石見へ進発し、温湯城の本格的攻略にかかった。

尼子晴久はその七月、温湯城の対岸に出陣したが、渡河することはできなかった。落城の命運迫るのを眼前にしながら、ついに救援できず大田から富田へ帰城した。温湯が開城し、小笠原長雄が毛利に降ったのはいうまでもない。八月のことであった。

明けて永禄三年、怒濤のように迫り来る毛利の大軍を気にしながら、尼子晴久は十二月二十四日に四十七歳（有異説）を一期として死去し、尼子氏は義久の時代に移行する。晴久の死を聞いた元就は、

晴久死去においては、是非におよばざる儀どもなり。晴久も存命のうち我等と一戦をとげ、雌雄を決すべき、と存ぜらるべく候。我等も天文九年以来、数度の取合ひ仕り候へども、つひに旗本と旗本の勝負これなく、やがて雲州へ打入れ、念願をはらすべきと存候ところに残念の至りなり。

と悲しんだという（『吉田物語』）。

月山から塩谷へ下っていくと、椎と松の木陰に、およそ十基の墓に守られて宝篋印塔の墓が残されている。これが晴久の墓であることはほぼ確実であろう。毛利の出雲進出をひかえて、菩提寺を建立するだけの暇が尼子にあろう筈がない。城の裏手へ秘密裡に埋葬したのである。今日尼子氏の後裔、萩の末岡みつ子氏秘蔵に、晴久の画像が二幅現存している。そのうち一幅には前慈眼竜岳の筆になる賛がある。また伯耆東伯郡定光寺にも残され、晴久の勇姿をうかがうことができる。ただし定光寺本の賛は、洞光寺本経久の寿像賛を写したものである。

永禄四年になった。その十一月、これまで久しく毛利方として活躍していた乙（音）明城主福屋隆

兼が、所領のことから毛利にそむいて尼子に通じた。このころ毛利では小早川隆景らが豊後の大友義鎮（宗麟）と北九州で激戦を交じえていたから、その虚を衝いたのである。隆兼は鰐走《わにはしり》（大田市）城主牛尾久清・邇摩郡温泉津《ゆのつ》城主湯惟宗《ゆこれむね》らとともに、福光（邇摩郡）物不言《ものゆわず》城を守る吉川経安を攻めた。だがこれは尼子義久の意志ではなかった。義久は将軍義輝の意向によって、毛利と講和を望んでいたのである。

ところが元就は雲・芸講和に反対し、川本に兵を進め、元春もまた大田に進んで経安を助けた。毛利は十二月に福屋一味の中村（中野村）、矢上《やがみ》（以上邑智郡）を陥れた。この合戦で中村康之、多胡正国らが奮戦し、尼子のために気をはいた。

明けて永禄五年、北九州から撤兵した小早川隆景・毛利隆元（元就嫡男）の軍は石見の毛利の本隊と合し、川上（江津市）松山城を略して隆兼の二男隆任を斬った。二月のことである。そこで隆兼は本城の乙明を放棄し、尼子を頼って再挙を企てたが、義久は毛利との和談を希望していたので、どうすることもできず、大和信貴山城の松永久秀の許に走った。

このあおりをくって那賀郡高城の三隅氏も滅亡したらしい。なお『多胡系図』によると、永禄五年二月五日、刺賀《さしが》（大田市）岩山城の多胡辰敬が、かねてのことばどおり城と運命をともにしたという。戦況毛利に有利に展開中の六月、本城常光が毛利の懐柔に応じ、鰐走の牛尾、温泉津の湯らも敗走し、「石州のこと残るところなく悴《かせ》（元就）存分に任せ」、また「雲・伯のうちも敵城所々（毛利に）

一味」して（『斎藤文書』）、尼子は石見における勢力を全く失った。

白鹿城明渡し

永禄五年六月、尼子の驍将本城常光が毛利に寝返って、大森銀山を失ったことが合図で、尼子の本国出雲に警鐘が鳴り渡る。

ちょうどその月に出雲西端の重鎮赤穴久清（光清三男）が毛利の門外に馬をつないだ。このとき森田左衛門・島田権兵衛の両名が、国主の恩を説き、入日の尼子を見離すのは武門の恥としたことは、『雲陽軍実記』にみえ、伝えて今に美談とするところである。

この前後、仁多の玉峯城主三沢為清、飯石の三刀屋城主三刀屋久扶、松江の満願寺山城主湯原春綱、簸川の高瀬山城主米原綱寛らの出雲国人も安芸の威風になびき（『尼子瑞閑自筆書置』）、伯耆の南条宗勝は東伯の羽衣石に、行松入道（正盛カ）は西伯の尾高泉山に入城して尼子に敵対した。こうなっては毛利の大軍が出雲に姿を見せることは当然であろう。そのとおり、毛利元就は雲・芸講和不成立の責任を尼子に転嫁しながら、分国諸将士一万五千を統率して吉田郡山城を発し、宿望の征雲の途についた。ときに永禄五年七月三日のことである。毛利軍は石見路を阿須那・都賀を経て出雲にはいり、二十八日に赤穴に陣し、先陣は三刀屋・宍道を経て来待に進んだ。

十一月五日になって、元就は本城常光およびその一党を暗殺し、銀山を手中に収め、中国征覇の経済的基盤を確立した。ところが毛利に服属していた阿用の虎山城主桜井入道、大東の童山《かぶろやま》城主馬田入道、松江の白鹿山城主松田誠保、大原の牛尾城主牛尾信濃守、八束の熊野城主熊野兵庫介（元親、久忠カ）、鍋坂城主布広左京亮（三沢家中）、伯耆西伯の岩坪（会見町）城主日野孫左衛門、日野の江美《えお》（江尾）城主蜂塚右衛門ら雲・伯の諸将は自ら危ぶんで尼子の許に帰り、毛利の陣営にとどまった諸将は、三沢為清、三刀屋久扶、米原綱寛、赤穴久清らで、杵築大社、鰐淵寺もまた毛利に味方した。そこで元就は人心の動揺を心配して赤穴に退陣した。そして十二月十日再び赤穴を発し、白潟を経て宍道湖北岸天倫寺山の洗合《あらわい》（洗骸・荒隈）に本陣を移した。

山頭に御陣城を築かれ、総構《そうがまえ》（外郭）には、芝土手を築き、堀をほり、その内に総人数の陣取仰せ付けられ、総門の御番打廻り等、昼夜を限らず堅固に仰せ付けられ候。……後には諸細工人、その外商売仕り候者共、総構の内に置せられ、諸勢の諸用叶ひ申候様に仰せ付けられ候。

と、『吉田物語』にみえるように、半永久的築城で、毛利が持久戦法に出たことが明らかである。大内義隆の月山富田城攻略の大失敗から学んだのであろう。

宍道湖と中海との中間に和久羅（羽倉）山がある。元就が和久羅山を攻略して支城を構えたのはいうまでもない。そして安芸水軍の将児玉就方《なりかた》は中海に浮かぶ大根島を扼し、中海から宍道湖を制して海上権を握った。こうなると、富田本城と随一の支城である白鹿山城および島根半島との連絡は不可能である。

毛利はのびきった補給路線上の三刀屋に宍戸、山内両将をおき、掛合に隆元を配して堂々の遠征の陣を張った。尼子の将熊野西阿は、毛利の補給線を突破しようとして、十二月に三刀屋付近へ進撃したが、三刀屋久扶の作戦妙をえて、大原郡加茂に敗死した（『陰徳太平記』）。元就は「御入魂の段、更に申尽し難く候」と二十七日付で久扶に感状をおくっていて（『閥閲録』）、補給線重要視の度合いを図ることができよう。

翌永禄六年正月、富田城から宇山、牛尾、立原らの諸将が三刀屋の南方地王峠に討って出て、三刀屋川をへだてて相対し激戦を展開した。宇山、牛尾は戦機におくれ明日を期したものの、毛利の援軍洗合から出発の虚報を信じて、月山に帰陣した（『陰徳太平記』）。尼子はついに毛利の兵站線を遮断する

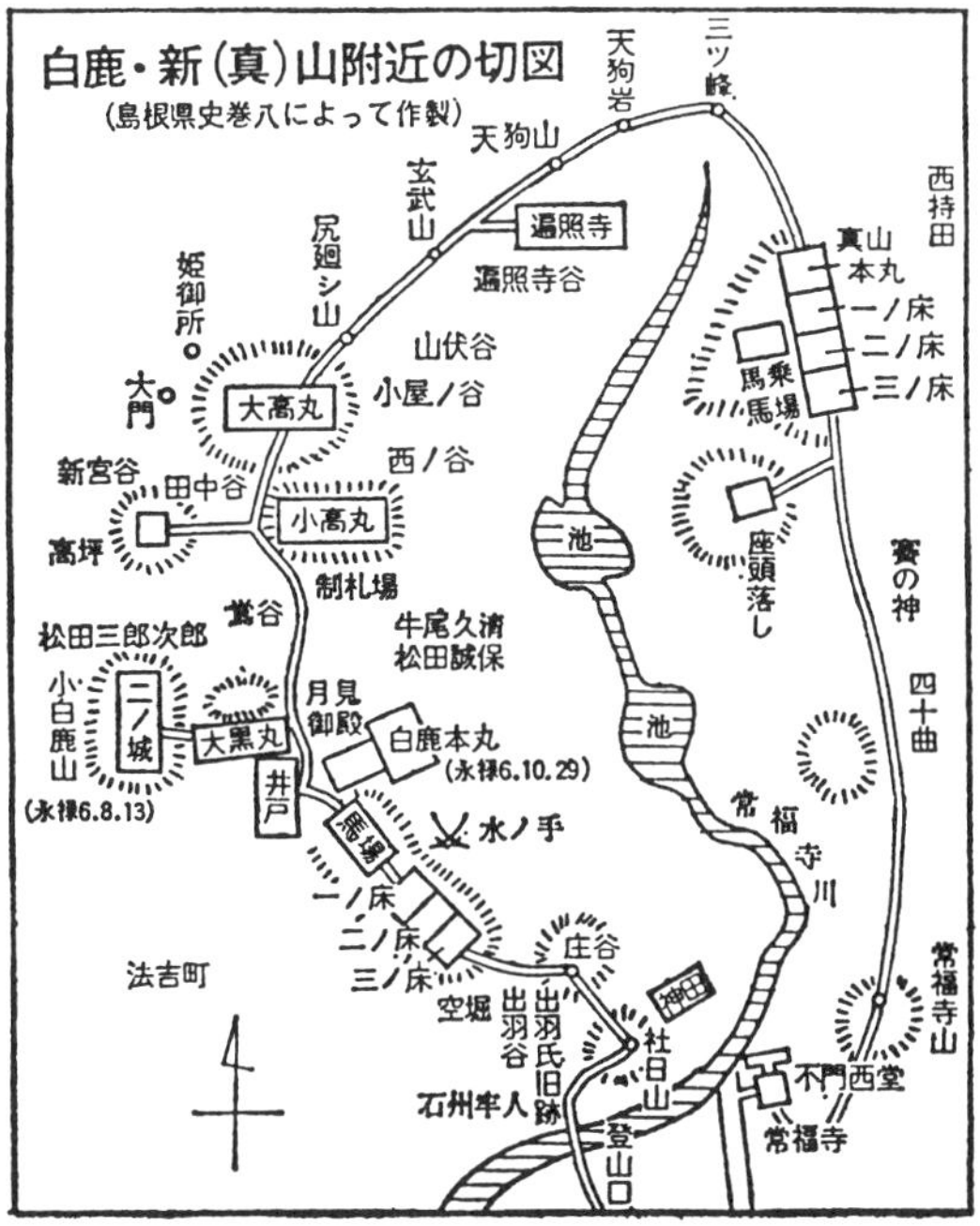

白鹿・新（真）山附近の切図
（島根県史巻八によって作製）

ことができなかったのである。『島根県史』八はこれを評して、

尼子軍の悲運は単に三刀屋付近の部隊的勝敗にあらずして、尼子家の興廃に関する重大なる意義を有する戦争なり。

富田城の運命を予知するは、最早成否の問題にあらずして、単に時日の問題たるのみ。

というが、まことに至当な見解で、この年四月の松江津田表の夜襲など論外であろう。

毛利元就は諸般の準備を完了して、いよいよ白鹿城に攻撃を加えようとしたとき、豊前（福岡県）京都《みやこ》郡苅田《かんだ》松山城危しの報に接した。毛利の全軍が出雲に動いたので、大友が尼子の要望によって出陣したのだ。元就は掛合在陣中の隆元に命じて北九州に出兵させたものの、永禄六年三月上旬芸・豊の講和が成立したので、隆元の来援を待って、白鹿城の攻略を断行しようとした。しかし隆元は八月四日、安芸高田郡佐々部において、四十一歳で頓死してしまった。毒殺されたともいうが、そうではあるまい。

隆元急逝の訃報が洗合の本陣に達すると、全軍悲嘆にくれ、六十七歳の老雄元就も自暴自棄の有様にみえた。それでも悲しみをのり越えて、白鹿城総攻撃の命を下した。明らかに隆元の弔合戦で、八月十三日のことであった。

攻めるは毛利の精兵一万五千、守るは豪将松田兵部丞誠保の手兵一千余と牛尾太郎左衛門尉久清のひきいる富田の援兵八百余人。第一回の総攻撃を受けて小白鹿（二ノ城）が落とされ、白鹿の外郭が

破れた。ついで九月十一日、元就は大森銀山の鉱夫数百人を呼び寄せ、穴を掘って城内の水の手を断とうとした。これを知って城中からも地下道をつくって迎え撃った（『雲陽誌』）。地下戦の開始だ。

富田城将尼子義久は白鹿城の攻防をだまってみていたわけではない。八月六日馬潟原（松江市竹矢）、同十九日白鹿城麓船本、同二十八日宍道中蔵に戦い、九月十日熊野兵庫介（久忠カ）らが熊野城で毛利軍と激戦を展開した。また九月二十三日には、義久の弟倫久《ともひさ》を総帥として、白鹿城の後巻《うしろまき》を策し、和久羅から馬潟に至る地点まで進出したが、毛利の両川に迎撃されて敗北した。このとき義久の近習山中鹿介幸盛が勇戦したことは、諸軍記の伝えるところである。

十月十三日に小高丸が落ち、八十日近く籠城をつづけた白鹿城も、ついに二十九日に城を明け渡し、援将牛尾久清は富田に送還され、城将松田誠保は隠岐へ去ったという。のち誠保は隠岐から富田城へはいったものと思われる（『尼子家旧記』）。

白鹿落城の寸前、松田兄弟らが毛利へ降参しようとしたとき、誠保の妻（晴久妹と）が、「各はともかくもしたまへ、みづからは自害せん」と叫んだこと（『雲陽誌』）、野村諸正・諸行・諸兼三兄弟が籠城して戦死をとげ、叔父の野村士悦が毛利方として寄せ手のなかにあったことなど、戦国の非情を語るものであろう。

この戦さで矢文の合戦があった。『雲陽軍実記』の伝えるところで史実のほどは保証しかねるが、ざっと説明しよう。毛利の陣から、

年経れば白髪の糸も破れ果て毛利《もり》の木陰の露と朽ちなん

の一首が二ノ郭へ射込まれた。白鹿は白髪とも書き、毛利と森をかけた。すると松田陣から、

安芸の毛利朽葉も落ちて木枯の中に松田ぞ色を増しける

と、隆元の死を諷刺した歌を返した。また城中から、

元就は白鹿の糸につながれて引くも引かれず射るも射られず

と放つと、吉川陣からは、

尼の子の命と頼む白鹿糸今ぞ引切る安芸の元就

と射返した。

ともあれ尼子十旗の第一白鹿が落城して、尼子はこれまでに十旗中の最有力である五旗を失った。富田城はいまや孤城落日の悲境にさらされたといっても過言ではあるまい。

永禄六年十一月、因幡・但馬方面から月山へ回送する兵粮船が雲・伯海岸沖に出現した。中海の海上権を毛利の水軍に押えられているいま、月山への粮道は因・但から海路伯耆弓ヶ浜に陸あげして、城中に輸送するより方法がなくなったからだ。尼子勢は兵粮を受領するため弓ヶ浜に討って出たけれども、毛利の水軍に破られてしまった。十五日のことで、これを弓ヶ浜合戦と呼んでいる。これ以後、山中幸盛、立原久綱らの苦心も水泡に帰し、伯耆方面からの粮道が断ち切られた。尼子義久としては、この年に意東の福良山城を奪取したことで満足しなければならなかった。

越えて永禄七年も尼子、毛利の持久態勢は続き、真綿で首を締めるような元就の戦略に、各所に在陣の尼子軍は、相前後して月山に「つぼみ」、年末のころには雲・伯の尼子与党のほとんどが毛利の陣営にはいった。

富田城の攻防

山陰の地はあいかわらず鉛色の空模様で、海もまた光はにぶく、宿命の重圧に苦しめられているようにみえる。それにもまして永禄七年の終わりごろの富田城内には、陰惨な空気がみなぎっていた。城中城外の連絡は断たれ、孤立無援の悲境にあったし、老功さを

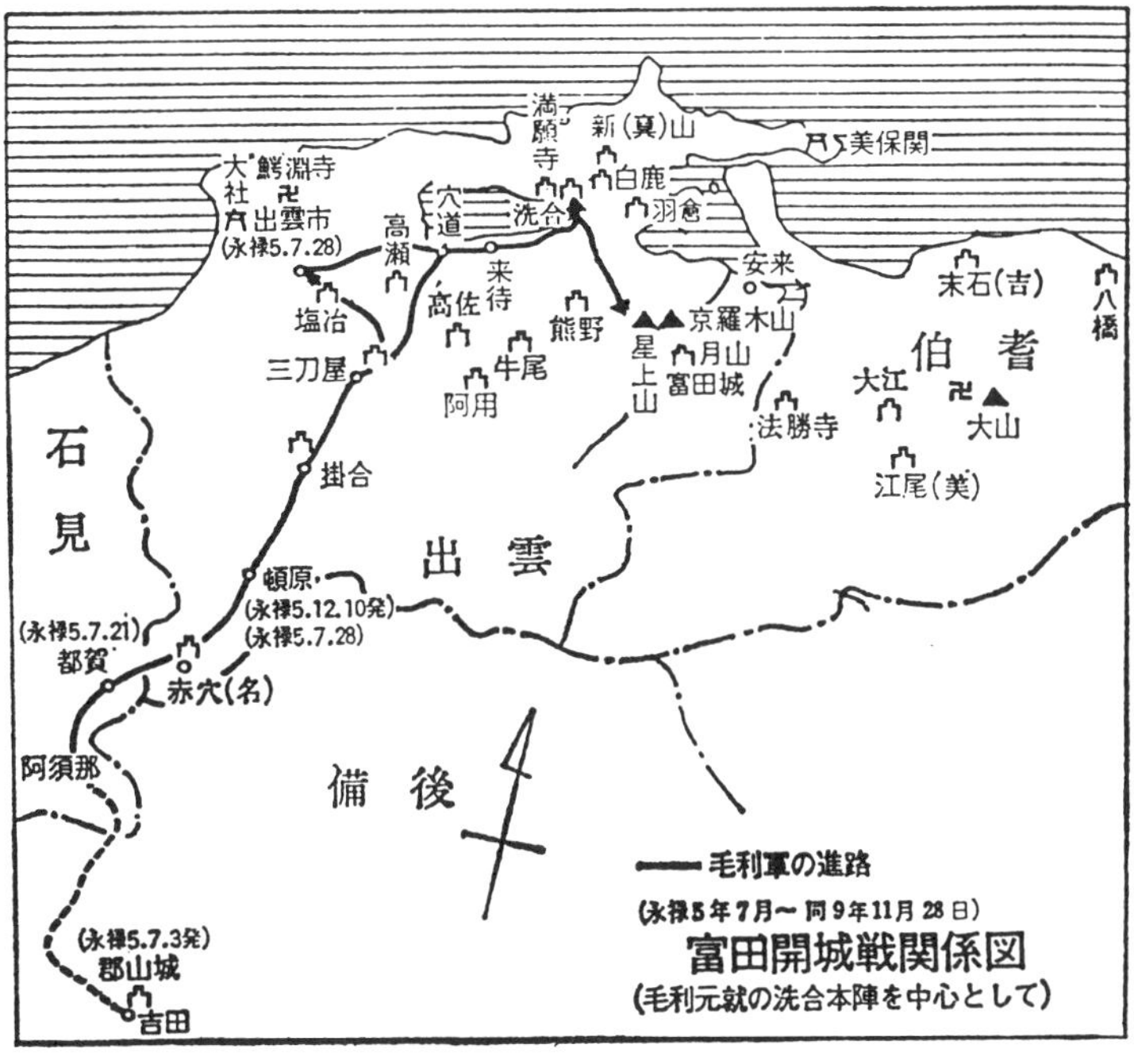

富田開城戦関係図
(毛利元就の洗合本陣を中心として)

ほこる元老たちと、功を急ぐ近習たちとの対立の色が濃くなってきたからである。

永禄八年になって、毛利隆元の遺子輝元が元春の嫡子元資（のち元長）と同行し、ここに毛利の全軍は出雲に結集した。四月毛利は本陣を星上山《ほしがみさん》に移し、八幡の浄安寺山、石原の滝山に布陣し、麦を刈り取って兵粮攻めの戦法をとった。そして十七日、菅谷、御子守、塩谷の三方面から富田城総攻撃の火ぶたをきった。この合戦の模様を『陰徳太平記』は次のように批判する。

寄手は三万騎にて、しかも老功壮《さか》んなる元就父子なり。尼子は一万余にて、義久兄弟若大将の、しかも勢ひ年々に衰へ、軍士月々に減じ、落日残月のありさまにて、三倍したる寄手に向ひ、二口ながら初度の合戦に利を得、終《つい》の勝負とても、さのみ大敗には至らざりけること、曾祖父経久の余慶、大勇の伝流するところといふ。相従ふところの兵卒、また代々功名の家の子なりけるが致すところなりと、今度の合戦にぞ、尼子家の将兵の名は雪上に霜を加へたりと、寄手の感称するのみならず、近国に伝へ聞きて、嘆美せぬはなかりけり。

毛利は一挙に富田城を攻めることをやめ、全軍その陣地を撤退し、京羅木・滝山の向城に守兵をおき、四月二十八日に洗合の本陣へ帰った。

四月十七日の富田城攻防戦についで十八、十九日の両日市庭表に小合戦が行われ、鉢屋掃部は河本左京亮幸忠の部下として、鉄砲をもって奮戦し、鉢屋弥四郎もまた戦功があり、やがて掃部は分国中の弦指鉢屋親分（弓弦製造職の本宗）を申し付けられた（『蒲生文書』）。これなどは経久の余光といえ

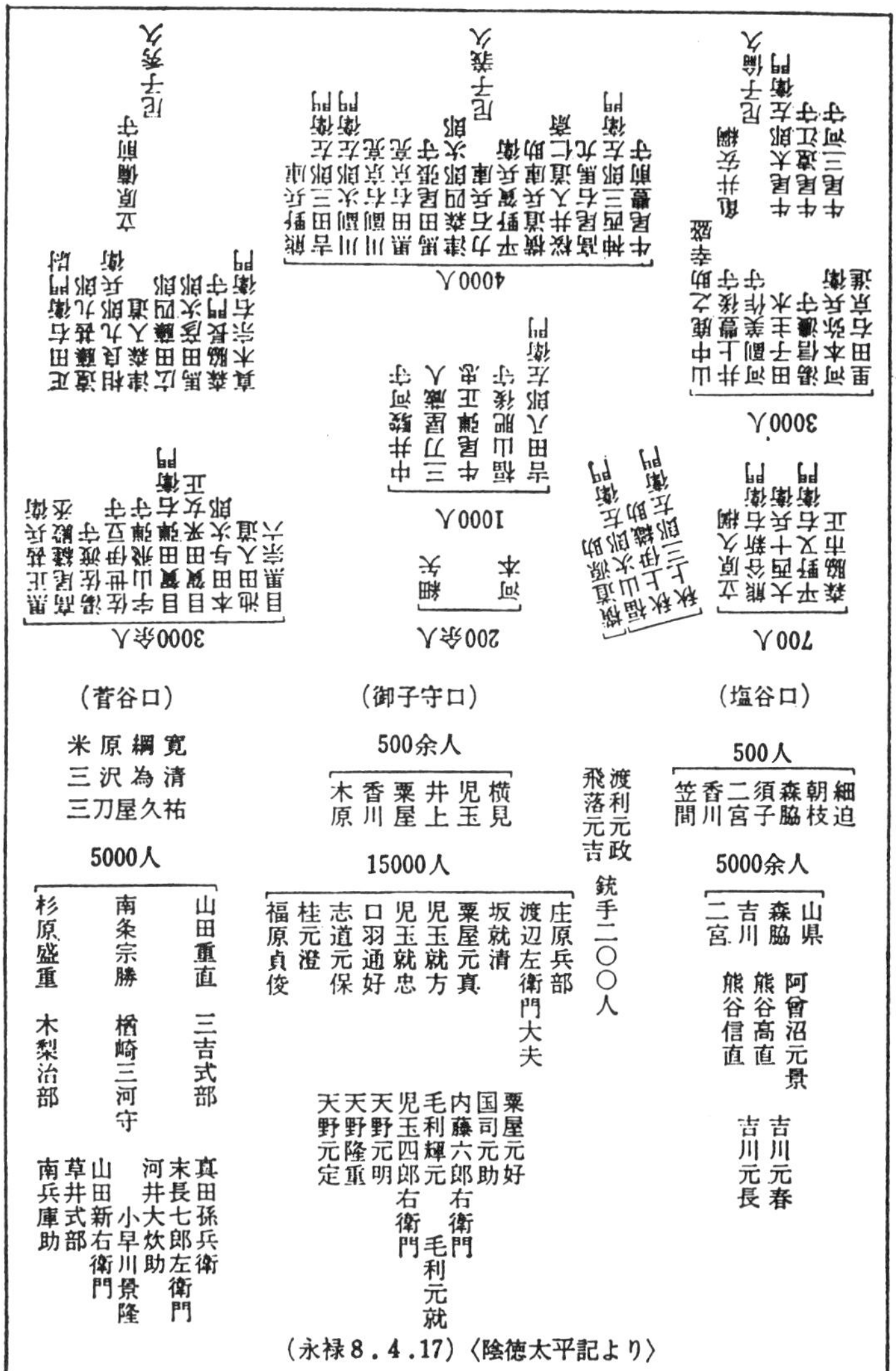

毛利元就富田城総攻撃対陣の図

るものであろう。

この当時はまだ、伯耆国日野郡江尾《えお》（江美）城主蜂塚右衛門尉と同郡大江城主吉田源四郎（左京亮の子）が尼子方として活躍していた。蜂塚は「士《さむらい》は渡りもの」であるから、毛利に降るものは去れ、といい自らは籠城の決意を固めていたという。城は八月六日、尾高泉山城番の備後神辺城主杉原盛重のために落とされ、城兵の壮烈な最期でもって、江尾の戦いは終わった。下旬になって義久は清水寺領を守護不入としているが、尼子の命運も目前に迫った感が深い。特に九月三日、大江城が備中成羽城主三村家親らによって陥落してからは、月山への道は完全に遮断された。尼子はこの奪回を図ったが成功しなかった。

ついで毛利軍は再び富田城に出動し、向城に益田藤兼らの守備兵を配置して、洗合に帰陣した。九月二十日、富田川の中洲において、忍びよる夕闇のなかに、山中鹿介幸盛と益田藤兼の家人品川三郎右衛門（大膳、棫木《たらき》狼之助勝盛と）が一騎打の勝負をやったことは、いまなお名高い戦話となっている。軍記を総合してみるに、山中は品川のために深手を負ったが、秋上庵介の助太刀で品川の首級をあげることができたらしい。『森脇覚書』は「名誉の合戦に候」と記している。また、『吉田物語』に、

その後、鹿之助（介）、自分の手柄を吹調（聴）仕るべきため、鹿を仕伏するものは狼なれば、品川狼之助と名乗りて手向の勝負を望たる当千の兵と組て高名仕り候、その時の手疵など丶申して人に見せ候故、世上に狼之助と唱へ申候、品川儀は律義第一にて当座に作り名など仕り候者にては、御座な

　き由申伝へ候こと。

とあって、品川を弁護している。今日、品川の碑は広瀬町に建てられ、その英霊を弔い、両人決戦の地と思われるところにも、大きい石碑が建立され、両雄の英名を永久に伝えようとするもののようである。

そののち尼子勢のゲリラ戦が各地で展開されたが、毛利の包囲網を突破することができず、美作に活動していた河副久盛も、英田郡林野の倉敷城をすてて富田に帰り、城中の士気は次第に低下し、落城の悲運に見まわれるのは時間の問題となってきた。

毛利元就は富田城攻略にあたり、はじめは根尽きて投降する籠城兵に兵粮などを与えて懇情を尽くしたが、のちには四方に関門をつくり高札をたて、投降や脱走が生じないようにして、粮食の欠乏を図った。そこで尼子の「家中に鵜山《うやま》（宇山）飛騨と申す大有徳の者、財宝を尽し一両年相続け候。その段元就様聞召し付けられ、安木（安来）え船入籠《いれこ》め候道迫門《せと》に守山（森山、八束郡）と申す城を仰せ付けられ、長屋（小次郎）と申す者を置かせられ、海上のかよひを差留められ候ゆゑ」安来からの兵粮の道も断ち切られた（『桂岌円覚書』）。やがて毛利は高札をとりのぞき、籠城将士の退去を許可したのである。

まず義久の側近牛尾豊前守（幸清の甥と）は妻の「侍は渡りものにて候ぞ」のことばに動かされて尼子を去り（『陰徳太平記』）、ついで亀井秀綱・河本隆任・佐世清宗・湯惟宗ら累代の勇将も富田を後にし、十一月には「牛尾遠江守（幸清）・同太郎左衛門（久清、幸清の嫡子）その外宗徒の者歴々まかり退」いた（『閥閲録』）。牛尾氏は清定・経久が領国形成の過程で最も頼りにした国人譜代で、幸清は家老職の一人であったし、佐世清宗もまた家老であった。

同じ家老筆頭の宇山久兼は、この状態を阻止しようとしたが、永禄九年元日、嫡男弥四郎とともに斬殺されてしまった。軍記は義久の嬖《へい》臣大塚与三右衛門の讒言によるとする。『天野文書』九月二十八日付、宇山善五郎（久兼二男）あて天野隆重書状に、「御親父飛騨守殿に対し、歴々の地、元就約束申され候」とあり、『老翁物語』に、元就の調略によって、宇山が毛利に味方する意志のあったことを記している。しかし同書はついで「その家亡ぶべきとては、か様に忠儀の者共殺さる丶様になりゆき申すげに候」と、宇山を尼子の忠臣と評価している。してみるとやはり元就の謀略に義久がひっかかったとすべきであろう。したがって二男善五郎が毛利に降伏したのは、父兄讒死ののちのできごとであったろう。

二月になると「湯原・大谷以下まかり退き候以後、いよいよ富田より人落来り」（『閥閲録』）、元就のかかった大病も、将軍義輝の派遣していた曲直瀬《まなせ》道三の診療によって三月には全快し、天は尼子を見離した。そして四月、一世の風雲児織田信長は、吉川元春にあてて、

永々雲州御在陣の由に候。これにより、万端利運に属せらるるの旨、その聞え候。誠に名誉の儀に候。いよいよ御存分にまかせらるべきこと勿論候。元就より切々承り候条大慶候。

と、雲州陣の成功裡になりゆく様子を賀している（信長の書状は『吉川家旧記』の年代推定に従ったが、奥野高廣氏により、元亀元年とすべきである〈『織田信長文書の研究』上巻〉）。

いまとなっては四月二十一日の富田城麓中須の合戦も、五月二十四日の城下七曲口（中谷カ）の戦いにおける鉢屋賀茂弥三郎の奮戦も、とうてい月山を支えることはできない。六月「近日は富田より五十人、百人づつ切々退」去し、七月「日々富田より人まかり退」き、九月「富田の儀日ならずして落去必定」の有様となった（『閥閲録』）。そして十月十三日、輝元が厳島の棚守房顕に与えた書状には、

富田の儀、日ならずして一着必定候。二、三日以前にも、宗徒の者四、五十まかり退き候。

とある（『野坂文書』）。十一月五日、元就は「ここ元の儀、いよいよ利運までにて候。心安かるべく候」（『閥閲録』）と報じている。このころは隠岐の旧族村上氏も毛利に服属していて、尼子義久は打つ手のすべてを失った。

弓矢の法

孤城落日、尼子三兄弟（義久・倫久・秀久）も万策尽きて十一月二十一日に、使者（立原久綱カ）を毛利の本陣におくり、「われらは衆名に代って自刃しよう」と申し入れた（『吉田物語』）。『桂岌円覚書』によれば、三兄弟は「一命のところ、しきりに懇望」したとある。元就は尼子一族を絶滅せよ、

という両川（元春・隆景）らの強硬論をしりぞけ、

か様に大敵を御取詰め候て、一命の段に頻りに懇望仕をば、助け置かるゝ儀、大将たる人の法にて候間、是非に及ばず兄弟三人をば助け置かれ、芸州へ御下し成され置かせらるべく候。家頼（来）の者の儀を悉く書き立て御目にかけ候へ、御校了（量）候て芸州への者仰せ出さるべくとの御意……。

であったという（『桂岌円覚書』）。『吉田物語』には、元就が尼子一族を助けるのは「弓矢の法」であるといったと書いている。尼子三兄弟は元就の返事に感激し、この二十一日に起請文を提出し、毛利も血判の誓書を尼子におくった。

今度和談の儀、芸州に至り御下向あるべきの旨を以て、入眼《じゅげん》せしめ候。殊更、此方に対し、自今以後御悪心あるべからざるの由、たしかに承知仕り候。然る上は、御身上に於ては一切聊爾《りょうじ》あるべからず候。向後疎意無く申し談ずべく候。もし此旨相違に於ては、梵天帝釈・四大天王惣じて日本国中大小神祇、殊に当国杵築大明神・芸州厳島両大明神・八幡大菩薩・氏神祇園牛頭天王・天満大自在天神の御罰をまかり蒙るべき者なり。仍て神文件の如し。

永禄九年十一月廿一日

毛利右馬頭 元就（血判）
小早川又四郎 隆景（血判）
吉川治部少輔 元春（血判）
毛利少輔太郎 輝元（血判）

尼子三郎四郎《義久》殿
同　八郎四郎《秀久》殿
同　九郎四郎《倫久》殿

ついで二十六日、福原貞俊・口羽通良・桂元重の三重臣も連署の血判誓書を城中におくっている（『佐々木文書』）。

かくて永禄九年十一月二十八日、富田は開城し、福原・口羽の両将が城内にはいった。富田開城まで尼子氏に属していた人びとは、幸い『尼子家旧記』によってその名を知ることができる。いうまでもなく立原源太兵衛尉久綱や山中鹿介幸盛・横道兵庫助（重綱カ）・秋山《上》助次郎（秋上庵介久家）の、いわゆる尼子十勇士のうち三人の名もみえ、士分・僧衆あわせておよそ百四十人にのぼっている。思えば尼子経久が文明十八年（一四八六）富田に入城してからここに八十一年、永禄五年（一五六二）元就が洗合に陣してから数えても満四年、山陰・山陽の雄拠月山はついに毛利の手に落ち、名門尼子氏は滅亡した。

経久、名将にておはしければ、従臣ら皆武を専らとし、義を堅くせし故、僅の勢にて七年まで籠城し（尼子七年の役という）、数ヶ度の戦ひに、さのみ大敗したることもなく、殊に若大将の義久、老功の元就と矛盾に及びけること、敵ながらも勇智形の如く兼ね備へたり。誠に経久の曾孫なりけりと、城を明渡されたりといへども、かへって尼子家の将兵共に諸人はなはだ感称せり。

『陰徳太平記』はこのように、尼子善戦の原因を経久に求めている。月山は尼子氏あっての月山であり、尼子はまた経久の尼子であったのである。

それにしても、尼子が満四年の籠城に耐えた陰に、郷民の尼子に寄せる心を見のがすことはできないと思う。その第一に白鹿陣のとき、近在の百姓たちは、松田誠保の末弟（末子とも）常福寺普門西堂の檄に応じて立ち上がり、「忍び〳〵兵糧を城中に入れて、二ノ城戸に四、五百人閉籠」ったという（『雲陽軍実記』）。第二に洗合の毛利本陣から十二キロの地点の野白山に郷民数百人が、尼子の援軍とともにたてこもり、毛利の馬粮や薪刈を妨害した（『吉田物語』）。第三に永禄七年六月伯耆の郷民が所在に蜂起し、日野郡黒坂不動岳の毛利軍を攻撃した（『陰徳太平記』）。確かな史料ではないが、尼子治下の農民が毛利の進入を快く思っていなかったことは事実であったろう。こうした農民の動向に、尼子がよく守ることができた原因を求めることができよう。

それならば尼子は、治下の農民にどの程度の租税を課していたのであろうか。遺憾ながらこれを証明する史料がない。『赤穴文書』（『閥閲録』）によると、赤穴氏は平時にあって段銭百文の規定が実際には二百二文、将軍の大事で出陣のときは三百四文、そのほか夫用途（夫銭）として領内一般に十文を徴収していたことがわかる。本庄の『清安寺文書』によれば、隠岐守護代の隠岐豊清が天文二十三年九月に寄進した田地でも、段銭の常額は百文であるが、赤穴氏の場合と同様に、その他雑税が徴収されたろう。恐らく尼子氏の場合も同じ程度であったものと推定される。したがって戦時中のこととて相当数の増額がなされたものと思われるが、郷民の毛利氏への協力の史料が見出し得ないのは、尼子氏の治世のよろしきをえた証拠ではあるまいか。

さて富田を下城した尼子三兄弟は杵築におくられ、ここで主従訣別の宴を開いた。どこまでも義久と行動を共にしようと願った立原・山中以下四十九名の者も、杵築から先の同行は許されず、望みを将来にかけて東西南北の人となった。『二宮佐渡覚書』によれば、「鹿介方は、品川との戦に手を蒙られ（傷を受け）、そのころまで痛み候につき、杵築に越年候へとの御事」であったという。また『陰徳太平記』は義久と北の方京極氏との切々とした別離の様子を描いて余すところがない。

見るらんと見るも先立つ涙にぞ慰めかぬる秋の夜の月

憂ながらなほ音信《おとずれ》よ君が住む国の名に立つあきの初風

とは、義久に別れた北の方が、阿佐の観音寺という比丘尼寺で黒髪を切り、宗玉と改め、安芸にいます夫の現世安穏を祈って、傾く月に向かい、あるいは軒端の荻に驚いて詠んだ二首という。ただし『佐々木京極尼子正統霊』によれば、義久の妻月山妙春大姉は永禄九年十一月二十六日、富田開城の二日前に没したもののようである。

尼子三兄弟はおよそ二十名の近習を伴って十二月九日杵築を出発し、簸川の田儀に下り、十日大田の川合、十一日邑智の川本、十二日出羽、十三日安芸高田郡横田、十四日吉田から四キロ余の地にある長田の円明寺にはいった（『二宮佐渡覚書』）。内藤元泰の監視のもとに、はじめは三人別々、のち同居することが許された。

三兄弟円明寺に幽閉中、尼子の旧臣と思われる者が「一人また一人来」たけれども、毛利方に全部斬り捨てられた。永禄十二年、毛利、大友が筑前立花城をめぐって激戦しているころ、「尼子家の者、吉田え打入り、尼子殿を引取り申すと風聞」されたが（『内藤梅雪覚書』）、中国の雄毛利を相手に、それは無理というものであろう。

ところで尼子家伝来に「日本に稀なる刀（国行）」があった。義久はこれを極秘にしていたが、やがてその所在が知れ、涙ながらに毛利輝元に献上した。受け取った輝元は「此の刀の儀、名物と申し数代御秘蔵と申し、一方ならざる御懇意申尽し難く候。連々忘却あるべからず候」（『閥閲録』）と喜んでいる。この国行の小名刀はのち豊臣秀吉に進上した。義久は名刀の所在が毛利に洩れたのは、家老の大西十兵衛が内藤中務に謀られたためとの疑問をいだき、十兵衛を手打ちにしている。敗れたりとはいえ伝家の宝刀だけは毛利に渡したくなかったのである。

時代は流れ、慶長五年（一六〇〇）関ヶ原の役ののち毛利は防・長二州に転封され、尼子兄弟も萩に近い阿武郡奈古・紫福邑《しぶきむら》で千二百九十二石余を給され、義久は奈古に住んだ。のち入道して友林と号し、慶長十五年八月二十八日に七十一歳（天文九年生）で死んだ。嗣子がなかったので弟倫久の子九一郎を養って久佐元知と称させた。その養子就易《なりやす》時代に佐々木と改め、近代に至ったが、昭和になって寅介の死によって名門も断絶した形になっている。しかし親類もあることだし、佐々木家の復活を望んでやまない。倫久は朝鮮、関ヶ原の両役に従軍し、元和九年（一六二三）三月四日に没し、秀久は慶長十四年（一六〇九）十二月二日に死去した。なお、奈古には義久の菩提寺補陀山大覚寺があり、その墓も残る。私は昭和五十三年十一月十七日、大覚寺に参じて悲運の尼子氏を回顧し、去り難いものを感じたのであった。

新富田城将は福原・口羽両将に代わった天野隆重である。そして毛利は永禄十年二月、吉田郡山城に凱陣したのである。

三日月の影

尼子の再挙

永禄十二年六月、山中鹿介幸盛・立原源太兵衛久綱らが、尼子孫四郎勝久を擁して島根半島の沖に姿をあらわした。その軍船数百艘という（『日御碕神社文書』）。

これより二年六ヵ月前、尼子歴代の根拠月山富田落城ののち、遺臣らは諸国に流浪した。なかでも山中・立原らは京都にひそみ、風雲に乗じて尼子家の再興を意図していた。その時がおとずれた。前年つまり永禄十一年八月以来、毛利の主力は北九州に出陣し、雲・石の諸将もこれに従軍して、豊後の大友宗麟軍と死闘をくりかえしていたからである。そこで、秋上三郎左衛門尉綱平が上京して山中、立原らと談合し、京都東福寺の僧になっていた新宮党の遺子を還俗させ、尼子孫四郎勝久と名のらせて主将に迎え、遠く豊後の大友と連絡をとりながら、永禄十二年の春京都を出て但馬にはいり、垣屋播磨守の保護のもと、水軍の将奈佐日本之助の軍船に乗って隠岐に渡航し、隠岐為清を頼り、出雲入国の機会をうかがった。このころ元就・輝元は長門長府に移陣し、渡海中の吉川・小早川軍は筑前糟《かす》屋《や》郡立花城を閏五月に陥落させたが、いつまた奪還されるかわからない状態である。尼子牢人はこの機会をとらえて、出雲へ押し寄せたのであった。

尼子勝久らの軍船数百艘（数十艘カ）は八束郡千酌《ちくみ》湾（美保関町）にはいった。六月二十三日の夜半という。この地は皇室の料所で、上陸の地点としては格好のところである。ほとんど戦わずして上陸し、忠山《ちゆうやま》に陣をすえた（『日御碕神社文書』）。二十余年にして再び故国の土をふんだ勝久の感慨は言語に絶するものがあったろう。その周囲を取り巻く部将の顔ぶれをみるに、尼子助四郎氏久・山中幸盛・立原久綱をはじめとして、秋上三郎左衛門尉綱平・その子庵介久家・横道兵庫助秀綱・同源允高宗・牛尾弾正忠（久時）・三刀屋蔵人（宗忠）・吉田八郎左衛門久隆・松田兵部丞誠保ら雲・伯諸浪人二百余人である。尼子家再挙の檄が四方に伝わると、森脇東市正《いちのかみ》久仍・目加田新兵衛尉幸宣・同幸定・河副美作守久盛・多賀兵庫助高信・屋葺《やぶき》右兵衛尉幸堅・中井平三兵衛尉久家・津森宗兵衛尉幸俊・横道源介久盛・熊野兵庫助久忠・古志新十郎重信・隠岐為清、それに銀山城の守りに任じていた吉田孫左衛門父子以下およそ三千人が集まった。これらの多くは、永禄九年の富田開城まで見届けた人びとである。八十年の間、陰・陽に培った尼子の余威は根強く、経久の治政が偲ばれるというものである。

尼子軍は松江市北方新山（真山とも）城の多賀左京亮元竜を招降し、ここに本営をおいた。六月下旬のことである。ついで交通の要衝松江の末次に土居を構え、宇波・山佐・布部・丸瀬（ともに能義郡）などに土塁を築き、六千になった兵力で、思い出の富田城を一挙に奪回しようと意気込んだ（『陰徳太平記』）。

だが富田城の攻撃は城将天野隆重の調略にかかって、秋上庵介らが大敗し、七月に山中・立原らが再び攻めたが、ついに抜くことができなかった（『陰徳太平記』）。八月にはいって立花陣中にあった高瀬城主の米原平内兵衛尉綱寛らが帰国したが、米原はすでに大友宗麟のすすめもあって、毛利にそむく心算であったらしく、尼子から高禄で誘われたのを潮時に、母子が人質にとられている弱味もあって勝久に応じた（『米原文書』『閥閲録』）。九月になると「古《ふる》から小野の本柏《もとがしわ》」の古歌によって、伯耆末吉（末石とも）城将神西《じんざい》三郎左衛門尉元通が尼子に帰属したらしい（『神西文書』）。また富田城内の馬木彦右衛

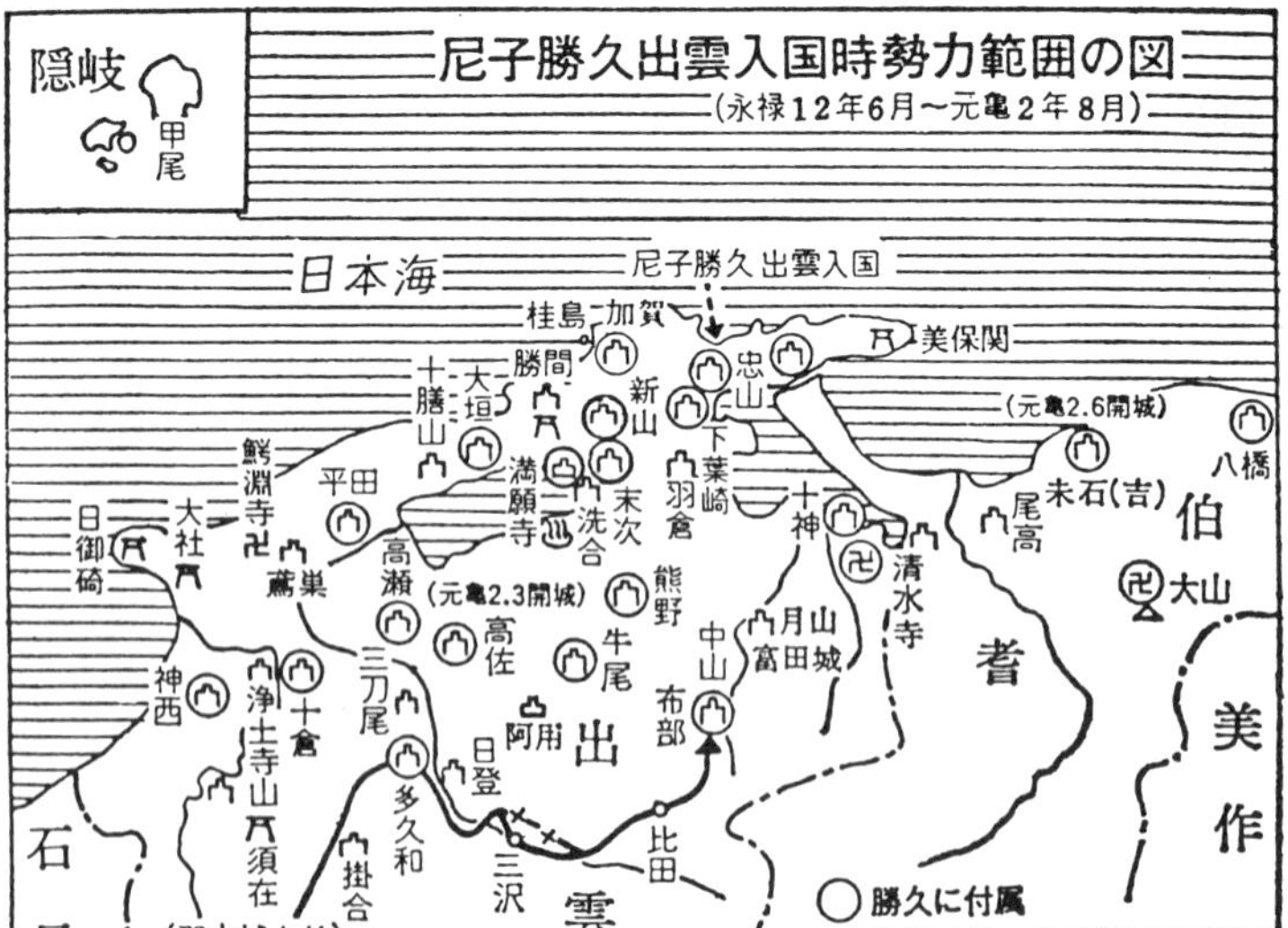

門・河本弥兵衛・湯原某が城外の尼子軍と示し合わせて叛乱をおこした。しかしこれは失敗に終わった。尼子にとって惜しいチャンスを逃がしたものといわねばなるまい。

この前後、安芸銀山城主の小田が、出羽・坂らと十倉から原手郡へ討って出たが、米原綱寛のため小田は討たれ、坂らは逃走した（『森脇覚書』）。これを原手合戦と呼んでいる。また所領のことから隠岐為清が美保関で謀叛をおこし、山中・立原らがこれを攻めたものの乱軍となり、援軍の到着によってかろうじて勝利をえたという（『陰徳太平記』）。これが美保関合戦である。

出雲に入国した尼子再挙軍の国内対策がこの時期から活発になった。月山を陥れることの至難さを知っての戦略の変更である。伯耆においては瑞泉寺・大坂八幡宮・経久寺・定光寺、出雲では日御碕神社・迎接寺・杵築大社・雲樹寺などの寺社領を安堵し、そのほか神主・商人などに特権を与えて人心の収攬に努めた。なかでも十月に杵築大社領を守護不入とし、国造への出入船を千家・北島両家で取り計るようにしたが、それは「今度但州より一生の思をなし渡海、遙に入国を企てたことは、さらに人生の所為にあらず、実に神徳添運による」ものであったからだ（『北島文書』）。

それはともあれ、山中・立原らは出雲入国に当たって美作・備後・備前の尼子党へも働きかけていた。すでに七月には美作真庭郡の高田城を三浦氏が奪取しようとして、備前の宇喜多直家の援軍をえて攻撃し、城内の熊野弥七郎や鹿介の姉聟（『陰徳太平記』は妹聟）佐伯七郎次郎が「鹿介より内通」して叛乱をおこした（『閥閲録』『森脇覚書』）。しかしこれは失敗して佐伯は殺害された。また備後の藤井皓玄が神辺城を乗取ったが反撃されて討死した（『閥閲録』『桂岌円覚書』）。石州へは福屋隆兼が入国するとの風聞もあった（『森脇覚書』）。十月には、大内義隆の従兄弟にあたる大内輝弘が大友の援助で山口に打ち入った。十一月十九日付で亀井鹿介（山中幸盛）あて宗麟の書状に、高田城攻防に際し、塩硝二壺をおくる由が記してあるによれば、山中らが高田城と連絡をとっていたことは確実である。

老雄毛利元就も四周の状況悪化に驚き、両川を北九州の陣から召還し、大内に当たらせた。輝弘はもろくも周防富海《とのみ》の茶臼山に自刃した。毛利は苦戦のすえ奪った立花城をすて、朝廷、幕府を動かして芸・豊の講和を図りながら、主力を吉田に集結した。毛利の大軍が富田城急援、尼子勝久討滅のため、出雲に迫り来ることはいうまでもあるまい。

出雲退陣

毛利軍およそ一万三千、輝元が総大将となり、両川を補佐役として、吉田郡山城を出馬した。元亀元年（一五七〇）正月六日のことである。

富田城が尼子軍に奪取されてはたいへんである。毛利軍は積雪のなかを石見路を猛進し、都賀を経て出雲赤穴に着き、二十八日飯石郡多久和城を陥れ、ついで城将多久和大和守を斬った。『雲陽軍実記』にはこのとき、秋上庵介・尤道理介《もつともどうりのすけ》らが援将として在城していたのに、毛利の威風におそれ、城に火をかけ、戦わないで敗走したことを述べ、

　城を明け落葉尤道理なりいかに庵を春焼にする

と、一首の狂歌を載せている。多久和落城によって、掛合の氷之上・禅定寺・阿用・福富の要害も落ち、毛利は三沢鎌倉山を打ち越え、比田に進出した。これから布部《ふべ》を通過すれば富田城はもうすぐだ。山中・立原らは尼子の総軍お

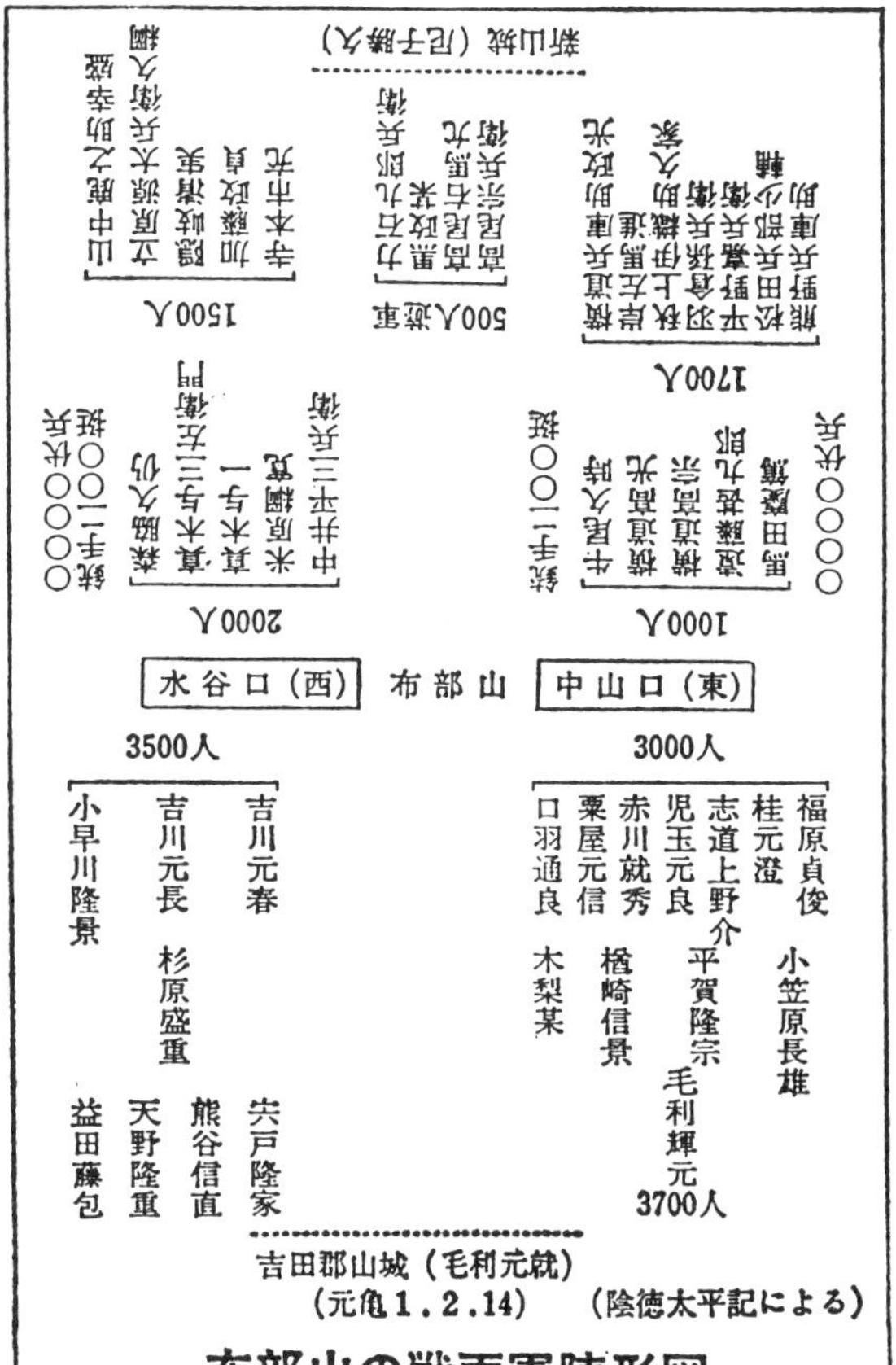

布部山の戦両軍陣形図

よそ六千八百をもって、布部中山（要害山とも）に迎え撃った。

二月十四日未明、本道筋中山口と西方水谷口の両方面に激戦が展開され、「敵味方の精兵ども入乱れ、尼子・毛利の国争ひも今日を限りぞ」とみえた（『雲陽軍実記』）。両口ともにはじめは尼子軍の旗色がよかったが、およそ二倍の兵力の毛利軍のため、尼子勢は二百余の戦死者を出し、ついに総退却のやむなきに至り、山佐口から末次の本陣に崩れ去った（『桂岌円覚書』）。

この乱軍のなかに、十勇士の一人である横道兵庫助（秀綱）が中井善左衛門のために討ち取られた。中井善左衛門、十日已前に降人となりて、今日毛利勢に加はり、逃行く敵を追ひかけけるが、横道をきっと見て、何共物をば言はずして、すら〳〵と側へ寄りける間、横道も、姪聟なり、よも討たじと思ひけるにや、「中井手を負ひたるぞ」と云ひければ、耳にも聞き入れず、切らんと太刀を抜くを見て、横道「邪見放逸なる中井かな」と、はたとにらんで「能く首うて」とて差延べてこそ打たせけれ。中井が行迹《ふるまい》、敵味方となるとは云ひながら、情無かりしことどもなり、と弾指の笑ひをぞ伝へける。

とは、『陰徳太平記』の記述する横道兵庫助最期の場面であった。

布部山の快勝を伝え聞いた元就は、輝元に書状を与え、「悴家《かせいえ》（毛利家）の本望唯このことに候」とか「加様のことは古今稀のことに候」と喜んでいる（『毛利家文書』）。敗残の尼子は、この一戦によって再興の旗は地に落ちた。そのとおり二月二十四日末次城陥落、四月十七日牛尾弾正忠のこもる三笠（牛尾）の落城、ついで熊野兵庫助の守る熊野開城、さらに高佐城、平田平崎城も毛利の手にはいった。

かくて人心動揺し、尼子の諸将は勝久から離れ、五月になって清水寺大宝坊宗信が降服し、秋上の旧知で毛利の部将野村士悦や大宝坊の斡旋によって、秋上庵介久家が大庭大宮の社家・父綱平とともに尼子を見限った。島根半島の東部の要衝森山城を中心に勢力のあった庵介の変心に、元就は「幾度申候ても庵助現形のこと大慶に候」とか「まことに秋上庵介一味のこと、幾重申ても大慶このことに候」ともいって、手ばなしで満足している（『毛利家文書』）。尼子十勇士のなかで山中鹿介につぐ大立物といわれる秋上庵介はなぜそむいたのであろうか。それは鹿介幸盛・久綱らが勝久から信頼されたのに対する反発というが、尼子と毛利の勢力を考えてのそれであって、庵介は名を捨てて実を取ったのである。戦国の習いとはこのことであろう。

秋上庵介が毛利に降ったので、五月下旬尼子はその拠点の森山城を兵船でもって襲撃し、また和久羅（羽倉）城に迫ったが、失敗に終わった。六月三日、尼子軍は佐陀（佐太）の勝間城を襲った。この合戦で、勝久の側近三刀屋蔵人宗忠・神代左馬亮・上野源助・高田惣十郎および十勇士に名をつらねる上田早苗助らが討死している。

このように尼子軍が圧迫されているころ、元就が郡山城で大病におかされたので、吉川元春の軍だけを残して、輝元・隆景らは本国へ引き揚げた。そこで尼子は反撃に転じ、十月に末次・平田・清水寺・森山を攻め、安来の十神山を攻略した。しかし尼子党の水軍は、毛利の水軍に破られて本城（本庄）浦へ逃げた。この事実から本庄が新山城の粮道地点であったことがわかる。下旬に古志重信の守る十倉が開城した。十一月に湯原春綱のこもる満願寺城の争奪戦が展開され、奈佐日本之助・山上丹波守らの水軍が奮戦して奪取したが、再び奪回された。

越えて元亀二年三月、これまで新山城とともに、尼子勢力の二大拠点であった高瀬城が、野村士悦の調略によって開城し、城将米原綱寛は新山に退去した。そして五月、湯原春綱は兵船を隠岐に派遣して勝利をおさめ、六月「隠岐弾正方多賀兵庫助息まかり退」き、毛利水軍は隠岐に渡航し、尼子の勢力は隠岐から消えた。

六月十四日、毛利元就が吉田郡山城で、七十五年の歳月に別れを告げたが、その全生涯を尼子討滅のために生きていた感が深い。このころ伯耆大山教悟院の僧徒は末吉城にはいった山中幸盛らとともに吉川軍に対抗した。そこで元春は父の弔合戦として、「鹿介を御果し候へば、雲・伯御隙明きに候条、教護（悟）院の儀はさしおかれ、末石（末吉とも）へ召しかか」った（『桂岌円覚書』）。

鹿介のがれがたく存じ、降参をこひ御侘言申上げ候。宍戸隆家・口羽通良御扱ひにて、一命助けおかせられ候て、輝元様御被官にさせらるべきと、防州のうち徳地（山口県佐波郡）にて千貫、伯州において千貫、合はせて弐千貫の地、遣はさるべきとまで堅く仰せ合はせられ候て、尾高に宿仰せ付けられ候。さ候て、元春様まかり出で、御対面なされ候。（『森脇覚書』）

そののち（『桂岌円覚誉』は尾高幽閉の夜）山中は赤痢といつわって厠に通うこと百七、八十回、うまく脱走して、大山の麓から美作国を経て京都に上った（『陰徳太平記』）。

いまとなっては尼子の本城新山を保つことは不可能である。勝久は八月二十一日に危地を脱出して隠岐に退き、ついで京都へ去った。

かくて尼子家再興の第一回戦は、尼子勝久出雲入国以来二年二ヵ月でもって終わりを告げ、出雲は再び完全に毛利の領有するところとなったのである。

尼子牢人が京都に走ったころ、戦国の舞台は、織田信長の意志によって回転の速度を早めていた。

上月の落城

山中鹿介幸盛は上洛すると柴田勝家を通じて織田信長に援助を願った。いつのことかわからないが、十二月十二日（天正元年）附の毛利の使僧安国寺恵瓊《えけい》書状にみえている。信長は援助を約束したものの、毛利へはこれを断わった旨を伝えた。

幸盛が伯耆を脱走して信長に頼るまでの空白をうずめる史料はない。『雲陽軍実記』によると、尾高脱走ののち出雲仁多郡岩屋寺山に隠れて山賊の頭目となり、神出鬼没にふるまったことがみえる。『陰徳太平記』によれば、元亀三年（一五七二）海賊となって丹後から因幡に上陸し、但馬亡命中の山名豊国（禅高）を助け、鳥取城主に返り咲かせ、この冬京都に上ったという。また同書は元亀二年美作から上洛し、立原久綱とともに明智光秀を頼んで信長に謁し、光秀に従って山陰道の経略に働いたと記述している。

さて信長が恵瓊に幸盛を援助しないと答えた天正元年十一月から四ヵ月まえには、尼子勝久は鳥取城下に出兵して戦っている（『閥閲録』）。このころ山陰の治政に当たっていた吉川元春は、但馬の山名祐豊（宗詮）・奈佐日本之助、因幡の山名豊国らを討伐のため、富田城を発し、八橋《やばせ》を経て因幡で気高《けたか》郡篠尾に着陣した。豊国らは風を望んで降り、因幡が毛利の圏内にはいったため、元春は富田に帰城した。この機会をとらえて尼子勝久は因幡へ本格的に進出した。山名はいち早く尼子に寝返る。

そこで天正二年正月、幸盛は因幡八頭《やず》郡私都《きさいち》に大坪甚兵衛を攻めたが失敗した。また大坪の安芸発向の途中を鳥取城附近で襲ったものの、逆に敗れて林へ逃げる。大坪はからからと笑って、「人に逢ひて林に入るは、鹿と云ふ名には応じたり」と嘲ったという（『陰徳太平記』）。尼子軍は雑兵が多かったらしい。九月になって、幸盛らは鳥取城を奪取したらしい。私都もまた入手し、尼子勢は奮った。が伯耆の毛利軍が因幡に進軍し、山名がまた変心したため、尼子主従は鳥取城を退城し、八頭郡若桜《わかさ》の鬼城に移り、私都には幸盛の養女（亀井秀綱の二女、長女は幸盛の妻）の聟亀井新十郎茲矩《これのり》に守らせた。幸盛らの鳥取城奪取は、なお検討を要する。

天正三年八月になって、毛利の両川は尼子討滅のため因幡に駒を進め、九月山名豊国はこれを鳥取城に迎える。十月のはじめ、私都落城して森脇久仍・横道久盛・同高宗・牛尾大炊助らは降人となった。のち吉川氏の被官となっている。両川はついで鬼城を包囲したものの、織田信長が播磨に出兵したとの報に接して開陣した。

明けて天正四年三月、信長は元春の年頭の祝賀に答えて歳首を賀し、山中鹿介を庇護しない旨を報じた（『吉川家文書』）。織田、毛利虚々実々のさりげない謀略だ。五月七日鬼城陥落して、尼子主従は但馬を経て京都へ逃走し、因幡からの出雲奪還の企図は崩れ、尼子再興の第二回戦が終了した。しかしこれは織田信長の毛利に対する小手調べのようなものであった。

甲斐の武田信玄が没し、越前の朝倉、近江の浅井が亡び、自己の名分上必要とした将軍足利義昭を京都から追放し、安土城に根拠をすえた天正四年の時点で、信長の天下一統の前面にわだかまるものは、一向一揆の拠点石山本願寺と、両川の補佐する中国の雄毛利が最大であった。

その天正四年、毛利方から「このうへにて、自然西国などへ御下向候ては、御一大事たるべく候」（『吉川家文書』）といわれていた義昭は、毛利を頼って備後鞆《とも》（福山市）に流れてきた。そこで毛利はついに本願寺を援助し、その強力な水軍は、大坂湾頭木津川口において織田の水軍を撃破し、冷い戦争に終止符をうった。信長は羽柴筑前守秀吉を西国遠征軍の総司令官に任命する。

明けて天正五年（一五七七）十月、秀吉は播磨に出陣し姫路城にはいった。織田の反撃開始だ。尼子再挙軍からいうと、毛利との第三回戦にあたる。

秀吉は十二月には、備前・美作・播磨の境にある上月《こうづき》（七条）城（兵庫県佐用郡）を占領し、城将赤松政範は自刃した。名族赤松氏の滅亡である。上月城の城番を命ぜられた幸盛は、尼子の遺臣らとともに勝久を擁して入城したが、備前岡山の宇喜多直家の攻囲を受け、秀吉の諒解を得て姫路に退去した。天正六年二月上旬のことという。直家は赤松一族の上月十郎貞景に城を守らせた。そこで秀吉は三月に城を攻略し、上月十郎を斬り、再び勝久・幸盛・久綱らの尼子主従をこの城に入れた。毛利の宿敵尼子を第一線に配置した秀吉の戦略は巧妙をきわめたものというべきであろう。このとき久綱は入城に反対したが、幸盛が秀吉の勢力を頼んで、ついに入城に決したという（『陰徳太平記』）。

さて尼子の上月入城を知った毛利は、早くも翌四月、両川以下総数およそ三万の陸海の大軍で城を囲んだ。尼子の残党を根絶やにしようとする毛利の決意がよくうかがわれるではないか。

このころ秀吉は、二月に織田にそむいた播州三木城主の別所長治を攻撃していたが、この知らせを受けると、三木城攻めを中止して、荒木村重とともに上月城の東方佐用郡高倉山に陣を張って、尼子主従を声援した。

だが毛利三万に対し、秀吉一万の軍勢ではどうにも進めない。上月城はだんだん弱ってきた。この様子は五月晦日付で、元春の嫡男元長が陣中から出した書状に、

城内には勝久・源太（久綱）・鹿（鹿介幸盛）以下の由に候。水・兵粮一円これなき由、落人たしかに申候。

と、いっていることで明らかにされる。元長はさらに、

なにしおふさよ（佐用）の朝霧たちこもり心ぼそくもしか（鹿、鹿介）やなくらん　一笑々々

と、狂歌を詠じた旨を報じている（『吉川家文書別集』）。まことに心にくいばかりの落着きようではある。

秀吉は尼子主従を救おうとして、亀井茲矩を城中へ潜入させ、包囲網を突破して脱出するようにすすめた。しかし幸盛は茲矩に出雲一国を奪還して尼子家を再興せよ、と答えたということである（『亀井家由来』）。尼子の旗を月山富田城にたてよ、というのであるが、確かめる史料がない。

六月十六日、秀吉は上洛して軍状を報告した。すると信長は、「謀略相調はず、陣を張り候ても曲《きよく》なく候間、先づこの陣を引払ひ」三木城攻撃に集中せよ、と命じた（『信長公記』）。秀吉の軍師竹中重治の子重門の著『豊鑑《とよかがみ》』によれば秀吉は「鹿之助をすてさせ給ひしは、西国のはてまでも御名をながし給ふくちをしさ」と、信長の嫡男信忠に訴えたというが、あとのまつりであろう。

ともあれ上月城は戦略的見地から信長に見捨てられた。秀吉は六月二十六（四とも）日に高倉山の陣を去った。もうどうすることもできない。幸盛は神西元通が今度の張本人であるから、元通の切腹をもって衆命を助けられたい、と両川に願ったが聞かれなかった。それでもなお、勝久の助命を「種々懇望」したものの許されなかった。そして七月二日元通、三日勝久・氏久・加藤政貞ら十余名が切腹して衆の命に代わった。

ついで七月五日、上月の落城をもって、尼子復興戦の第三戦が終わった。

上月落城のもとをつくった三木城の別所長治は、翌天正八年正月に自刃して勝久の後を追った。尼子牢人は主家断絶ののち、諸家に仕えた。幸盛と終始行動をともにした立原久綱は、女聟の福屋隆兼の仕える阿波の蜂須賀に身を寄せ天寿を全うした。また亀井茲矩はのち因幡鹿野《しかの》の城主となったが出雲はだめであった。

かくて尼子家復興の機会は永久に去った。山陰の雄尼子氏は、ついに故国出雲に返り咲くことはできなかったのである。そして織田・毛利の対決も、天正十年信長横死のとき、備中高松城の水攻め中の秀吉が、毛利と和睦することによって終わりを告げた。

思えば山中鹿介幸盛らの尼子家復興戦は、中国地方の戦史に色をそえるためのあだ花であったのである。それだけに、歌書よりも、軍書に悲し上月城、いや月山富田城が偲ばれるのであった。

鹿介のこと

上月開城の際、山中幸盛は助かった。そして再び降人となって西へ送られた。一行は備中松山城麓、高梁川《たかはし》（甲部川）と成羽川の合流点の合《あい》の渡《わたし》（阿井・阿部）に到着した。

山中鹿介を、あいの渡りにて（輝元の命による天野元明から殺害するように）仰せ付けられ候時、

（河村新左衛門に斬りつけられ）鹿介浅手を負ひ、川中へ飛込み、向の地へまかり渡り申べき体に相見え候時、（拙者〈福間彦右衛門元明〉は）一番に川へ追付き飛込み、川中にてくみ候て、鹿介の頸を取り申候。（『福間彦右衛門書上』）

時に天正六年七月十七日のことで、山中は川中で討ち取られた。三十四歳であった。一説に三十九歳という。

上月城の命運が目前に迫っていたころ、吉川元長は「鹿介当世のはやり物を仕り候。只今こそ正真の天下無双に候、申すことなく候」と往生ぎわの悪さを嘲笑しているが、亡国の臣の心は、勝者にわかろう筈がない。今日、鹿介の墓（碑）は、合の渡の最期の地をはじめ各地に残され、武運つたなかった英霊を弔っている。

八月十五日の満月に生まれたという鹿介は、「願はくば我に七難八苦をあたへ給へ」と、初三の月に祈ったという。その鹿介は尼子十勇士の筆頭として、立川文庫によって広められた。また昭和十二年から小学国語読本尋常科用巻九第十六に「三日月の影」と題して採用され、わずかの期間ではあったが、全国の少年たちの脳裡に深くきざまれたことも周知のとおりであろう。そうしていまなお生命を失うことなく、中山義秀『夕日武者』、近くは南條範夫『出雲の鷹』など多くの小説を生んだ。

早く山陽の熱血漢頼山陽は鹿介を評して、「虎狼の世界に麒麟を見る」といい、山陰の麒麟児にみなした。また江戸城明渡しで有名な勝海舟は、『氷川清話』のなかで、ここ数百年間の史上に徴するも、本統の逆舞台に臨んで、従容として事を処理したる者は殆ど皆無だ。先づ有るといふならば山中鹿介と大石良雄であらう。

といった。さらに自由党の党首であった板垣退助は、明治二十六年議会解散の前日に、

私は常に山中鹿之介なるものを愛するのであります。彼は常に七難八苦に遭はしめ給へと三日月を拝したといふことであります。

又彼の述懐に、

憂きことのなほこの上に積もれかし　限りある身の力ためさん

と云ふことを申してをります。……彼の三日月の微々として雲間に光る処がその不満なる有様、これ志士の同感をなす処であるといふことであります。

と、解散に屈してはならないとして、党員を激励している。鹿介の述懐という歌は誤りであるが、板垣退助が眠れる鹿介を泉下に呼びおこしたことはいうまでもない。

このほか鹿介を批評し、自らの心の糧とした人びとは多く、漢詩・俳句・安来節・琵琶歌・校歌に、鹿介あるいは尼子数代の夢の跡をうたったものが残され、それ自体一つの歴史をつくっている。

今日では鹿介は戦争が飯より好きであった男であろうとか、その行動を、尼子家再興がもっとも有利な就職口であったろうなどとの評価も生まれてきた。そして上月開城の際の鹿介を、生命が惜しかったからであるという人もいる。たしかにこの辺の鹿介の心理はわからない。不倶戴天の敵吉川元春

と刺し違えるつもりであったというが、そんなことができようはずがないではないか。千古の疑問としておこう。私は鹿介が尼子家復興戦を大敵毛利を相手に戦ったこと、そのことが戦国武士として勇気ある行動であったと考える。とても常人のできる業でもないからである。

それはともあれ、鹿介が人気者になったのは、尼子十勇士の随一とうたわれたからである。十勇士介の名は世に知られているが、どうもはっきりしない。山中鹿介・秋上（秋宅とも）庵介（伊織助）・横道兵庫介・上田（植田・五月とも）早苗介の四人がいたことは確実である。藪中荊介《やぶなかいばらのすけ》・尤道理介・寺本生死介《せいしのすけ》（障子介とも）・今川（早川とも）鮎介《あゆのすけ》の四名も軍記にみえる。深田泥介《どろのすけ》・小倉鼠介《ねずみのすけ》の二名はわからない。このほか大谷猪介《ふるいのすけ》・荒浪碇介《いかりのすけ》・川岸柳助・阿波鳴門介・高橋亘助《わたりのすけ》・上田稲葉助・藪原荊助・破骨障子介《やぶれぼねしょうじのすけ》・井筒女介（吉川の臣となった境春久と）らが数えられ、メンバーにはたがいに出入りがある。また「介」「助」両方を書いている。その働きもまちまちである。なお鹿介は自ら鹿介と書いているから、厳密にいうと鹿之助・鹿之介は誤りであるといってよい。

『雲陽軍実記』に、尼子の三傑として、山中鹿之助・立原源太兵衛・熊谷新右衛門をあげている。『燕石雑誌』によると、尼子家の九牛党として牛尾遠江・牛田源五兵衛・牛岡草之助・牛川飛右衛門・牛井谷右衛門・牛尿踏《うしばらふみ》右衛門《えもん》、牛田鋤右衛門・牛引夫兵衛・牛飼糖右衛門をあげ、また尼子家七馬士として、馬木彦右衛門・馬川渡之助・馬飼舎人・馬塚登之助・馬井汲之助・馬路走之助・馬山翔右衛門を記録するも、牛や馬では民衆の英雄にはなれなかった。

私は尼子十勇士その他について書き過ぎたかも知れない。しかしこれらをすべて、陰陽十一州の太守尼子経久の余影と考えたかったのである。

なお尼子氏の富田城には、天野隆重・椙杜（富田）元秋（元就五男）・末次（毛利）元康（元就八男）・吉川広家（元春三男）を経て、関ヶ原合戦ののち堀尾吉晴がはいったが、慶長十六年（一六一一）「思いもうけぬ松江（千鳥城）が出来て、富田は野となり山とな」ったのである。所詮これも天であり、命であり、時代の流れであったろう。

尼子の柱石新宮党をめぐって

はじめに

出雲尼子氏の根拠富田城は月山にあった。この月山の北麓の新宮谷に、尼子経久の二男国久と、その子誠久・豊久・敬久らが居館を構えていた。世に彼らを新宮党という。党首はいうまでもなく尼子国久である。

新宮党が経久と、その孫晴久（経久の長子＝晴久の父政久は陣没）の宗家を援けて尼子領国の拡大のために、軍事の主力として活躍したことは、人のよく知るところである。そしてまた新宮党が、天文二十三年（一五五四）十一月一日、こともあろうに、尼子の当主晴久（国久の甥）によって壊滅させられたことも、山中鹿介幸盛の悲運の生涯とともに、尼子哀史として語り続けられている。なぜなら、新宮党が滅亡してから、わずか十二年で富田城が落ち、尼子義久（晴久の子）は、安芸の毛利元就に城を明渡し、尼子氏が滅亡したからである。

新宮党滅亡の三説

尼子晴久はなぜ叔父国久の率いる新宮党を葬ったのか。新宮党の滅亡の原因は一体どこにあるか。これまで考えられているものに三つある。

(一) 毛利元就が新宮党に謀反の動きがあるとデマを流し、それに晴久がひっかかった。

(二) 新宮党の内部に家督相続争いがあり、誠久の長子（氏久カ）が、党首（祖父）国久のことを晴久に讒言し、晴久がこれを信じた。

(三) 軍功を誇る新宮党の横暴に対し、晴久や尼子譜代の家臣が反感をもった。

まず(一)の元就の謀略については、本文（一八八～一八九頁）に書いてある。(二)の新宮党の内訌についても、本文（一九一～一九三頁）にのべているので、ここでは省略する。

新宮党の横暴—軍記から—

そこで(三)の新宮党の横暴がどのようなものであったかについて、軍記物から検討を加える。香川正矩の『陰徳記』によると、次のような記事がみられる。

(1)　晴久の右筆で鼻の高大な末次讃岐守が富田城の広縁にいたところ、通りかかった誠久が、「汝は武名は高くないが、鼻だけは高い」と、ののしり、その鼻をつかんでひねった。何分大力のこととて、末次の鼻はくだけ、数百日わずらった。

(2)　中井平蔵兵衛（久家）という大鬚《ひげ》の家臣がいた。誠久は中井を呼び出し、「その鬚が憎い」と畳にねじ伏せ、すりつけた。中井は突き放そうとしたが、誠久の大力にかなわず、赤面して逃げた。翌日中井は左の鬚だけをそって出た。すると主君晴久は、「中井が鬚のそりようは、晴久を侮るつもりか、それとも気が狂ったか、ことによると刑罰を加える」と、怒った。中井はことの次第を話し、「誠久の命令に従って一方だけそりました」と言ったので、晴久は「両方ともそれ」と言った。

(3)　誠久は自分の目のとどく限り下馬させたため、迷惑する人が多かった。熊谷新右衛門（尼子三傑の一人という）が牛に鞍を置いて乗っているのを見た誠久が、若党どもに命じて引下ろさせようとした。熊谷は、からからと打笑い、「下馬の制法を知っているから牛に乗っているのだ、下牛といわれれば下りましょう」と、言葉荒くいい、三尺五寸の大刀を三寸ばかり抜き、眼に角を立て、活と見開いたので、若党らはおめおめと逃げ帰った。

以上は巻二十四「尼子晴久新宮党を殺す事」の項にみえるが、巻十六「尼子紀伊父子三人、備作の城攻め給う事」の項には、次のようなことが記してある。

(4) 天文十二年のこと。晴久お気に入りの里田采女・目黒右近らを、誠久が、富田城中で一寸したことから散々にののしり、恥辱を与えただけでなく、両人を広縁より庭へ投げたため、両人は頭を打ち、しばし病といって出仕しなかった。

これらすべて話としては面白いが、歴史にはなるまい（『陰徳太平記』の記事もほぼ同じ）。『陰徳記』はいま一つ、「尼子晴久新宮党を殺す事」の項で、尼子下野守の子、孫四郎のことをのべる。

(5) 下野守が安芸吉田陣（晴久が毛利元就の郡山城を攻めて大敗北した戦）で戦死したとき、その子孫四郎はいまだ幼少であったので、下野守の所領を、晴久の命で国久が預かり、成人ののちは返してやれ、ということであった。ところが孫四郎は、成人しても愚痴蒙昧であったため、晴久から国久に、所領を返してやれ、ともいわず、国久も知らぬ顔をしていた。そのころ本文（一八八～一九〇頁）でみたように、元就の魔の手がのびていて、晴久は新宮党の逆意は疑いない、と思っていた。そこで晴久は孫四郎を近づけ、「国久父子や、お前に、元就はことのほか親しくしているというが、まことか」と聞いた。孫四郎は「消息など絶えません。殊にこの頃は元就の飛脚はしばしばやってきます」といい、あること、ないこと、思う様に讒言した。

これが事実であれば、国久の横暴といえるが、『陰徳記』に見える下野守を『陰徳太平記』は下野守義勝とするけれども、これは久幸とすべきだし、『陰徳記』に見える孫四郎を『陰徳太平記』では孫四郎経貞としているけれども、これは次郎四郎詮幸とした方がよいと思われるので、讒言のことは不明というほかはなく、『陰徳記』や『陰徳太平記』の記事は一般論としては可能性はあるが、個別的には何ともいえない。

新宮党の横暴—古文書から—

そこで次に、他の史料から新宮党の横暴、権力志向の様相を探ってみたいと思う。『日御碕神社文書』をみると、天文十二年尼子晴久が直轄領の宇竜浦を、日御碕神社に新寄進したことについて、三つの史料がある。

その一は、晴久が七月四日、御碕検校に、宇料（竜）浦を寄進するというもの。その二は、翌五日、屋葺幸保・立原幸隆・多胡辰敬の尼子三奉行連署で、御碕検校あてに出した確認の副状である。この副状の中に、宇料は近年公領（尼子直轄領）であったが、「新寄進」として進上する、としている。天文九年八月から十年正月にかけての安芸遠征に惨敗した晴久は、十二年五月富田城攻囲中の周防大内義隆を破り、義隆が退陣しているので、これと関連した寄進であろう。その三は、七月十五日付で、尼子刑部少輔国久が、御碕にあて、「宇料浦の事、晴久新寄進を致すの由、一通を以て申入れ候、弥懇祈を抽でらるべきの儀、簡《(肝)》心に候、恐々謹言」と書送った書状である。

普通なら一と二で手続きは足りるはずであるが、国久は第三の書状を送り、自己を強くうち出している。どうやら国久は、晴久の行動に対して容喙しているように思われるが、なお晴久を立てている。ところが、これから四年後の天文十六年の『出雲国造家文書』（北島家）をみると、事情が異ってくる。過経を脱明しよう。

その一は、（天文十六年カ）二月二日付で国造北島方の代官浄音寺に宛てた尼子家五奉行（屋葺七郎兵衛幸保、本田四郎左衛門尉家吉、津森越後幸俊、大石三郎右衛門尉秀綱、立原次郎右衛門尉幸隆）連署奉書で、そこには「佐木地下中より両種進上仕り候、披露致し候、仍て佐木・宇道申し分の儀、やがて御尋ね成さるべき旨に候」とある。つまり「佐木の地下人から両種進上したことを、晴久様に披露した。ところで、佐木の地下人と宇道の地下人との言い分は、やがて晴久様から両方へ問い合わせるということです」というのである。これは佐木の地下人と宇道の地下人が佐木浦の山境について相論をおこしたことを意味する。佐木の地下人が裁決を有利にするためであろうか、晴久に両種の物を送っている。

その二は、一の文書の十四日後の（天文十六年）二月十六日付で、（浄音カ）寺に宛てた前記尼子家五奉行連署の書状で、そこにはこうある。

態と啓せしめ候、宇道地下等、他出仕り候由に候、御神領の事に候間、罷帰り候て然るべきの由、国久様より御意成され候、然れば、宇道へも其の分申し遣わし候、其の御心得成さるべく候、恐々謹言、

「お手紙を差上げる。宇道の地下人が逃散したということですが、大社領のことだから、立帰るべきであるとの国久様の御意向です。だから宇道の地下人へも、そのように伝えたので、そのつもりで対処してほしい」というのである。宇道の地下人としては山境争いに勝訴しようとして逃散したものと思われる。それにしても晴久はこの年三十四歳で、しかも尼子の当主となってから年久しい（十年）。叔父の国久が晴久の後見人としての立場から、意志表示したとは考えられない。当然、晴久の意向が優先すべきであり、国久の越権行為と推断される。まして公的立場にある尼子奉行人の連署状であるからにはなおさらである。そう考えながら、第三の文書に注目しよう。

佐木・宇道浦の山境の儀に付きて、国久様御意を得られ候趣き、披露致し候、上より御判形を以て、御上意次第、仰せ付けらるべく候、国久様より仰せ出す事あるべからざるの由、仰せられ候、委細御使へ申され候、恐々謹言、

（天文十六年）
二月廿日

下笠三郎兵衛尉
重秀（花押）

浄音寺
参御同宿中

「佐木・宇道浦の山境の争いについて、国久様が意思表示されたことを、晴久様へ披露しました。するとそのような境界の相論については、晴久から判形を書いた（押した）文書で、晴久の意向によ

って伝達・裁決すべきで、国久様が裁許を下すことはあってはならない、と晴久様が仰せられた。委しくは晴久様から使者に申されたので、使者からよく聞いてほしい」というのである。この文書は、尼子家奉行下笠重秀の書状であるが、一・二の文書が五奉行の連署になっているのに、この三の文書は五奉行以外の下笠重秀ただ一人、晴久の指令を伝えている。下笠重秀は他にあらわれないが、晴久の腹心ではなかろうか。ともあれ、国久が晴久の権限内に立ち入り、その権限を横取りしていることがうかがわれよう。では、山境の相論はどのように決着したのか。第四の文書（尼子家奉行連署書状）を見よう

猶々、上をかろしめ、かやうにろうぜき仕り候段、曲事の子細に候、此の分申さず候、

態と申し候、其の在所佐木海（浦カ）山堺申し分候て、佐木へ落着候て、御判両通まで遣わされ候、然る処、今度佐木山へ入相（会）に候て罷り入り、薪以下切り候、其の曲事の子細に候、刑部様（国久）へも申し上げ候へば、御一行の筋相違あるまじきのよし御意候、向後に於て其の覚悟仕り候はば、則ち申し付くべく候、其の在所として御判やぶり候段、迷惑仕り候由、浄音寺より申し上げられ候へ共、其の段は相拘へ申し上げず候、殊に松尾方より懇に申され候条、遠慮をなし候、恐々謹言、

（天文十六年）二月廿六　　立原
幸隆（次郎右衛門）（花押）

屋葺

幸保（七郎兵衛）（花押）

津森
幸俊（越後入道）（花押）

本田
家吉（四郎左衛門）（花押）

宇 道 地 下 中

「佐木と宇道との山境相論は、佐木の勝訴ときまり、晴久から両通まで御判の裁許状が遣わされた。ところが、今度、敗訴した宇道の地下人が、佐木山へ入相（会）地といって入り込み、薪や木を切ったが、けしからんことだ。国久様へも、裁決のことを申し上げたところ、晴久様の裁許の通りでよろしい、といわれた。今後なお佐木山へ入り、薪など切ることがあれば罪科に問う。宇道の地下人が、晴久様の裁決をやぶったので困っている、と浄音寺が申されたけれども、そのことは我々奉行人で握りつぶし、晴久様へは申し上げてはいない。殊に松尾方から、よろしくと申されたので、晴久様へは知らせなかった。なお、領主（尼子晴久）をあなどり、あのような狼籍をしたことはよろしくない。しかしそのことは晴久様へは申し上げてはいないから、今後、厳重に注意するように」というのである。

宇道の背後に国久のあったことがこれで知られる。つまり宇道の地下人は、国久の権威を背景として、晴久の裁決をやぶり、佐木山が入会地だといって薪などを切ったとみられる。だから尼子奉行人としては、国久も晴久の裁許状に賛成した、とつけ加えざるを得なかったのであろう。

このようにして、国久が尼子晴久の権限内に立ち入り、尼子中枢の権力に介入しつつあったことは明らかであるが、最終的に国久は、晴久の裁決を認めている。したがって、天文十六年の頃、尼子氏は当主・惣領晴久と、叔父・庶家国久との二頭政治が、『鰐淵寺文書』にもそれをうかがわせるものがあるけれども、出雲全国にわたって行われていたと考えるのにはやや無理があろう。

新宮党の横暴—竹生島奉加帳から—

新宮党党首尼子国久の越権行為に関連して、もう一つ注意されるのは、『自尊上人江御奉加目録』であり（本文一二二一〜一二二四頁）、次のようにある。

江州竹生島造営之御奉加御人数之事

刑部少輔殿　国久

式部少輔殿　誠久〇『天文日記』天文七年十一月十八日条に式部少輔に割注し「尼子刑部少輔子息」とある。

下野守殿　久幸

新四郎殿　久豊

彦四郎殿　清久
次郎四郎殿　詮幸
小四郎殿　久尊
又四郎殿　（国久の四男カ）

（中　略）

右此御人数御奉加之儀、民部少輔殿（尼子晴久）仰せ出だされ候、
天文九年八月十九日　亀井太郎左衛門尉（安綱）承畢

竹生島自尊上人御房　参

この記載の順序は、尼子全盛期（天文九年）の、尼子内部における一門の地位を示しているものと考えられ、国久（四十九歳）やその長子誠久が、国久の叔父下野守久幸の上位にあることに注目される。久豊・久尊・又四郎はともに誠久の弟と推定されるので、当時の新宮党の権勢が察知されるのである。

ここに注目すべきは誠久、久豊、久尊の名前である。『佐々木文書』付属の「佐々木系図」をみると、誠久の弟に豊久、敬久がある。そして豊久に割注して「兵部少輔・新四郎」とあり、敬久に割注

して「左衛門大夫、小四郎」とある。しからば新四郎久豊を豊久の、小四郎久尊を敬久の前名とみることは可能かと思う。この推測が正しければ、惣領の下字である「久」字をもらって上につけていた（これが家臣の常道であり、経久の弟も幸久でなく、久幸である）のを、下につけるという改名は、久豊が兵部少輔に、久尊が左衛門大夫に任ぜられた時であろうが、恐らく天文十年経久の没後のことであったろうし、新宮党の横暴の一端を語るものと考えられないことはない。なるほど奉加帳には彦四郎清久がみえるが、清久は『天文日記』天文七年十一月十八日の条に、「彦四郎エンヤ子息」とあり、同八年十二月十一日の条に、「ゑんや彦四郎清久」とあるので、経久の三男塩冶興久（彦四郎、宮内大輔）の長子と推される。国久の長子も誠久であるので、この点は問題ないと思う。

ひとまずこのように考えてよろしいと思うが、そうすると、経久の三人の子が政久、国久、興久で、ともに「久」が下についているので具合が悪い。政久はよいが他の二弟は久国、久興とあるべきだからである。しかしこれは、尼子氏領国形成の過程であり、二男、三男を一方の旗頭とするためには、尼子惣領家の分身として、惣領と同じく「久」字を下につけた方がよいと考えたのではないか。三男興久を塩冶に置き、西の守りとし、二男国久を吉田に置き東の守りとしようとしていたのではなかろうか。興久が塩冶を名字としたことはいうまでもないとしても、国久の場合は説明を要する。もちろん国久が塩冶判官高貞の後裔で、尼子氏の養子となったという所伝は論外にしても、『永正年中大社御造営之次第』（『千家文書』）永正七年の条に、「尼子殿御子息吉田の孫四郎殿」とあるは注目すべきで、尼子殿経久の子で孫四郎を称したのは国久しかいない。時に国久は十九歳である。

このようにして政久、国久、興久であっても、何ら異とするところはなく、こうした経久と同様な考えを国久がもっても不思議はない。しかし国久には自然であっても、惣領晴久にとっては、久豊→豊久、久尊→敬久への改名は、国久の越権行為と思われたに相違ない。晴久の上級家臣は、上に「久」か「幸」をつけた人が多い。下に「綱」字をつけた人も少くない。「綱」字はひとまずおいて、上に「久」をつけているのは惣領家経久、(政久)、晴久の「久」字をもらったろうし、「幸」字は、経久の弟の久幸の「幸」に関連すると思われる。久幸は惣領晴久を守って死んでいったのであり、尼子の大黒柱であったから、そのように思う。つまり上に「久」「幸」字をつけた人々は尼子氏恩顧の被官人とみられる。したがって晴久としては、久豊、久尊であってほしかったろうに、これが豊久、敬久と改名したとなれば、やはり警戒せざるを得なかった、と思うのである。

ともあれこのように見て来ると、庶家新宮党の横暴に対する、譜代重視の惣領晴久の怒り、ひいては尼子譜代と庶家との対立になる可能性は十分にあり得る。惣領と庶家との関係については、藤岡大拙氏も、「尼子経久」(『山陰の武将』)の中でのべられ、興久が父経久に背いた事件を、興久(庶家)と晴久(惣領)との対立にあるとし、「興久の乱は単に興久の個人的性格(横暴とかわがまま)によるものではなく、尼子家臣団内における複雑な対立関係の矛盾が露呈したものだといえよう」とされているのに真実味がある。

新宮党打倒の時期

尼子晴久は天文二十一年四月二日、出雲・隠岐・伯耆・因幡・美作・備前・備中・備後八ヵ国の守護職に補任された。岡崎英雄氏がその著『尼子裏面史』で指摘されているように、これを好機として、晴久は人事改編に乗り出したと思われる。例えば尼子奉行人の本田家吉・立原幸保・中井綱家について、前官職（通称）の下限と、後の官職の上限を、岡崎氏の調査を参考にしながら、私の調査で示すと、次のとおりである。

天文　廿・　三・　廿	本田四郎左衛門尉家吉	秋上家文書	
天文廿一・十二・廿二	本　田　豊　前　守　家　吉	鰐淵寺文書	
天文　廿・　十・十五	立原次郎右衛門尉幸隆	天文日記	
天文廿一・十二・廿二	立　原　備　前　守　幸　隆	秋上家文書	
天文　廿・　六・廿八	中井助右衛門尉綱家	秋上家文書	
天文廿四・　三・廿七	中　井　駿　河　守　綱　家	秋上家文書	

岡崎氏は中井、本田、立原が天文二十一年に任官したと推定、宇山飛騨守（久兼）も同時任官の可能性があるとし、それは「天文廿一年中頃、尼子分限帳構成の時点と強く訴えたい」と、人事改編の

時期を、『分限帳』成立に関連してのべられている。『分限帳』成立の問題はともかく、天文二十一年頃、尼子家臣団の再編成が行われたことは認められるようで、横道三郎左衛門尉久宗→横道石見守久宗、大石三郎右衛門尉綱秀→大石若狭守綱秀、多賀与三右衛門久常→多賀対馬守久常、河副右京亮久盛→河副美作守久盛も、あるいはこの改編の場合であったかもしれない（『鰐淵寺文書』『秋上家文書』『永田文書』『自尊上人江御奉加目録』『天文日記』など）。

彼らのうち、宇山久兼は永禄九年元旦、毛利元就の謀略にかかった尼子義久によって殺されたが、立原、本田、中井、横道、河副は永禄九年十一月富田開城まで城中にあって、尼子の当主義久を守っただけでなく、立原や本田は義久ら三兄弟の幽閉地安芸長田に従って行ったし、河副や中井の長子平三兵衛尉久家は尼子再興戦を戦っている（『尼子家旧記』『笠置文書』）。なお中井綱家は晴久の、横道久宗は義久の御守役をつとめていた（『尼子家旧記』）。そして尼子氏の『分限帳』によれば、中井、宇山は家老、本田は中老であるし、『尼子家旧記』によると、河副は老中、立原や中井久家は中老であった。

かくして、晴久は八ヵ国守護職補任を機に、家臣団の再編成に乗り出し、奉行衆を中心に中枢部を固めたと思われる。しかし新宮党首領国久にも眼を向け、国久が刑部少輔から紀伊守になったのも天文二十一年頃であろう（『天文日記』天文二十年十月十五日条には「刑部少輔」とある）。とはいえ庶家新宮党の立場が微妙になってきたことも確かであろう。つまり晴久は側近・奉行を中心として守護権力を不動のものとしてから新宮党を打倒したものと思うのである。

第四の見解

新宮党壊滅の原因の三説、㈠元就の謀略、㈡新宮党の内訌、㈢新宮党の横暴、の外に新宮党の内訌、新宮党の横暴を察知した元就が、尼子勢力の分断を図って黒い手を延ばし、それに晴久が乗ぜられたという見方もあろうが、これは大きく㈠に含まれる。ここに国久の晴久権力への介入を前提として、当時の諸情勢から判断し、㈣として新しい見解を提起したい。それは新宮党の滅亡は、晴久が積極的に、自己権力の拡大を図った結果生じた犠牲であるとみるのであり、前記「新宮党打倒の時期」と関連する。

『陰徳記』巻十六「尼子紀伊守父子三人備作の城攻め給う事」の項をみると、新宮党が天文十三年備後に入り、ついで美作を席捲し、因幡へ打入ろうとしたとき、郎等の真木弾正忠(『陰徳太平記』は忠時とする)がこれを諫めて、「因幡へ御発足の事は、今少し御思案候べし、彼地に入せ給ては合戦御勝利にても、晴久の思召れし所、行末恐しき御事にて候、又勝利を失せ給ては、此程備作に於て所々の城を陥れ給ふ戦功無に成て、晴久御気色宜しかるべからず、とに角に思召し止り給へ」というと、国久は「行末恐しいとは」と問うた。真木は「一族の戦功の過たるは、却て身を亡す禍の本かと存じ候」〝それに因幡入りは、晴久の命令ではないから、謙退の心を専にすべきだと思います〟と答えた。

もとより確認はできないけれども、こうした考え方は可能性としてはあり得ることであり、側近・奉行を中心に自己の権力の確立をめざす惣領の晴久が、庶家の新宮党の強勢に警戒の眼を向けても不思議ではない。能登の守護・七尾城主の畠山氏は、権力拡大を図ったため、永禄九年（一五六六）重臣らに追われ近江へ逃亡し、故城の回復ができないまま、さすらいのうちに死んだ。また周防の大内義隆は、尼子と戦い惨敗を喫して以後、自ら兵を動かさなかったため、勢力の強大になった重臣陶晴賢のために滅ぼされている。戦国大名は家臣の勢力を、ある程度弱めなければ、有力家臣に当主の座から追い落される、ということもあったのである。そのため家臣をかり出して他国へ進出して行った、という一面をもっている。安芸の毛利にも、同様に主君と家臣との争いがあった。天文十九年（一五五〇）元就は、四十数年横暴を極めた井上光兼以下、その一党三十数名を一網打尽に誅伐して、自己の権力を推進させた。

このような趨勢は尼子氏といえども、まぬがれることができなかった。先にあげた『出雲国造家文書』に見られるように、国久は晴久の権限を侵してはいるが、晴久の裁許を認めてもいるのであって、国久が晴久にとってかわろうという意志があったかどうか疑問である。たしかに新宮党は尼子内部で最強であった。例えば、天文八年十二月石山本願寺証如が音信した尼子家臣に、尼子国久、その長子誠久、久幸の子と思われる幹幸（詮久カ）、塩冶興久の子清久、河本久信（晴久腹心）、大石綱秀（のち秀綱カ、尼子内者）、屋葺幸保があり、天文二十年には尼子誠久、その長子孫四郎（氏久カ）、次男甚四郎（吉久カ）、誠久の弟尼子敬久、国久の女聟大河原孫三郎（先懸する者）、屋葺幸保、大石綱秀、立原幸隆、亀井孫五郎、森脇久貞（新奉行）、守山弥次郎があって知られる（『天文日記』）。つまり新宮党の領袖は、親子孫の三代にわたって姿を見せているだけでなく、国久の女聟まで、中央から知られていたのであり、天文二十年ころの新宮党の権勢が察知されるのである。しかし強勢ということと、謀叛とは直結しない。むしろ晴久が自己権力拡大のため、家臣団を再編成してがっちりと握り、積極的に新宮党壊滅を画策した、とみる方がよろしいのではあるまいか。この意味で、新宮党の滅亡には、〝哀れ〟のイメージがつきまとうのである。

むすびにかえて

新宮党滅亡の原因は、㈠毛利元就の謀略、㈡新宮党の内訌、㈢新宮党の横暴の三つの見解があり、㈡と㈢とからみあって㈠のあったことも考えとしてはあり得る。ここでは、とりわけ㈢の問題について検討を加え、ついで第四として、晴久の権力拡大の犠牲の見解を提示したのである。

天文二十三年十一月一日尼子晴久は、叔父国久を党首とする新宮党（三千人という）を一挙に誅伐し、名立たる一党は壊滅した。だが、その中から、誠久の五男孫四郎（二歳という）は危機を脱出した。これが勝久で、尼子遺臣の山中鹿介幸盛や立原源太兵衛久綱らが擁立して、尼子家再興の旗をかかげるのである。

追記　本稿は「尼子氏の家臣団構成―新宮党の滅亡と関連して―」（「歴史手帖」第四巻十号、昭51・10名著出版）と題する論文をもとにし、昭和五十三年八月二十一日、松江市の島根県立図書館で、「尼子の柱石新宮党をめぐって」と題し講演した、その原稿を補足したものである。

（昭和五十五年九月三日記）

尼子一族年譜（経久を中心に。年齢は数え年）

西暦	年号	年齢	事項	参考事項
一四五八	長禄 二	1	11・20この日、尼子経久生まる。清定長男、母は馬木上野介女。又四郎と称す	
一四六七	応仁 元	10		5・26応仁の乱おこる。出雲守護京極持清、東軍に属す
一四六八	二	11	6・20安来庄地頭松田備前守、守護代尼子清定を富田城に攻む　9・11京極持清、清定を能義郡奉行に任ず　12・29清定、幕府御料所の美保関代官、および安来領家分代官に任ぜらる	6・17持清の子勝秀没す
一四七〇	文明 二	13	6・2持清、清定の要求により、三沢対馬守とその与党の知行を差し押える　12・13京極政高、清定の神西湊（出雲市）における戦功を賞す	8・4京極持清没す　9・15京極孫童子、出雲守護となる
一四七一	三	14		閏8・21京極政高（のち政経）出雲守護となる
一四七二	四	15		3・20幕府、清定はじめ出雲国人

				に命じ、日御碕小野政継に合力して、出雲国造家の動きを封ぜしむ
一四七四	六	17	11・17この頃、又四郎（経久）上洛し、美保関公用銭の軽減を政高に願う	
一四七五	七	18		10・28京極氏の内訌により、出雲国人三沢氏ら、近江へ出陣す
一四七六	八	19	4・14清定、能義郡土一揆の富田城に迫るを迎撃して、これを破る	5この頃、京極政経、出雲に在国す
一四七七	九	20	この年頃、又四郎、民部少輔に任じ経久と称し、父清定より家督相続するカ	
一四七九	一一	22		8・21この頃、京極政経、出雲に在国す
一四八二	一四	25	12・19経久、出雲・隠岐両国の段銭を横領するにより、幕府これを責める	
一四八四	一六	27	3頃　経久、出雲守護代を罷免されるカ 11・15経久、富田城を追放される この年塩冶掃部助、出雲守護代となる	
一四八六	一八	29	1・1経久、月山富田城を奪回するカ	7・21政経上洛す
一四八八	長享　二	31	3・10経久、三沢氏を富田城下に誘出してこれを破る	
一四九〇	延徳　二	33	3この月上旬、大徳寺の春浦宗熈、経	

			久の寿像に讃す	
一四九二	明応元	35	この年、経久二男国久生まる	
一五〇〇	九	43	4経久、三刀屋忠扶に領地を与う	
一五〇一	文亀元	44	2・24経久、出雲雲樹寺の諸役を免除す	
一五〇八	永正五	51	9・15この頃、経久、中郡（大原郡加茂町）高佐山城を攻撃す　10・21経久、出雲在国中の宗済（京極政径）より、吉童子の将来を依頼さる	6・8大内義興、足利義尹（義稙）を奉じて入京す　12・4京極政経没す
一五〇九	六	52	9・23経久、出雲大社へ詣ず　10・20経久、出雲鰐淵寺の掟を定む	
一五一〇	七	53	4・16経久、出雲国造家と日御碕神主との境界争いを裁許す　6・10経久、日御碕神社の遷宮を行う　24経久、出雲大社の正殿立柱す	
一五一一	八	54	8・24経久、京都船岡山の合戦に奮戦する（存疑）	
一五一四	一一	57	この年、孫の晴久生まる	
一五一五	一二	58	1この月、経久、法華経を開板す	
一五一六	一三	59	この年、経久、京都より出雲に帰国する（陰徳記による。存疑）	

一五一七	一四	60	7・20経久、賀茂社領安来庄の貢租を同社に納む　11・10この頃経久、備後山内に出陣、備中新見国経、経久を助けて美作に出兵す	8・11石見前守護代山名某、経久の助けを得て、石見守護大内義興に抗せんとす　10・22安芸武田元繁、毛利元就と戦って敗死す
一五一八	一五	61	9・6経久、出雲阿用城を攻め、長子政久戦死す（或は永正十年）　11・10経久、鰐淵寺をして、その被官人に年貢を督促せしめ、また堂舎の興隆に努めしむ	11・5御料所出雲千酌、笠浦の代官経久をしてその貢租を献ぜしむ　10・5義興、京都より山口に帰る
一五一九	一六	62		4・28出雲大社造営成り、この日遷宮を行う
一五二〇	一七	63		2・22細川高国、経久に頼り、京極高清の助けを求む
一五二一	大永元	64	経久、この年より連年、安芸において大内氏と戦う	
一五二二	二	65	2・9経久、出雲大社に一万部法華会を修す　6・2経久、出雲朝山利綱より、出雲大社三月会旧記を贈らる	3大内重臣陶興房、安芸に入り、経久の属城を陥れ、蔵田房信をして、同国西条鏡山城を守らしむ（或は大永三年）

一五二三	三	66	6・13経久、安芸に入り、幸松丸を擁する毛利元就をして、鏡山城を攻めしむ。ついで城将蔵田房信自害す　8・14経久、日御碕神社へ地を寄進す	
一五二四	四	67	4・5出雲国造北島雅孝、職を子秀孝に譲る。経久、これを許可す　19経久、日御碕神社の修造により、分国の棟別銭をもって、この費用に充てる　5この頃、経久、伯耆の諸城を抜く　7・10経久、元就らとともに、安芸銀山城主武田光和を助け、大内方の陶興房と戦う	
一五二五	五	68		この年毛利元就、大内氏に属す
一五二六	六	69	9・6経久、子政久らの菩提を弔うため雲樹寺に地を寄進す	10日御碕神社遷宮
一五二七	七	70	7・12経久の兵、元就と備後和智に戦う　8・9経久の兵（赤穴光清）、備後和智細沢山に、陶興房と戦う	
一五二八	享禄元	71	6・14経久、三刀屋対馬守に所領を安堵す	12・20大内義興山口に没し、子義隆跡をつぐ
一五二九	二	72	9・16経久、細川高国を助け、備前松	

			田城に入る　26経久、出雲国造千家豊俊の家督を新十郎（高勝）に譲るを許可す	
一五三〇	三	73	2経久、出雲大社をして、一万部経を読誦せしむ　5・1経久、三刀屋久扶に所領を宛行う	
一五三一	四	74	4・12経久、赤穴光清に備後の地を与え、これを攻略せしむ　11・23経久、備後森山城などを攻略し、光清にこれを宛行う	7・10尼子三郎四郎（晴久）、元就と兄弟の盟約をなす
一五三二	天文元	75	2・25経久、三条西実隆に伊勢物語の書写を所望す　7・26経久、宇山某に所領を宛行う　8・8経久の子塩冶興久、父にそむく。経久、興久の属城佐陀城を囲み、この日これを陥る。興久、備後山内直通に頼る	10隠岐の隠岐宗清、一族のそむくにより、経久の助けを請い、これを滅す
一五三三	二	76	2・5経久、伯耆の地を日御碕神社に寄進す	
一五三四	三	77		この年、塩冶興久自刃す
一五三六	五	79	3・21経久、備後山内聟法師の家督相続を許可す　11・7安芸の平賀興貞、	12・17本願寺証如、経久に好を通ず

			父弘保と戦う。大内義隆、弘保を助け、尼子詮久（晴久）、興貞を助く　12・26経久の孫詮久、備中・美作を攻略して帰国す。この日経久、これを近江の浅井亮政に報ず	
一五三七	六	80	8・16詮久、石見大森銀山を奪回す　12・14詮久の兵、播磨に乱入す　この年、経久、第一線を退き、詮久、治政に当る	
一五三八	七	81	1詮久、播磨より軍を帰す　4・1経久、証如に物を贈る　6詮久、美作に進発す　8・32詮久、美作・備前を略し、但馬より播磨に出兵す	
一五四〇	九	83	6経久二男尼子国久、元就の居城安芸吉田郡山城攻撃に向うも、五竜城主宍戸氏らの防戦により退く　8詮久、富田城を発す　9詮久、郡山城を囲む　この年、晴久二男義久生まる	8・19詮久、尼子一族および出雲国衆に近江竹生島宝厳寺奉加を命ず　12・3陶隆房、大内軍を統率して、元就に来援す
一五四一	一〇	84	1・13尼子久幸討死　1・14詮久、敗退　11・13経久死す	
一五四三	一二		5・7富田城包囲中の大内義隆敗退す	

一五五一	二〇		9・1周防大内義隆、家臣陶隆房（晴賢）のため、長門深川大寧寺にて自刃。大内氏滅亡す
一五五二	二一	4・2晴久（はじめ詮久）、出雲、隠岐両国に加え、因幡、伯耆、備前、美作、備後、備中六ヵ国守護職に補任せらる	
一五五四	二三	11・1晴久、国久以下の新宮党を滅ぼす	
一五五五	弘治　元		10・1毛利元就、陶晴賢を安芸厳島に襲撃。晴賢自刃す
一五六〇	永禄　三	12・24晴久死し、子義久跡をつぐ	
一五六六	九	11・28富田開城、義久、元就に降伏し尼子氏滅亡	
一五六九	一二	6・山中幸盛ら、尼子勝久を擁して出雲入国	
一五七〇	元亀　元	2・14山中幸盛ら、布部要害山に、毛利軍を迎撃し、敗北す	
一五七一	二	8尼子勝久、出雲を退去し上洛す	6・14毛利元就没す
一五七六	天正　四	5・7山中幸盛ら、因幡若桜鬼城より退去。ついで上洛す	

一五七七	五		12・3羽柴秀吉、播磨上月城を陥れ、勝久、幸盛らを入城せしむ
一五七八	六		7・3上月城番尼子勝久自刃。ついで開城。17山中鹿介幸盛、備中阿井の渡にて暗殺さる

尼子氏系図

（本系図は『佐々木文書』付属の「佐々木系図」、『近世防長諸家系図綜覧』五〇「寄組佐々木家」、『島根県史』六・七・八その他によって勘案作成したものである。）

※女子順不同

佐々木定綱―信綱―氏信（京極）―満信―宗氏―高氏（導誉）―高秀―高久（尼子）

高久 備前守、五（六）郎左衛門尉　近江国甲良庄尼子郷住

- 詮久　江州尼子孫六、出羽守
- 持久 1　雲州尼子　出雲に移住　上野介、刑部少輔、祥雲寺殿
  - 清定 2　刑部少輔　洞光寺殿華山常金大居士　無塵全賀庵主
    - 経久 3　又四郎、民部少輔、伊予守　母馬木上野介の女　文明一八年富田入城　領国、出雲・隠岐・石見・伯耆・因幡・美作・備前・備中・備後・安芸・播磨の一一ヵ国におよぶ　興国院月叟省心大居士　天文一〇・一一・一三没、八四歳
      - 政久　又四郎、民部少輔　母吉川駿河守経基の女　永正一五（或は一〇）、九・六、雲州阿用城にて流矢にあたりて討死、二六歳　不白院殿花屋常栄居士
        - 千代童子　早世　（玉英源玖童子との関係不明）
        - 晴久 4　はじめ詮久、三郎四郎、民部少輔、天文二一・一二・三、修理大夫に任ず、天文二一・四・二、出雲・隠岐・伯耆・因幡・美作・備前・備中・備後八ヵ国守護　母山名兵庫頭（幸松また教言と）の女　永禄三・一二・二四没、四七歳（異説あり）、天威心勢居士
        - 女子　二人、うち一人松田兵部丞誠保の妻カ
    - 久幸　或は経久の弟源四郎の子、下野守、天文一〇・一・一三、芸州吉田にて討死
      - 詮幸カ　次郎四郎

国久　孫四郎、刑部少輔、紀伊守、母政久と同じ
新宮党、天文二三・一一・一生害、六三歳、松巌良吟居士

塩冶
興久　彦四郎、宮内大輔
享禄三年(或は天文元)謀叛、翌年没落
天文三年備後山内甲山にて切腹、三八歳
梅隠喜央居士

清久　彦四郎

女子　杵築国造千家の妻

女子　杵築国造北島雅孝の妻

女子　宍道遠江守の妻

誠久　孫四郎、式部少輔、母多胡忠重入道悉休の女
父国久と同時に生害

豊久　或は久豊、新四郎、兵部少輔
天文一五・六・二八、伯州真野山にて討死

敬久　或は久尊、小四郎、左衛門大夫
父国久と同時、翌日討死

又四郎　早世
雪山元中禅定門

与四郎
敬久と同時に切腹

女子　五人うち一人、尼子晴久の妻
うち一人、大河原孫三郎の妻

氏久　孫四郎、刑部少輔、
母多賀美作守隆長の女

吉久　神(甚)四郎

季久　善四郎

弥四郎

勝久　孫四郎
天正六・七・三(六)、播州上月城にて切腹、二六歳　天雲宗清居士

女子　三人

千歳　早世

女

義久　5
長童子、三郎四郎、右衛門督、母紀伊守国久の女(竹芳妙聴大姉)
永禄九・一一・二八、富田下城、
慶長一五・八・二八没、七一歳、法名友林

元知　尼子、久佐、
倫久子

就易　久佐、佐々木、
宍道就兼子、母倫久の女

倫久　千童子、九郎四郎、九郎兵衛尉、母義久と同じ
元和九・三・四没、七八歳、法名瑞閑

秀久　百童子、八郎四郎、四郎兵衛尉、母義久と同じ
慶長一四・一二・二没、法名常心

女

出雲尼子一族文献要目

古文献（史料集・編年史・古文書・覚書・軍記等）

『大日本史料』第八編、第九編、第十編　東京大学史料編纂所編
『大日本古文書』家わけ―『毛利家文書』『吉川家文書』『小早川家文書』『山内首藤家文書』等　東京大学史料編纂所編
『史料綜覧』第八、第九、第十　東京大学史料編纂所編
『後鑑』　成島良譲編　（『新訂増補国史大系』35、36、37
『新修島根県史』史料編1古代・中世　島根県編刊　昭41
『鰐淵寺文書の研究』　曽根研三著編　鰐淵寺文書刊行会刊　昭38
『出雲国造家文書』（国造北島家文書）　村田正志編　清文堂刊　昭43
『出雲意宇六社文書』（神魂神社社家秋上家文書が主）島根県教育委員会（村田正志編）刊　昭49
『島根県古文書緊急調査総合目録―鰐淵寺文書・出雲大社文書・日御碕神社文書・小野家文書―』　島根県教育委員会（主任調査員村田正志）編刊　昭50
『萩藩閥閲録』四冊、同『遺漏』一冊　山口県文書館（三坂圭治・石川卓美監修）刊　昭42～46
「佐々木文書」（佐々木寅介所蔵文書）　島根県立図書館、東大史料編纂所蔵写本。原本は一部焼失したら

しい。萩市末岡みつ子氏蔵、以下未刊古文書は省略する。

『毛利史料集』（三坂圭治校注）―『桂岌円覚書』『老翁物語』『毛利元就郡山籠城日記』等 第二期戦国史料叢書9 人物往来社 昭41

『中国史料集』（米原正義校注）―『中国治乱記』『大内義隆記』『二宮佐渡覚書』『尼子家旧記』『森脇覚書』等 第二期戦国史料叢書7 人物往来社刊 昭41

「陰徳記」 香川正矩著 山口県文書館・岩国徴古館・東大史料編纂所蔵写本

『陰徳太平記』 香川景継（宣阿）著 正徳二年板本。鳥取本 明44。松江本 明44。早稲田大学出版部刊。『通俗日本全史』十三、十四 大2。同上復刻。松田修 笹川祥生共編『正徳二年板本陰徳太平記』影印 二冊 臨川書店刊 昭47 解題にすぐれる。

『陰徳太平記』全六巻 米原正義校注 東洋書院 昭55～58

『雲陽軍実記』 河本隆政著 布野活版所刊 明44。復刻 島根郷土資料刊行会刊 昭48。松陽新報社出版部刊 明44。勝田勝年校注『尼子毛利合戦雲陽軍実記』新人物往来社刊 昭53。なお「補正雲陽軍実記」島根県能義郡広瀬町天野氏蔵。春日由雄著「雲陽軍実記考」がある。

『吉田物語』 杉岡就房著 長周叢書所収 明31。国史叢書所収 大7 復刻 歴史図書社 昭53

「新裁軍記」 永田政純等編 山口県文書館蔵

以上のほか群書類従・続群書類従 改定史籍集覧等に関係軍記を収めるが省略する。

尼子氏史関係書（通史・県郡町史・伝記・論文等）

『島根県史』六、七、八　島根県史編纂掛（野津左馬之助）編　島根県刊　昭2〜4　復刻　名著出版刊　昭47
『新修島根県史』通史篇1　島根県編刊　昭43
『郷土広瀬』広瀬町尋常高等小学校編　広瀬町教育会刊　昭10
『八束郡誌』奥原福市編　八束郡自治協会刊　大15　復刻　名著出版　昭48
『広瀬町史』上巻　広瀬町史編纂委員会編　広瀬町役場刊　昭43
『高田郡史』上巻（広島県）高田郡史編纂委員会編　高田郡町村会刊　昭47
『長門木与史』坪内五郎著　島根県郷土史会刊　昭44
市郡町村史（誌）、地誌については、『月刊歴史手帖』四巻十号（昭51・10　名著出版）の内田文恵「出雲地方郷土史刊行書目録」参照
『毛利元就』瀬川秀雄著　創元社　昭17
『毛利元就卿伝』上巻　三卿伝編纂所（所長渡辺世祐）編　六盟館　昭19
『吉川元春』瀬川秀雄著　冨山房　昭19
『毛利元就』三坂圭治著　人物往来社　昭41
『大内氏実録』近藤清石著　明18　復刻　三坂圭治校訂（徳山）マツノ書店　昭49
『月山夜話』並河太著　島根評論社刊　昭7
『月山物語』音羽融著　月山読書会　昭24
『尼子物語』音羽融著　月山読書会　昭26

『出雲富田城史』　妹尾豊三郎著　山中鹿介幸盛公顕彰会　昭53　なお、妹尾氏には「広瀬町シリーズ」十巻がある。
「尼子経久」(『山陰の武将』)　藤岡大拙著(藤澤秀晴と共著)　山陰中央新報社　昭49
『山中鹿介』(『山中幸盛』)　谷口廻瀾編著　モナス　昭12　「幸盛研究書目」を収める。
『山中鹿介紀行』　藤岡大拙著　山陰中央新報社　昭55
『尼子時代史探訪』『続』『続々』(『安来の歴史』第八巻、九巻、十巻)　松本興著　安来タイムス社刊　昭49・50・51
『尼子裏面史―能義郡土一揆と中井対馬守―』　岡崎英雄著　昭53
『まぼろしの戦国城下町』　桑原英二著　昭49　改訂版あり。
『富田城址の調査』(『出雲・隠岐』)　昭38
『富田河床遺跡の発掘』　広瀬町教育委員会編　昭50
「出雲尼子氏の文芸」(『戦国武士と文芸の研究』)　米原正義著　桜楓社　昭51
「多胡辰敬家訓の研究」(『中世武家家訓の研究』)　筧泰彦著　風間書房　昭42
野村晋域「戦国時代に於ける野村士悦の活動」(『日本歴史』一一九号)　吉川弘文館　昭33・5
三島武義「出雲国淀本庄(牛尾庄)地頭中沢氏(牛尾氏)について」(『山陰史談』5)　山陰歴史研究会　昭47・8
宮沢明久「尼子氏の家臣団構成―牛尾氏について―」(『季刊文化財』二四号)　島根県文化財愛護協会誌　昭49・9

高橋一郎「尼子経久の母真木氏への疑問㈠㈡」（『山陰史談』12・13）山陰歴史研究会　昭52・6、11

高橋一郎「奥出雲の新補地頭三沢氏（上）」（『山陰史談』14）。三沢氏の出自を伊那源氏飯島氏の末流とされている。

勝田勝年「尼子経久の出雲富田城攻略説に就て—尼子政権の成立に関連して—」（『国学院雑誌』七十九巻十二号）昭53・12

勝田勝年「尼子経久画像の研究」（『国学院雑誌』八十一巻五号）昭55・5。松江市洞光寺蔵尼子経久の寿像を京極政経とされるが誤りである。

藤岡大拙「後塩冶氏について」（建設省出雲工事事務所・島根県教育委員会『出雲上塩冶地域を中心とする埋蔵文化財調査報告』）

なお、藤岡大拙「島根県における中世史研究」（『山陰史談』11（昭51・10）に、文書、論文などの解説があり、有益である。また、島根県立図書館編『島根県郷土研究者名鑑』（昭52）に研究者の論著が見え、『山陰史談』2〜16も参考にすべきである。

あとがき

三日月に七難八苦を祈り、尼子十勇士の筆頭にかぞえられる山中鹿介幸盛が、主家再興のため全力を尽くしたことを知っていても、尼子経久《あまごつねひさ》の名を知らない人は多いであろう。だが安芸の一角から興起して中国制覇をなしとげた毛利元就が、はじめは経久の命を受けた一人であったことを思うと、戦国時代の中国地方の歴史を語るときに、尼子経久の名を忘れることはできない。

尼子経久は守護代から下剋上して、出雲の月山富田城《がっさんとだ》（島根県能義郡広瀬町）を拠点に、山陰・山陽十一ヵ国の太守にまで成り上がった人物で、十五世紀中葉から十六世紀中ごろまで、八十四年の生涯をおくった。経久が亡くなってから二十五年にして尼子氏が滅亡するのであって、尼子の歴史は、そのまま経久の一代記であったとみなされる。のち、山中鹿介らが出雲へ入国したものの、毛利のために追放され、尼子は再び故国に帰ることができず、悲劇につぐ悲劇でもって、戦国の舞台から去っていった。

本書は経久を中心として、尼子数代の歴史を、できる限り時間を追って叙述したものである。とはいっても、確実な史料の伝在しているものが意外に少なく、一つ一つ考証しなくては史実として認め難いものが多く、『佐々木文書』が唯一の根拠となっている。今日、大著『島根県史』(全九巻)、瀬川秀雄氏の『吉川元春』、渡辺世祐氏の『毛利元就卿伝』上巻など、尼子氏研究者の通らなくてはならない好著があり、また最近刊行の『新修島根県史』史料篇Ⅰには、尼子氏関係の文書が多数収められている。この小著はこれら先学の成果に負うところが多く、山口県庁内田伸氏をはじめ諸方面の教示をえた。書物の性質上一々注記していないが、深謝するところである。なお本書中に諸文献を引用したが、漢文体のものは読み下し、片仮名の部分は平仮名になおし、「 」にいれた場合でも意訳したところがある。

終わりに、挿入写真の撮影にご協力いただいた山口県萩市末岡みつ子氏、島根県能義郡広瀬町の北尾定行氏に、深く謝意を表します。

本書は、「まえがき」として以上のように書いて、昭和四十二年十二月に刊行した『尼子経久』(外題『風雲の月山城―尼子経久―』)を、部分的に改訂し、巻末に「尼子の柱石新宮党をめぐって」の一項と「文献要目」を、新しく加えたものである。

旧版に対して、日本中世史に造詣の深い藤岡大拙氏が、「島根県に於ける中世史研究」(『山陰史談』第十一号〈一九七六＝昭和五十一年十月号〉)の中で、「京極から尼子への大名領国制の展開に関しては、米原正義『風雪の月山城』(昭42刊)がある。題名からくる通俗的印象と異って、極めて実証的なすぐれた内容をもち、尼子氏そのものの研究（例えば尼子歴代の人物論、支配構造、家臣団の分析など）は、今日、本書を一歩も出ていない」と評され、恐縮した次第である。その後に得た知見もあり、書き改めたいところは多いけれども、改訂版という制約もあって、最少限度にとどめざるを得なかった。改版にあたって、旧版同様、安来市の山野辺良一氏から数々の御教示をいただいたし、甥の深田時夫・米原一成・米原智己の両君からは、写真撮影の協力を得た。心から御礼申し上げたい。なお旧版のとき、たいへんお世話になった能義郡広瀬町の知友・北尾定行氏の突然の死去は痛恨の至りで、ご冥福を祈るほかはない。

おわりに、本書の出版について色々とお手数をわずらわした新人物往来社企画室長・鎗田清太郎氏に深甚の謝意を表したい。

昭和五十五年十月吉日

新装版あとがき

尼子氏の研究は近年「尼子氏研究会」も発足し、根本史料を駆使しての成果もあげられているが、本書にはそれなりの意味があり、今もなお生きていると信ずるので新装版に同意した。この際、尼子「清定」を「清貞」と改めるべきであろうが、そのままとするなど改訂は行わず、誤字の訂正にとどめた。研究史的な面を考慮したからである。しかし「尼子氏系図」の死没年令は、経久を除いて他はすべて確証のないことをおことわりしておく。なおお世話いただいた歴史研究会主幹・吉成勇氏に厚くお礼を申し上げます。

平成八年八月吉日

米原正義

『出雲尼子一族』を読む

諏訪勝則

かつて、ある人から「米原先生は尼子氏の研究者だと思っている人がいる」と聞いたことがある。強ち間違いでもない。

もちろん、米原正義氏の中心研究は、昭和五十三年に日本学士院賞を受賞した『戦国武士と文芸の研究』を始めとして『戦国武将と茶の湯』等に示されるように、戦国武将の文芸活動を究明することである。『戦国武士と文芸の研究』は、能登畠山・越前朝倉・若狭武田・出雲尼子・周防大内・駿河今川の各戦国大名の文芸活動について、先行研究を遍く渉猟し、各所より蒐集した膨大な史料に基づき精緻に実証した高著である。それでも、米原氏をして尼子氏の研究者と言わせるのは、名著『出雲尼子一族』の存在である（以下、『尼子』と略す）。

ところで、米原氏は、大正十二年に島根県能義郡能義村（安来市）で生まれ、昭和十八年に島根師範学校を卒業した。その月に応召し海軍に入隊し、戦闘機の操縦士として従軍している。復員後は島根県に戻り、中学校で教鞭を執っていたが、本格的な歴史学の研究をすべく、郷土をあとにし、國學院大學文学部史学科二部に進んでいる。東京都目黒区内の中学校に奉職しながら、研究を続けたのである。その時の苦学の様子を弟子達に度々語り、研究の楽しみ、そして継続を促してくれた。米原氏は、夏休み等のわずかな期間を有効に活用し、東京大学史料編纂所等に赴き史料を懸命に蒐集したと述べていた。運動部の指導も熱心にしていたので、一般の教員に較べると休みは短く調査に割ける日数は更に限定されたとも。その誠実で熱く取り組む研究姿勢は、晩年に至るまで終始一貫していたと思う。

　そのような米原氏が、中学校で教員を続けながら郷土への思いを込めて尼子経久を中心に尼子氏の興亡をまとめたのが、昭和四十二年に刊行した『風雲の月山城―尼子経久―』である。米原氏は、情熱をもって史料蒐集を行い、集積した史料を分析・検討し、歴史的な事実の正確な再現を図っている。米原氏は、あとがきにおいて確実な史料の伝存しているものが以外に少なく『佐々木文書』が唯一の根拠となっているとも述べている。本文では『雲陽軍実記』『陰徳記』『陰徳太平記』と言った軍記物語を補助史料として使用している。もちろん、軍記物を引用する場合は「史実のほどは保証しかねる」などと注記し、第一次資料に基づく情報とは、峻別している。

『尼子』のあとがきに記されている藤岡大拙氏の「題名からくる通俗的印象と異って、極めて実証的なすぐれた内容をもち、尼子氏そのものの研究は、今日、本書を一歩も出ていない」という説明文がこの本の価値を物語っている。

昭和五十六年には改訂版『尼子』が上梓されている。ついで、新装版が平成八年に、そして、再びここに刊行される運びになったのである。まさに半世紀にもわたり生き続けている著作である。

昨今では尼子氏研究の進展と相俟って、新出史料の発見や既出史料の再調査が行われ、新たに歴史的な事実が分かってきた。『大社町史　史料編　古代・中世』（一九九七年、大社町史編集委員会）・『戦国大名尼子氏の伝えた古文書―佐々木文書―』（一九九九年、島根県古代文化センター）・『出雲尼子史料集』（二〇〇三年、広瀬町教育委員会）などが刊行され、より細密な研究が行われている。

『尼子』以降の尼子氏研究としては、井上寛司・藤岡大拙・今岡典一・松浦義則各氏を始めとして長谷川博史氏による一連の研究（主要論文については、二〇〇〇年、『戦国大名尼子氏の研究』に所収）が行われている。二〇一三年には、島根県古代文化センターより『尼子氏の特質と興亡史に関わる比較研究』が刊行されている。

いずれにしても、尼子氏研究発展の端緒となったのは、米原氏の『尼子』であることは、改めて述べるまでもない。

それでは、『尼子』各章の概略に触れることにしたい。

第一章「出雲の守護」では、出雲における尼子氏を考える上での前提条件として、出雲守護職の変遷について鎌倉時代初期に佐々木義清が補任されてから佐々木氏・佐々木塩冶氏・佐々木京極氏と継承され、山名氏の手を経て佐々木京極氏へと権力が移行した様子を概観している。

第二章「尼子氏の出現」では、出雲に入国するまでの尼子氏の状況の説明である。佐々木高氏（導誉）の孫高久が近江国甲良郡尼子庄を相伝し、その子詮久が継承した。これが「江州尼子氏」と言われるものである。そして、明久の弟持久が主家筋である出雲守護京極高詮の守護代として同国に下向した。これこそが「雲州尼子氏」の祖となったという。ただし、米原氏は、持久の下向に関しては史料に乏しく不明確であるとも付言している。なお、「江州尼子氏」については、昨今の研究として西島太郎氏「京極氏領国における出雲国と尼子氏」のなかで、検討がなされている（『尼子氏の特質と興亡史に関わる比較研究』に所収）。

第三章「経久の登場」では、出雲尼子氏二代目清貞の登場から、その子経久が、一時期追放されるまでを記述している。文中では、「清貞」を「清定」としている。『尼子』のあとがきにおいて、米原氏は、旧版では、「清定」としたが、「清貞」とすべきではあるがそのままにしたと注記している。史料を確認すると「清貞」が正しいことがわかる（『日御碕神社文書』所収三沢対馬守等宛清貞書状および『吉川家文書』所収佐波彦四郎宛清貞書状）。

第四章「富田入城」・第五章「十一州の太守」では、尼子経久が富田城を奪取してから、国内統一戦を経て、大内氏そして毛利氏との激闘を繰り返す過程において石見・伯耆・美作・備前・備中・備後・安芸・播磨にまでその勢力範囲を広げてゆく状況を説明している。

かつて、今岡典一氏は、尼子氏の権力の基本的な性格は、「京極氏の守護権を継承」にあると主張し、富田城奪回以降、尼子氏が領国支配機構を確立したものではないという見解を示した（「戦国期の守護権力―出雲尼子氏を素材として―」『史林』六六―四、一九八三年）。しかし、尼子氏が勢力の拡大とともに戦国大名としての権力を構築していったと考えるのが穏当ではなかろうか。

なお、「富田城奪回」自体が伝説であるという勝田勝年氏らの見解もある（勝田勝年「尼子経久の出雲富田城攻略説について」『國學院雑誌』七九―一二、一九七八年）。いずれにしても、尼子経久の代に戦国大名としての尼子氏が確立したことは間違いない。

第六章「領国の経営」では、尼子経久による具体的な領国経営が示されている。「家臣団統制」「社寺対策」などを通して具体的な様子が記されている。その後の「家臣団統制」「社寺対策」研究の基礎研究をなしている。

家臣団統制については、米原氏が示した基礎研究をもとにさらに緻密に検討する余地が残っているように思われる。

経久について、「無欲の人」として項目が設けられ、その人物観が述べられている。誠実な人物米原氏らしい記述のような気がする。私個人的には、出雲国造家の長年にわたる千家・北島家による相論、鰐淵寺と清水寺の相論については、非常に興味がある。

第七章「尼子晴久（詮久）」では、経久の子晴久の代における情勢について天文九年の毛利元就討伐のための安芸遠征から、同十二年の大内軍による富田城包囲網撃退戦を経て八ヵ国の守護に補任されるまでを振り返っている。

「巨星落つ」「家臣団の風流」という項目では経久・晴久そして多胡左衛門尉辰敬などの家臣団の文芸活動についての記述が見られる。なお、尼子氏の文芸享受に関する研究については、米原氏『戦国武士と文芸の研究』に詳細な記述が見られる。

第八章「富田の開城」では、尼子晴久が叔父である国久を中核とする新宮党の討滅から尼子氏が滅亡の道をたどる過程を論述している。

第九章「三日月の影」では、山中鹿介幸盛・立原源太兵衛久綱ら尼子氏遺臣が、尼子勝久を擁立し、三度に及び再興の戦いに挑んだ様子を記している。第三回目は、織田信長方として上月城に入ったが、織田軍の援軍もなくついに勝久は自刃し、山中鹿介は降人となり護送の最中、備中国合（阿井、阿部）の渡しで討ち捕られた様子を説明している。

米原氏は、山中鹿介幸盛を非常に好んでいた。余談ではあるが、大河ドラマの時代考証を米原氏が担当した際、郷土の英雄鹿介が登場する場面がなかった（少なかった）ので、頼んで入れてもらったと言っていた。鹿介については、米原氏が編者となった『山中鹿介のすべて』がある。

第十章「尼子の柱石新宮党をめぐって」は、新版に追加されたものである。滅亡の要因を四説提示している。

以上、各章の概略と私見を述べたものである。

『尼子』全般に感ずるところとして、史料の出典を逐次付してあれば、歴史的な事実と二次的な情報を区別することができ、より正確に尼子氏の状況を提示することができると思う。ただし、膨大な紙数と流れの悪さ、読みづらさを伴うことになり、一般読者向けにはそぐわないことになる。

米原氏の命で「尼子氏の婚姻政策」について拙文を認めて以来久方振りに『尼子』を精読した。改めて、尼子氏研究の発展の礎を築いた名著であることを切に感じた。米原氏、そしてその師である桑田忠親氏は、文章表現・構成力等全てにわたり見事であり、我々弟子達も少しでも先生方に近づけたらと思う次第である。

（陸上自衛隊高等工科学校教官）

本書の原本は、一九九六年に新人物往来社より刊行されました。

著者略歴
一九二三年　島根県に生まれる
國學院大學大学院博士課程修了
元國學院大學文学部教授
二〇一一年　没
〔主要著書〕
『戦国武士と文芸の研究』（桜楓社、一九七六年）、『千利休　天下一名人』（淡交社、一九九三年）、『戦国武将と茶の湯』（吉川弘文館、二〇一四年）

読みなおす日本史

出雲尼子一族

二〇一五年（平成二十七）八月一日　第一刷発行
二〇二三年（令和　五　）四月一日　第三刷発行

著　者　米《よね》原《はら》正《まさ》義《よし》
発行者　吉川道郎
発行所　株式会社　吉川弘文館
郵便番号一一三―〇〇三三
東京都文京区本郷七丁目二番八号
電話〇三―三八一三―九一五一〈代表〉
振替口座〇〇一〇〇―五―二四四
http://www.yoshikawa-k.co.jp/
組版＝株式会社キャップス
印刷＝藤原印刷株式会社
製本＝ナショナル製本協同組合
装幀＝清水良洋・渡邉雄哉

ISBN978-4-642-06591-7

刊行のことば

現代社会では、膨大な数の新刊図書が日々書店に並んでいます。昨今の電子書籍を含めますと、一人の読者が書名すら目にすることができないほどとなっています。ましてや、数年以前に刊行された本は書店の店頭に並ぶことも少なく、良書でありながらめぐり会うことのできない例は、日常的なことになっています。

人文書、とりわけ小社が専門とする歴史書におきましても、広く学界共通の財産として参照されるべきものとなっているにもかかわらず、その多くが現在では市場に出回らず入手、講読に時間と手間がかかるようになってしまっています。歴史の面白さを伝える図書を、読者の手元に届けることができないことは、歴史書出版の一翼を担う小社としても遺憾とするところです。

そこで、良書の発掘を通して、読者と図書をめぐる豊かな関係に寄与すべく、シリーズ「読みなおす日本史」を刊行いたします。本シリーズは、既刊の日本史関係書のなかから、研究の進展に今も寄与し続けているとともに、現在も広く読者に訴える力を有している良書を精選し順次定期的に刊行するものです。これらの知の文化遺産が、ゆるぎない視点からことの本質を説き続ける、確かな水先案内として迎えられることを切に願ってやみません。

二〇一二年四月

吉川弘文館

読みなおす日本史

日本の奇僧・快僧　今井雅晴著　二二〇〇円

平家物語の女たち　大力・尼・白拍子　細川涼一著　二二〇〇円

戦争と放送　竹山昭子著　二四〇〇円

「通商国家」日本の情報戦略　領事報告を読む　角山　榮著　二二〇〇円

日本の参謀本部　大江志乃夫著　二二〇〇円

宝塚戦略　小林一三の生活文化論　津金澤聰廣著　二二〇〇円

観音・地蔵・不動　速水　侑著　二二〇〇円

飢餓と戦争の戦国を行く　藤木久志著　二二〇〇円

陸奥伊達一族　高橋富雄著　二二〇〇円

日本人の名前の歴史　奥富敬之著　二四〇〇円

お家相続　大名家の苦闘　大森映子著　二二〇〇円

はんこと日本人　門田誠一著　二二〇〇円

城と城下　近江戦国誌　小島道裕著　二四〇〇円

江戸城御庭番　徳川将軍の耳と目　深井雅海著　二二〇〇円

戦国時代の終焉　「北条の夢」と秀吉の天下統一　齋藤慎一著　二二〇〇円

中世の東海道をゆく　京から鎌倉へ、旅路の風景　榎原雅治著　二二〇〇円

日本人のひるめし　酒井伸雄著　二二〇〇円

隼人の古代史　中村明蔵著　二二〇〇円

飢えと食の日本史　菊池勇夫著　二二〇〇円

蝦夷の古代史　工藤雅樹著　二二〇〇円

天皇の政治史　睦仁・嘉仁・裕仁の時代　安田　浩著　二五〇〇円

日本における書籍蒐蔵の歴史　川瀬一馬著　二四〇〇円

吉川弘文館
（価格は税別）

読みなおす日本史

石の考古学
奥田　尚著
（続　刊）

江戸武士の日常生活　素顔・行動・精神
柴田　純著
（続　刊）

秀吉の接待　毛利輝元上洛日記を読み解く
二木謙一著
（続　刊）

吉川弘文館
（価格は税別）